本书得到下列基金项目支持

江苏省教育科学"十四五"规划重点课题：

"五育融合、知行合一：新时代高职劳动教育育人体系构建与实践研究"（项目编号：B/2021/03/06）

江苏省高等教育教改研究立项重点课题：

"基于学生获得感的高职思政课程育人效果提升研究与实践"（项目编号：2023JSJG222）

"基于PDCA模式的高职院校教师数字化教学能力提升策略研究"（项目编号：2023JSJG233）

江苏省教育科学"十四五"规划重点课题"五育融合、知行合一：
新时代高职劳动教育育人体系构建与实践研究"（项目编号：B/2021/03/06）

新时代劳动素养培育的理论与实践

劳动教育课程建设、资源开发与教学设计

王士恒 / 著

东南大学出版社
SOUTHEAST UNIVERSITY PRESS

·南京·

图书在版编目（CIP）数据

新时代劳动素养培育的理论与实践：劳动教育课程建设、资源开发与教学设计 / 王士恒著. --南京：东南大学出版社, 2024.11
　　ISBN 978-7-5641-9901-2

Ⅰ. ①新… Ⅱ. ①王… Ⅲ. ①劳动教育—教学研究 Ⅳ. ①G40-015

中国国家版本馆CIP数据核字（2024）第053202号

责任编辑：丁志星　责任校对：子雪莲　封面设计：冀贵收　责任印制：周荣虎

新时代劳动素养培育的理论与实践——劳动教育课程建设、资源开发与教学设计
XINSHIDAI LAODONG SUYANG PEIYU DE LILUN YU SHIJIAN——LAODONG JIAOYU KECHENG JIANSHE、ZIYUAN KAIFA YU JIAOXUE SHEJI

著　　者	王士恒
出版发行	东南大学出版社
出 版 人	白云飞
社　　址	南京四牌楼2号　邮编：210096
网　　址	http://www.seupress.com
经　　销	全国各地新华书店
印　　刷	河北赛文印刷有限公司
开　　本	787mm×1092mm　1/16
印　　张	16.75
字　　数	320千字
版　　次	2024年11月第1版
印　　次	2024年11月第1次印刷
书　　号	ISBN 978-7-5641-9901-2
定　　价	88.00元

东大版图书若有印装质量问题，请直接与营销中心联系。电话（传真）：025-83791830

序

  为了适应高技能人才培养和职业能力建设的需要，1998年，原劳动和社会保障部在"国家技能振兴战略"的课题研究中提出要开发中国自己的职业核心能力体系。随后，由人力资源和社会保障部职业技能鉴定中心组织专家完成了职业核心能力标准的制定及发布、模块教材的编写、教学方法及测评方式与题库的开发，形成了国家职业核心能力培训和测评体系。该体系在全国各地各类职业院校得到普遍的响应和推广。

  职业核心能力的培养既需要自我历练的养成教育，又需要点拨提高的专题教学。落实在课程中，既有以必修课和选修课形式的显性课程，又有以渗透在专业教学和实践教学及第二课堂活动中的隐性课程。常州工业职业技术学院自2011年以来，采用专门的模块化必修课形式，面向全体学生进行职业核心能力的培养训练，通过内训与外训相结合的集训方式形成了一支有情怀有战斗力的核心能力教研团队。该团队依据国家职业核心能力培训标准，自主开发了"职业规划与方法能力""职场礼仪与社会能力"课程，这些课程先后分别入选国家精品在线开放课程和江苏省职业教育在线精品课程。近年来，为响应《中共中央 国务院关于全面加强新时代大中小学劳动教育的意见》的号召，该团队将职业核心能力培养培训的理念、内容、方法有机融入劳动教育的研究与课程教学实践中，逐步形成了"职普融通、多育协同"高素质技术技能人才培育特色，成为劳动教育与思政教育协同育人实践与探索的高职样本，是高职院校职业核心能力及劳动素养培育的先行者、探索者、实践者。

  本书即是这长达十余年教改探索的经验总结，是开在劳动教育实践中的一朵职业核心能力之花。本书的特色有：

  一、观点具有创新性

  关于职业素养与劳动素养的内在关系，作者提出劳动素养是劳动教育的基本目标，包含劳动认知、劳动技能、劳动态度、劳动品质4个维度。包括职业精神、职业道德、职业意识在内的通用职业素质是劳动素养在职业教育中的投射。职业素养包含显性的职业能力（岗位特定能力和行业通用能力），隐性的能力素养（职业核心能力、职业精神、职业道德、职业基本意识）。课程思政，就是指任课教师对各门课程中蕴含的育人价值，由原来的无意识、自发式挖掘向有意识、自觉式挖掘的教学范式转变。教师的课程思政素养，犹如厨师的养生意识与烹饪技法，包括课程思政意识、能力。课程思政的落实，简而言之：对于一门课而言，就是学科核心素养的实现；对于一节课而言，就是教学目标中素质目标的达成。

二、体系具有逻辑性

本书从谋篇布局上看，分为理论篇和实践篇两部分。第一~四章，主要围绕劳动教育的理论研究与实践发展展开，在梳理劳动教育研究的理论基础、研究现状及发展趋势，回顾劳动教育的发展历程、国际镜鉴与实践反思基础上，以马克思主义劳动观为引领，探讨了劳动教育的逻辑起点、劳动认知与工作世界，阐述了劳动教育的学科价值、学科性质和学科定位；第五~八章，以学生发展为落脚点，提出劳动素养的基本内涵、核心要素和培育模式，阐述劳动教育课程建设、资源开发以及教学设计的原则、方法、案例。从理论到实践，既有国际及历史视野，又观照在场的教育现实。

三、案例具有实操性

本书聚焦劳动教育课程建设、资源开发与教学设计，采用了行之有效的职业核心能力课程开发模式，具有较强的示范引领价值。比如，在劳动素养培育的模式与方法中，对劳动素养标准进行解读时，要回归生活或职业劳动现场；解构培训标准时，在真实的工作或生活场景中感性地对应到高素质劳动者的行为表现；在重构能力素质时，要回到劳动中去，找到一个载体去表现能力；在教学实践评价时，注重过程性证据，让能力再现在学员的身上。再如，为了致力于大中小学劳动教育课程一体化建设，在案例选取上，兼顾了各学段、各类型学校，分别提供了基础教育、职业教育的教学设计案例、劳动任务单及评价方案。

站在职业教育人才综合素质培养的理论与实践前沿，借鉴国际和国内人力资源开发的先进理念和科学方法，聚焦劳动教育专题，作者10多年的探索和沉淀，形成了我们面前这部专著。作为国家项目开发曾经的合作者，我们为作者的这一成果出版表示由衷的高兴，我也很欣喜地向从事劳动教育、职业教育教学和研究的同道们，推荐这样一本融合先进职业教育理念的劳动教育学科思想、培养目标、课程模式、资源开发与教学设计的专著。

是为序。

深圳信息职业技术学院 教授（二级）
人社部职业技能鉴定专家委员会职业核心能力专业委员会 原副主任
中国成人教育协会职业核心能力培训测评项目 首席专家
深圳教育学会学术委员会 主任委员
全国五一劳动奖章获得者
2024年3月14日于深圳

目 录

第一章 劳动教育研究的理论基础、研究现状及发展趋势 …… 01

第一节 研究的理论基础 …… 01
一、中国劳动教育思想 …… 02
二、国外劳动教育思想 …… 18
三、马克思劳动教育思想 …… 38

第二节 研究的现状分析 …… 39
一、中国劳动教育研究学术史梳理 …… 39
二、国外劳动教育研究学术史梳理 …… 42
三、劳动教育研究的主要趋势 …… 43

第二章 劳动教育的发展历程、国际镜鉴与实践反思 …… 47

第一节 劳动教育的历史逻辑 …… 47
一、社会主义革命与社会主义建设初期：提出教育与生产劳动相结合 …… 47
二、改革开放新时期：思想教育与劳动教育并重 …… 51
三、新时代：教育与生产劳动和社会实践相结合 …… 56

第二节 劳动教育的国际镜鉴 …… 57
一、国际劳动教育的理念与保障 …… 58
二、国际劳动教育的实践与评价 …… 70

第三章 劳动教育的逻辑起点、劳动认知与工作世界 …… 82

第一节 劳动本源与劳动价值 …… 82
一、劳动的内涵 …… 82
二、马克思主义劳动观 …… 83
三、对马克思主义劳动价值论的学理认知 …… 86

第二节 劳动分工与劳动组织 …… 89
一、职业与社会分工 …… 90
二、职业流动 …… 94
三、劳动者与人力资本开发 …… 97
四、劳动组织与劳动权益 …… 102

第三节 劳动教育与工作世界 …… 105
一、全球化 4.0 时代的到来 …… 105
二、人工智能时代的劳动 …… 107
三、未来劳动世界预测与应对 …… 111

第四章 劳动教育的学科价值、学科性质和学科定位 …… 120

第一节 劳动教育的学科价值 …… 120
一、劳动教育的学科价值 …… 120
二、劳动教育的目标与内容 …… 123

第二节 劳动教育的学科性质 …… 125
一、劳动教育是国民教育体系重要组成部分 …… 125
二、劳动教育反映新时代劳动发展的趋势 …… 126
三、劳动教育具有交叉学科特点 …… 127
四、劳动教育以劳动素养为培育目标 …… 128
五、劳动教育追求价值创造与价值引领的统一 …… 128

第三节 劳动教育的学科定位 …… 129

一、我国教育方针的历史演变 …………………………………… 129
　　二、劳动教育在我国教育体系中的学科地位 …………………… 131
　　三、德智体美劳全面发展的教育方针的时代价值 ……………… 132

第五章　劳动素养的基本内涵、核心要素和培育模式……………… 133

第一节　劳动素养的内涵及要素 ……………………………… 133
　　一、劳动素养与职业素养 ………………………………………… 133
　　二、劳动素养的核心要素 ………………………………………… 137
　　三、职业素养的要素 ……………………………………………… 138

第二节　劳动素养培育的模式与方法 ………………………… 161
　　一、从理性回归感性，贯彻"一回三找"培养理念 …………… 161
　　二、以问题为导向，以能力为本位的POWER五步训练法 …… 161

第六章　劳动教育的课程体系、教学体系和课程思政………………… 164

第一节　劳动教育的课程体系 ………………………………… 164
　　一、劳动素养培育的系统思维 …………………………………… 164
　　二、劳动教育课程设置的原则和方法 …………………………… 167
　　三、劳动教育课程体系的建构 …………………………………… 170

第二节　劳动教育的教学体系 ………………………………… 180
　　一、劳动教育的课程标准 ………………………………………… 180
　　二、劳动教育的教学原则 ………………………………………… 183
　　三、劳动教育的教学方法 ………………………………………… 183

第三节　劳动育人与思政育人的协同 ………………………… 186
　　一、劳动教育与思政教育互融现状 ……………………………… 187
　　二、劳动教育与思政教育互融的必要性和可行性 ……………… 189
　　三、劳动教育与思政教育互融的科学内涵与基本遵循 ………… 191
　　四、劳动教育与思政教育互融的解决方案 ……………………… 193

第七章 劳动教育的教材编写、金课建设和条件保障 …… 196

第一节 劳动教育的教材编写 …… 196
一、教材开发的基本模式 …… 197
二、教材开发的实践类型 …… 208

第二节 劳动教育的金课建设 …… 210
一、网络学习平台及课程资源 …… 211
二、在线课程建设的中美比较 …… 217
三、劳动教育课程的类型与建设 …… 218

第三节 劳动教育的条件保障 …… 222
一、劳动教育的顶层设计与支持系统 …… 222
二、劳动教育的实践基地与师资队伍 …… 225

第八章 劳动教育的教学设计、实践方案和教学评价 …… 228

第一节 劳动教育的教学设计 …… 228
一、基础教育劳动实践项目设计 …… 228
二、职业教育实践育人项目设计 …… 230

第二节 劳动教育的实践项目方案 …… 233
一、基础教育劳动实践项目举例 …… 233
二、职业教育实践育人项目举例 …… 235

第三节 劳动教育的教学评价 …… 245
一、劳动教育课程评价体系 …… 245
二、劳动素养培育测评指标 …… 251

参考文献 …… 254

后记 …… 258

第一章

劳动教育研究的理论基础、研究现状及发展趋势

第一节 研究的理论基础

关于教育的起源,学界存在多种论述。其中,劳动起源论是一种被广为接受的观点,它主张教育起源于人类的生产劳动。这一理论认为,在劳动过程中,社会生产需求与人的自身发展需求得以统一,从而催生了教育这种社会实践活动。苏联的教育学家麦丁斯基、凯洛夫等人是这一观点的重要代表人物。米定斯基在其著作《世界教育史》中阐释了一个核心观点:唯有基于马克思的"劳动创造了人本身"这一论断,我们才能够揭示教育起源的奥秘[1]。而凯洛夫则进一步丰富了这一理论,他明确指出"教育工作主要是在游戏和劳动过程中实现的"[2]。他们指出,教育是人类在生产和生活资料的创造过程中所产生的一种社会现象,它伴随着人类社会的发展而不断演变。更为重要的是,他们强调了教育是人类所独有的一种有意识、有目的的社会实践活动。这一观点为我们理解教育的本质和起源提供了重要的理论视角。

劳动起源论主张教育起源于人类的生产生活劳动。该理论强调,教育自诞生之初便与生产劳动紧密相连、共生共存。在原始社会时期,教育主要表现为

---

[1] 米定斯基. 世界教育史[M]. 叶文雄,译. 北京:生活·读书·新知三联书店,1950:5.

[2] 凯洛夫,冈查洛夫,叶希波夫,等. 教育学[M]. 陈侠,朱智贤,邵鹤亭,等译. 北京:人民教育出版社,1957:3.

生产劳动教育，其核心内容即为"生产"与"劳动"。在这一阶段，教育作为劳动的伴生物，往往是在劳动过程中附带进行的。那时的教育是直接为了维持生计、为了维持生存而进行的"劳动教育"，与我们今天所讨论的"劳动教育"无论是在教育内容还是在教育方式上都有很大区别。

然而，在古代学校教育中，却找不到劳动教育的一席之地，特别是在早期，劳动教育被排除在学校教育之外。这是因为，一方面人类有了剩余劳动产品后，一部分人开始从生产劳动中脱离，自然也就脱离了劳动教育的土壤；另一方面，学校的办学目的主要是记录、传承和传播已有的知识、经验，培养专门的贵族阶层，为统治者提供治理资政服务。在深入考察古希腊与古罗马时期的各类学校后，我们发现，无论是柏拉图的"阿加德米学园"、亚里士多德的"吕克昂学园"还是西塞罗的修辞学校等，均未涉及专门的劳动教育。同样，在中国夏、商、周三个朝代中，成均、序、庠、校等学校体系内也未包含劳动教育的相关内容。由此可以判断，专门的学校劳动教育是近代工业革命之后才出现的现象。这一发现不仅揭示了劳动教育在历史发展进程中的地位变化，同时也为我们理解当代劳动教育的价值与意义提供了重要的历史背景。

一、中国劳动教育思想

（一）中国古代耕读文化

耕读是我国古已有之的传统，农耕文明也是中华文明的重要组成部分。自古以来，农业就是先民们生存和发展的第一要事，农耕文明对拥有 5000 多年文明史的中国人产生了深远的影响，奠定了中华文明的丰厚底蕴，也促进了人类文明的变革与演进。经过数千年的农耕实践，耕读文化在中华大地孕育而生且绵延不绝。我们从文字学家许慎所编著的《说文解字》对"耕"与"读"的阐释中也可以洞其一斑："耕"指的是从事农业生产劳动，通过耕种土地、收获五谷来养家糊口，进而立命安身；而"读"则是指读书学习，通过读书来知晓礼节、修养身心，进而立德树人。古代先民将"耕"与"读"相结合，将日常生活与修身养德有机统一，从而形成了我国独具特色的耕读文化。这种朴素的文化，实现了知与行、理论与实践的辩证统一，这与我们今天强调的知行合一、立德树人的实践育人目标也是一脉相通的。

耕读文化起源于春秋战国时期，成熟于汉魏，唐宋时达鼎盛。发展至今，耕读不仅成为生活教育和学习的一种方式，也是文化修养和价值塑造的重要途径。古代学者强调耕与读的相互关系，认为耕而废读则礼仪亡、读而废耕则饥寒至。耕读世家注重农业劳动与社会实践的融合，以此为社会提供行为示范和治理服务。清末名臣曾国藩亦强调耕读为长久之计，认为耕读能培养谨朴家风，延续家族昌盛。

1."在场"的古代劳动教育

我国古代的耕读文化已经孕育了劳动教育的初步实践形态。尽管当时并未从社会上层明确提出这一概念，也未将其正式纳入主流的学校教育体系之中，但古人已自觉地将耕读融入家庭教育之中，将其作为一种实施劳动教育的有效方式。从劳动教育的本质视角来审视，学习与实践的紧密结合，在生产劳动的"上手"，正是劳动教育的"在场"，在家庭、学堂、世职、学徒、工匠文化中均初见端倪。

一是融入家庭教育。在中国封建社会中，家庭教育作为劳动教育的日常形式，既注重利用家居生活劳动来培养个体的道德习惯，又强调家长的示范作用。儒家特别倡导长辈的言传身教，以此在潜移默化中实现对晚辈的德育。这种教育实践体现了古人对劳动习惯和生活礼节培养的重视，同时也凸显了家庭教育在个体行为习惯养成中的关键作用。"性相近，习相远"（《三字经》）、"黎明即起，洒扫庭除"（《朱子家训》），均强调了习惯对个体行为的重要影响。而"夫风化者，自上而行于下者也，自先而施于后者也。是以父不慈则子不孝，兄不友则弟不恭，夫不义则妇不顺矣"（《颜氏家训·治家篇》）则说明了长辈的行为对晚辈的深远影响。

二是融入学堂教育。在古代，尽管劳动教育并未以独立的形式存在于学校教育中，但其内容却以渗透的方式在学堂教育中有所体现。从"钻木取火"到"制耒耜，教民农作"，再从"结绳而治"到"易之以书契"，都可见劳动教育的痕迹。作为学校前身的"成均"，是新石器时代传授和学习知识的教育机构雏形。而严格意义上的学校则产生于夏朝，如《孟子》所记载："设为庠序学校以教之……夏曰校，殷曰序，周曰庠。"这一时期的学校属于官办性质，即"学在官府"。随着历史的演进，西周时期的学校教育逐渐分化为国学和乡学两种形态。国学主要为贵族服务，而乡学则面向平民子弟，其创办也被视为乡村教育的起源。春秋战国时期，由于战乱频繁，官学逐渐衰落，私学开始兴起。诸子百家纷纷涌现，周游列国，设立讲学场所。孔子提出了"有教无类"和"因材施教"的教育理念，主张教育公平，为更多人提供了平等的教育机会。随后，私塾应运而生成为民间教育的重要机构。私塾不仅持续时间长、数量多、分布广，而且成为许多读书人启蒙教育的起点。在私塾中，基础教育占据主导地位，主要包括识字读书、人伦教化和基本生活技能的传授。唐宋以后，私塾教育逐渐转向为科举考试服务，以"四书五经"等考试内容为主要教授对象。耕读文化的传统在明清时期仍然得以延续。然而，在耕读文化的传播发展过程中，尽管古代思想家开始逐渐重视学堂教育的实践内容，但受到正统文化的影响，古代学堂的劳动教育与现代劳动教育相比仍存在差异。古代学堂教育更注重文化习得与价值观层面的教化，而现代劳动教育则更加注重实践技能的培养。这种差异在一定程度上反映了古代社会对于劳动教育的认知和重视程度相对有限。

三是融入世职文化。在生产力不断提高的情况下，一个古老的私有制度开始兴起。传统的分工模式遭到了破坏，许多手工工匠的技能和劳动成果被少数人所掌控。这些工艺大师成为行业领袖，他们掌握的技术变成了私人财产，他们通过传承的方式将技艺传递给他们的子孙，以确保后代的生计。"士之子恒为士""农之子恒为农""工之子恒为工""商之子恒为商"是管仲在春秋时期提出的"箕裘相继"模式，他认为技艺可以世代相传并发展壮大。在中国古代，世职制在手工业中普遍存在，确保了技艺的继承与发扬。如《庄子·逍遥游》记载了几代家族从事特定技艺的案例。春秋战国时期，手工业者常代代相传其技艺。《考工记》强调家族成员对技艺的终身坚守，而《礼记·学记》则指出家庭环境对子女技能学习的影响。至元明时期，政府设立"匠籍"以管理工匠，确保技艺的世代传承。古代劳动技术被视为少数人掌握的技能，多为家族秘诀。这种世袭传承虽有局限性，但促进了行业的纵向传播与发展，彰显了较强的专业性与深度。

四是融入师徒文化。在古代，教育与生产劳动尚未分化，二者紧密相连，形成了一种劳动与教育相融合的状态。在生产劳动过程中，年长的劳动者不仅承担着生产任务，还肩负着教育的职责。他们将自己的技艺通过口传心授的方式，传授给年轻的学徒，这种古老的师徒制度正是手工业时期技术传承的主要形式之一。这种教育与生产劳动相结合的模式，在文化、技艺等领域得到普遍应用。它不仅推动了古代社会的技艺传承和发展，还对现代社会的职业教育产生了深远的影响。至今，在木工、焊接、剪纸和曲艺等领域中，我们仍然能够看到这种古老传承方式的影子。它以独特的方式，继续为现代社会的职业教育和技艺传承贡献着力量。在古代文献中，记载了许多通过师徒制度培育出的卓越人才。例如，战国时期的扁鹊，他师从长桑君，深得其医术之精髓，从而成为妇孺皆知的名医。再如，成语"有眼不识泰山"中的"泰山"，乃是木工祖师鲁班的得意门生。尽管师徒制度在前工业时期的世界各国都普遍存在，但在中国，它却形成了独具特色的文化内涵。在中国古代的工艺传承中，师徒制度不仅涉及技艺的学习与传承，更融入了儒家的孝道观念和尊师传统，从而塑造出独树一帜的技术和工匠文化。庖丁解牛的故事便深刻地揭示了"道"与"技"之间的内在联系。庖丁所追求的，并非单是技艺的精湛，更是超越技艺层面的"道"。正是在"道"的指引下，庖丁得以展现出超凡脱俗、精湛绝伦的技艺，实现了器具与匠人之间的和谐统一。这种技术文化，不仅关注技术本身，更强调一种超越技术的精神追求。"物勒工名，以考其诚。工有不当，必行其罪，以穷其情"（《吕氏春秋》）表明，在古代，工匠就对自己的作品负有绝对的责任。发展至唐朝，"勒名制"更是被写入唐律，要求工匠在制作陶瓷、兵器与金银器等物品时，须刻上自己的名字。此后，逐渐发展出了商标制度，以示对产品质量的保证。这些制度与实践，无不体现了古代匠人对于信誉的珍视，这也是传统匠人精神的重要体现。

五是融入工匠文化。根据史料记载，"工匠精神"在约4300年前便已有所体现。此精神源于"工匠"，即古代被称为"百工"的手工技艺从业者，其中不乏我们今天所熟知的杰出代表，如鲁班、李冰等。《考工记》对"工匠"的职责有着详尽的记述，他们不仅需对自然物料的形态与性能有着深刻的理解，更需精通手艺，确保所制器具与设备能满足使用者的需求。这种追求卓越、精益求精的精神，正是"工匠精神"的核心要义。《诗经·卫风·淇澳》"如切如磋，如琢如磨"的诗句，生动描绘了工匠在制作过程中对材料的细致处理与精湛技艺。同时，《毛传》的解释进一步揭示了工匠对技艺的专注与执着。古代"工匠精神"的内涵十分丰富，与道德修养紧密相连。它涵盖了敬业、精益求精、专注以及创新等多个层面，是推动技艺进步和社会发展的重要精神力量。工匠文化及其所蕴含的"工匠精神"，不仅在技艺层面引领着时代的进步，更在深层次上塑造着社会的文化氛围和价值取向。

尽管古代耕读文化在劳动教育传承过程中存在一定的消极因素，如技艺传承的封闭性、人身依附关系的弊端、重技术轻科学的倾向以及社会流动性受限等问题，但历经千年发展，劳动教育仍展现出其独特的合理性与生命力。为推动当今劳动教育体系的持续发展与完善，我们应批判性地继承古代耕读文化的精华，摒弃其糟粕，并深入总结中国古代非精英阶层劳动教育实践的经验与优势。这将有助于我们更好地借鉴历史经验，为现代劳动教育的改革与发展提供有益的启示。

2. 古代劳动教育思想的代表人物

在古代，东西方都有学者明确地提出了劳动教育思想。在中国，以墨子、颜元等为主要代表。

墨子所创建的墨家学派，在战国时期的百家争鸣中，被广泛认为可与儒家相媲美。该学派建立了一个宏大的学术团体，以农工阶级为主体，组织严密，犹如宗教集团。该团体是战国时期最引人注目的教育组织。墨子坚信，教育能"兴利除害"，对国家发展起到积极作用。他极度重视生产劳动和技艺教育，并以身作则，亲自投身生产。他鼓励弟子们勤于生产，积极参与农业生产劳动，学习和掌握一定的生产技能和技术。墨家学派的教育内容广泛，涉及农业生产技术、机械原理及其应用、建筑技术、军事防御守备等诸多领域。因此，墨家高度重视自然科学、生产技能和军事知识的培训，并大力倡导生产劳动教育。经过长期的实践与积累，墨家在生产劳动教育领域积累了丰富的经验。他们巧妙地将理想与现实、知识与实际、学习与实践相结合，实现了寓教于"事"的教育理念。这种教育模式可谓是中国古代劳动教育的初步形态。尤其在春秋战国时期，社会对生产劳动和体力劳动持轻视态度、对劳动教育存在歧视的背景下，墨子的劳动教育思想显得尤为独特，展现出了旺盛的生命力。

颜元是中国古代少数重视生产劳动价值的学者之一，其思想在学术界具有显著的地位和价值。他强调农业知识与技术的学习，并将劳动视为人才培养的核心要素。颜元主张每个人都应参与生产劳动，这一观点在古代学者中颇为独特，因此他的思想具有显著的地位和价值。他倡导人人应乐于劳动，甘于俭朴的生活和艰苦的工作，"上至天子，下至庶人，皆有所事，夙夜勤劳"[①]。他明确要求："凡为吾徒者，当立志学礼、乐、射、御、书、数及兵、农、钱、谷、水、火、工、虞。予虽未能，愿共学焉。"[②] 颜元进一步强调了劳动的德育功能。他认为："人

---

① 颜元. 颜元集[M]. 北京：中华书局，1987：124.

② 颜元. 颜元集[M]. 北京：中华书局，1987：743.

心动物也,习于事则有所寄而不妄动,故吾儒时习力行,皆所以治心。"①即劳动可以使人心灵得到寄托,避免无谓的妄动,从而达到修身养性的目的。此外,他还指出劳动具有使人勤勉、克服懒惰以及强身健体的效果。颜元认为:"吾用力农事,不遑食寝,邪妄之念,亦自不起。"②常劳动则"筋骨飒,气脉舒",久之则"魂魄强"。尽管颜元重视生产劳动价值,甚至将其作为一门值得深入研究的学问,但他又坚持认为,"小人"应学习农业,"士"应学习"君相、百官",这体现了其教育思想存在封建、落后的局限性。

总体来看,古代劳动教育自诞生之初,便主要以广大民众,尤其是贫民子女为教育对象,呈现出鲜明的体力劳动特征。当时的劳动教育与普通教育相互交织,甚至广泛融入社会生活之中,尚未形成独立的教育体系,更缺乏正规的学校劳动教育形式。其核心目标在于提高物质产品的生产效率,以满足民众的基本生存与生活需求。此外,劳动教育在一定程度上也可能满足身体锻炼与健康需求,并含有一定的休闲娱乐成分。

(二)中国近现代劳动教育思想

自近代以来,中国与西方世界的交往日益频繁,然而在这一过程中也暴露出了传统帝国在多个方面的弊端。这些弊端不仅使得国家主权遭受侵害,更导致了文化层面上的深重冲击。与此同时,东亚儒家文化圈的其他国家也面临着类似的挑战,它们的传统文化支撑在西方文化的强烈冲击下显得尤为脆弱。尽管如此,中国文化的内生特质展现出了顽强的生命力,使得其能够积极应对这一危机。中国启动了向西方学习的系统进程,其中教育领域的变革尤为引人注目。教育成为观察中国社会变革的重要窗口,知识精英达成了"教育救国"的共识。在这一进程中,黄炎培、陶行知等杰出的教育家在理论和实践层面都做出了卓越的贡献。尽管他们的背景各异,但在"推动教育改革,实现教育救国"这一共同目标上,却展现出了高度的一致性。他们的工作不仅为中国教育的现代化奠定了基础,也为后世的教育改革提供了宝贵的经验和启示。

通过细致的历史梳理,我们不难发现,这些教育家在劳动教育的推广与实施方面同样表现出惊人的一致性。在近代中国面临深重危机的关键时刻,他们

---

① 颜元. 颜元集[M]. 北京:中华书局,1987:646.

② 颜元. 颜元集[M]. 北京:中华书局,1987:624.

敏锐地洞察到劳动教育对于提升民众素质、推动社会进步以及实现国家复兴的重要价值。基于此,他们分别以各自独特的方式对劳动教育进行了深入的思考、实践与研究。

1. 蔡元培劳动教育思想

蔡元培(1868—1940),中国近现代著名的民主革命家和教育家,提出了全面且影响深远的教育理念,强调军国民教育、实利主义教育、公民道德教育、世界观教育和美感教育的平衡发展,旨在促进个体的全面发展。他反对以科举为中心的旧式教育,重视劳动教育的价值,提倡学术与体力劳动相结合,以养成劳动习惯和提高生产技能为教育核心目标之一。这一理念为后世教育改革与发展奠定了坚实基础。

第一,推崇"劳工神圣"的思想。

蔡元培对普通民众情感深厚,并对劳动者满怀敬意。他明确界定了劳工的范畴,不仅包括传统意义上的工匠,如金工、木工等,还涵盖了所有通过自身劳动,无论是体力还是脑力,为社会和他人创造价值的个体。在他看来,农民、商人、学校职员、作家以及发明家均属于劳工的范畴,他强调:"我们要自己认识劳工的价值。劳工神圣!"① 他进一步预言:"未来的世界,必将是劳工的世界!" 蔡元培所倡导的"劳工神圣"理念,尽管在严格意义上并非一个科学概念,却深刻地反映了当时他对工人阶级和劳动人民的崭新认知。他坚定地肯定了劳工的价值,强调只有劳工才是最伟大、最有前途的力量。这一观点无疑是正确且积极的,同时也有力地促进了知识分子与工人群众的紧密结合。因此,"劳工神圣"迅速成为当时青年学生和众多报刊的热门用语。在劳工神圣思想的指引下,蔡元培积极倡导劳动大众学习文化知识,鼓励知识分子参与劳动实践。鉴于此,在大学院创立之初,他便提出了三条教育方针:"养成全国人民劳动的习惯,使劳心者亦出其力以分工农之劳,而劳力者亦可减少工作时间,而得研求学识机会,人人皆须致力于生产事业,人人皆得领略优美的文化。"②

第二,倡导"即工即学"与"工学结合"。

在探究劳动教育的实践方法时,蔡元培提出了"即工即学"与"工学结合"的教育理念。他明确指出,勤工俭学,也就是边学习边劳动,应当受到推崇。

---

① 蔡元培. 蔡元培教育文选 [M]. 北京:人民教育出版社,1980:57.

② 蔡元培. 蔡元培教育文选 [M]. 北京:人民教育出版社,1980:184.

他进一步阐述,学校中的工作可以让学生自己完成,长时间的学习对健康也不利。此外,他还引用了托尔斯泰的劳动主义观点,强调了自力更生的重要性,反对过度分工,希望学生能够关注并践行这些理念。同时,对于半工半读的教育模式,蔡元培认为其需要不断改进和优化。他特别指出,过去工场的学徒由于工艺方法简单,往往没有接受系统的教育。然而,随着机械化和工艺复杂性的增加,传统的教学方法已经无法满足需求,因此必须实施有针对性的教育。这一观点不仅体现了蔡元培对劳动教育的深刻理解,也为我们今天的职业教育和工学结合提供了重要的启示[①]。

蔡元培积极倡导工学结合的教育思想,通过支持留法勤工俭学运动和"工学互助团",推动了脑力劳动与体力劳动、知识分子与工人的结合。他创立"勤工俭学会",强调工作与学习相结合的有效性。此外,受杜威思想影响,蔡元培批评传统课堂教学过于侧重记忆和背诵,忽视实用知识,因此提倡将手工活动与教育结合,以更符合人性和实用需求。这些观点为教育与生产劳动的结合开辟了新的道路。

2. 黄炎培劳动教育思想

黄炎培(1878—1965),江苏川沙(今上海)人,近现代中国杰出教育家、政治家和社会活动家。他跨越晚清、民国和新中国时期,深入研究了国内外教育体系,并参与了各类教育实践。黄炎培不仅创办了中华职业教育社和中华职业学校等具有社会影响力的组织,还在政府和民间教育机构中担任要职。他推动了中国教育的近代化转型,特别是职业教育的理论体系构建,为我国近现代教育发展做出了重要贡献。通过引入西方教育制度、改革学制、宣传实用主义教育理念等,黄炎培在中国教育史上留下了深远影响。

第一,尊重劳动,尊重劳动者。

黄炎培教育救国的核心理念在于职业教育。他基于实业救国的逻辑,强调通过职业教育提升个人职业能力,进而培养高素质劳动者,推动工业发展,实现国家工业化。黄炎培对劳动和劳动者持有深厚的敬意和尊重,认为这两者是职业教育的根基,而高素质劳动者则是职业教育的最终追求。中华职业学校是黄炎培践行这一教育理念的实践基地,其入学誓约书首条便是"尊重劳动",规定学生除半日工作外,轮流承担校内清洁、招待等事务。他认为,职业教育

---

① 高平叔. 蔡元培教育论集[M]. 长沙:湖南教育出版社,1987:469.

中常见的问题之一是学生误解"自尊"概念，这导致学生轻视规定工作课程以外的劳动。因此，他强调尊崇劳作对于彰显职教价值、敬重各专业以及培养正确观念和职业素养的重要性。在《"五四"纪念日敬告青年》一文中，他提出"劳工神圣，是吾人良心的主张"。这在当时的中国社会具有重大的进步意义，因为长期受君主专制和儒家礼教文化影响，体力劳动和劳动者普遍受到歧视。黄炎培与诸多志同道合之士一起，积极宣扬并倡导以劳动和能力为衡量标准的个人价值理念。这种理念更加契合时代发展潮流，具有前瞻性和先进性。在他们的推动下，这种更加公正、公平的价值体系逐渐获得社会广泛认可，并成为主流话语。同时，职业道德、劳动精神等理念也深入人心，得到大众普遍理解和认同。这一转变对当时社会风气产生了深远影响，不仅挑战了传统价值观念，更为现代职业平等观念的确立奠定了坚实基础。黄炎培等人的努力成功地打破了传统观念的桎梏，为社会的进步和发展开辟了新的道路。

第二，以实用主义为核心。

黄炎培作为中国实用主义推广的先驱学者，于1913年发表《学校教育采用实用主义之商榷》，该文首次将实用主义理念引入国内教育界。他在此文中创新性地提出了"从平面的教育模式转向立体的教育模式"的构想，并深刻指出，审视我国当前教育现状，实用主义无疑是一剂对症下药的良方。得益于黄炎培的不懈宣传和积极倡导，实用主义在短短一年内便在教育界取得了显著的进展和突破，其影响范围逐渐扩大。随后，《实用主义之真谛与一年间之实施状况》《实用主义产出之第三年》等多篇文章相继发表，持续且深入推广实用主义。与此同时，杜威的弟子胡适、陶行知等人也相继回国，他们与黄炎培形成了有力的学术呼应，共同致力于实用主义思想的传播和相关著作的推介。这种合力进一步推动了实用主义在教育领域的实践应用，为推进中国教育改革的进程做出了重要贡献。值得一提的是，实用主义不仅为职业教育和劳动教育提供了坚实的理论基础，而且在黄炎培的教育实践中发挥了重要的指导作用。黄炎培通过劳动教育的实践，不仅提升了实用主义的应用水平，还反过来运用实用主义的原理来指导劳动教育的开展。"办职业教育，万不可专靠想，专靠说，专靠写，必须切切实实'做'。"[①] 他认为教育应依据实践和应用的原则进行安排，特别

---

① 黄炎培．怎样办职业教育[M]//周汉民．敬业乐群·黄炎培职业教育思想读本：教师篇．上海：上海科学技术文献出版社，2014：63．

重视学生的参与。他主张通过实际的动手操作来帮助学生更好地理解知识并培养技能。因此，在课程设置、学科分配标准和训练方法方面，他强调以实际应用为评判标准之一，让学生亲自动手实践。这种教育理念体现了黄炎培对做学主义的倡导："吾们平时所提倡做学主义，他的纲要：做，学。一面做，一面学。"[①]

第三，劳动教育的育人价值。

在当时的教育界，普遍存在着手脑分离以及对理工和实验科学轻视的问题。黄炎培深刻地指出，这些问题的根源在于"思考和实践脱节、学业与事业无关、理论与事实缺乏联系"。为了有效解决这些问题，黄炎培从劳动教育的视角出发，深入剖析了劳动教育对于教育整体的重要性和深远意义。他主张将读书与劳动紧密结合，实现两者的有机融合。他指出职业教育的目的是"要使读书的动手，动手的读书"[②]。黄炎培对杜威"现代科学的繁荣是人类手与脑相互联系、共同发展的结果"的观点表示高度认同，并认为这是至理名言。他强调，职业教育应大力提倡手脑并用的训练方式，以推动世界文明的进步和个人天赋的发展。黄炎培的教学理念着重于培养学生的实际操作能力和创新精神，注重特色手工课程和基础学科的教育。他认为，劳动和动手实践不仅能促进学生大脑发育、提升学业成绩，还能帮助学生养成谦虚务实的品质。黄炎培进一步指出，当前学生普遍存在的问题是志向远大但言行浮夸，不愿意从事家庭生产劳动。他认为，立志越高远的人，越应该脚踏实地、稳重立身。因此，他主张彻底摒弃娇生惯养、游手好闲、浮夸不实等不良习气，以培养学生的专注力和钻研精神。黄炎培的这些深刻见解与当今所倡导的"工匠精神"不谋而合，共同强调了对精湛技艺与卓越品质的不懈追求。

综上所述，黄炎培先生一生致力于推动中国教育事业的进步，尤其在职业教育领域，其贡献堪称奠基之作。在深入研究职业教育的过程中，他不仅系统地探讨了劳动教育的理论与实践，更对其在教育体系中的重要地位和作用给予了高度评价。黄炎培先生坚信劳动教育在"教育救国"战略中具有不可替代的重要地位，因此积极发掘其在革除教育时弊、净化社会风气方面的深远意义。这些努力为探索教育强国之路做出了诸多开创性的重要贡献。正是得益于他的

---

① 黄炎培. 怎样办职业教育[M]// 周汉民. 敬业乐群·黄炎培职业教育思想读本：教师篇. 上海：上海科学技术文献出版社，2014：69.

② 黄炎培. 职业教育该怎么样办——中华职业学校十五周年纪念[M]// 周汉民. 敬业乐群·黄炎培职业教育思想读本：教师篇. 上海：上海科学技术文献出版社，2014：72.

不懈推动，劳动教育的理念和实践得以更广泛地传播和应用，为中国教育事业的繁荣与发展注入了新的活力。

3. 吴玉章劳动教育思想

吴玉章（1878—1966），中国卓越的无产阶级革命家和教育家，对马克思主义历史与语言学研究有杰出贡献，同时也是新中国教育的奠基者及中国人民大学的创立者。他终生致力于革命与教育事业，积极投身社会改造。从同盟会成员到解放战争的斗士，他亲历了旧民主主义、新民主主义及社会主义建设三大时期，是中华民族近现代奋斗史的重要人物。在劳动教育方面，吴玉章着重强调其对于青少年成长、思政教育及培养接班人的重要性，提倡通过劳动教育来培育新一代的社会主义建设者。

第一，重视劳动和劳动教育的作用。

吴玉章深刻阐述了劳动在人类生存与发展中的核心地位。他认为，劳动不仅是构建人类文明的基石和创造一切财富的源泉，更是推动历史进步和人类发展的根本动力。在担任延安大学校长期间，他明确提出教育与生产相结合的教育理念，旨在通过系统的劳动实践，培育学生的建设性思维、良好的劳动习惯及正确的劳动价值观。他坚决主张，劳动教育在教育体系中应占据举足轻重的地位，是培养全面发展人才的关键所在。吴玉章对阶级社会中体力劳动与脑力劳动的对立现象进行了深刻批判，指出这种划分严重扭曲了劳动的本质。他反对将劳动划分为高低贵贱的观念，认为所有劳动都应受到平等尊重。在社会主义制度下，劳动被赋予了新的意义，成为全体社会成员共同参与的光荣事业。基于此，吴玉章主张将劳动教育全面融入中小学教育体系，以培养学生的社会主义劳动观念和实践能力。他进一步强调，劳动教育是区分新式教育与传统旧式教育的重要标志之一。从理论和实践两个层面来看，劳动教育都承载着极为深远的意义。作为教育事业的重要组成部分，劳动教育彰显了劳动人民为实现总体任务而斗争的精神风貌，是人民教育与剥削阶级所垄断的旧式教育的根本分野。

第二，设计劳动教育的机构与内容。

在延安大学任职期间，吴玉章先生对生产劳动的重要性有着深刻的洞见，并积极将其理念付诸实践。为了推动生产劳动的发展，他精心策划并在学校层面成立了专门的生产委员会，负责制订全面的生产计划。此外，他还积极着手筹建了包括延安大学工业合作社、木工厂、豆腐坊、烧炭队、制鞋厂等在内的一系列生产实践基地，为师生提供了广泛的实践平台。为了确保生产活动的顺利进行，吴玉章先生倡导并推动了师生共同签署生产公约的举措。该公约明确规定了努力生产、技术掌握、时间管理、互助合作、工具爱护以及学习修理等各项要求，旨在通过规范化、制度化的方式提升师生的生产技能和劳动素养。在这一公约的指引下，延安大学成功开展了大规模的生产运动，取得了显著成果。吴玉章先生的这些实践举措不仅体现了对生产劳动的高度重视，也为劳动教育机构与内容的设计提供了宝贵的经验和启示。他的做法强调了劳动教育的实践性、综合性和社会性，对于当今的劳动教育改革仍具有深远的指导意义。

第三，提出劳动与知识学习相互促进的观点。

从哲学认识论的视角出发，任何知识皆根源于人类的社会实践。作为人类最基础的实践活动，生产劳动在知识的形成与积累中发挥着至关重要的作用。吴玉章先生对劳动与知识学习之间的内在联系有着深刻而独到的见解。他认为，学生在学校中所习得的普通基础知识，是参与劳动的必要前提，但更为关键的是，通过劳动生产和阶级斗争的实践，学生能够不断深化和拓展所学知识。吴玉章先生进一步指出，若学生脱离生产劳动和其他社会实践，其所学的知识将无法转化为解决实际问题的能力。长此以往，学生可能会陷入"书呆子"的境地，即沉迷于书本知识而忽略了实践的重要性。有鉴于此，吴玉章先生特别强调实践劳动本身就是一种学习，而且是更为重要的学习方式。通过亲身参与劳动，学生不仅能够将理论知识与实际操作相结合，还能在劳动过程中培育团结协作、吃苦耐劳等优秀品质，从而实现个人的全面发展。

第四，明确提出了劳动教育的目标。

首先，培养学生正确的劳动观念，使其深刻理解劳动在社会主义建设中的核心作用，并养成热爱劳动、艰苦朴素的作风；其次，培养学生对劳动及劳动人民的深厚感情，使其尊重劳动人民成果，并通过实践体验劳动创造的喜悦；再次，通过频繁且多样化的劳动实践培育学生良好的劳动习惯，为其未来职业发展和社会责任履行奠定基础；然后，注重劳动技能的掌握，强调青少年全面发展中劳动技能的重要性；最后，强化劳动纪律的培养，引导学生形成自觉遵守纪律、严格要求自己的行为习惯。这些目标共同构成了吴玉章先生劳动教育理念的核心内容，对当今教育改革和学生综合素质培养具有重要指导意义。

第五，阐述劳动教育的途径和方法。

吴玉章重视劳动教育在青少年教育中的不可或缺地位，并提出了四条实施途径。首先，通过正规的课堂教学，加强思想性和政治性，阐明知识与实际生产的联系，激发学生成为劳动者的愿望。其次，鼓励学生参与日常劳动和社会公益劳动，培养劳动习惯。再次，提倡勤工俭学，强调自立自强，劳动不仅不影响学习，反而能促进学习。最后，注重学生，特别是中小学高年级学生参与具体生产劳动，以消除对劳动的偏见，并将教学内容与实际生产相结合，如组织参观学习和参与生产劳动等。这些途径共同构成了吴玉章劳动教育思想的完整体系。

4. 晏阳初劳动教育思想

晏阳初（1890—1990），被尊称为"世界平民教育运动之父"，与著名教育家陶行知齐名，同为中国平民教育和乡村建设的杰出先驱。深受"民惟邦本，本固邦宁"这一传统思想的影响，晏阳初矢志不渝地追求"除文盲，作新民"的平民教育目标。其主导的乡村改造实验在民国时期具有显著成效，尽管存在不足，但切中了当时社会的核心问题。晏阳初凭借坚定的信念、出色的调研与分析能力以及卓越的资源整合能力，在困难的环境中成功开展了县级教育改造实验。他的劳动教育思想贯穿于平民教育实践中，为中国和世界的平民教育与乡村建设事业做出了杰出贡献，留下了深远影响。

第一，教育与生产劳动相结合：走知识分子与工农相结合之路。

晏阳初强调国民文化素质对国家基础的重要性。1918年耶鲁大学毕业后，他赴欧洲为华工服务，深刻体验到劳苦大众的生活，立志为教育他们奉献终生。回国后，他在多地调研，宣传平民教育，推动城市识字运动。1923年，他更是创办了中华平民教育促进会，致力于提升广大民众的文化水平。在河北定县（现定州市），他特别设立了实验区，针对农村普遍存在的文盲、贫困、疾病以及恶政等问题，他倾注全力投入乡村改造工程，力图通过实践探索出一条有效的解决之道。晏阳初不仅自己实践，还号召知识分子深入民间，与工农结合，推动了大量知识分子参与乡村建设。

第二，劳动教育的功能："担负民族再造"之使命。

晏阳初针对当时农村衰老、堕落、涣散的问题，提出"农村运动"即乡村改造运动，旨在通过"实验的改造民族生活的教育"来培养民族新生命、新人格、新团结。晏阳初强调，这种教育应当以适应、改良以及创造实际生活为根本内容。为实现这一新型教育模式，他特别提出在农村地区开展全新的生产劳动教育，并着重强调了教育者与学习者都需在实际生活中进行深入的历练与实践。

第三，劳动教育的重点：实施生计之教育。

晏阳初在其著作《中华平民教育促进会宣言》中，系统阐述了平民教育的实施策略，提出了包括识字教育、公民教育和生计教育在内的三步走战略。他特别强调，生计教育应聚焦于指导和改善平民的日常生活，涵盖农村的农业、农艺知识以及城市的工业、工艺技能。在《中华平民教育促进会定县实验工作报告》中，他详细规划了农村劳动教育的实施方式，包括创办生计巡回训练实验学校，按季节教授相关技术；设立表证农家，通过他们向其他农民传授经验；推广训练，将表证农家的知识和技能普及给广大农民。晏阳初的这些举措旨在提高农民的生产技能和生活水平，推动农村社会的进步。

第四，劳动教育的目的：培养有知识有生产力有公共心之公民。

晏阳初主张平民教育的核心目标是培育"完整的人"，涵盖智识力、生产力和公共心三个维度。他批判了社会上普遍存在的轻视体力劳动、过分依赖书本知识的倾向，强调平民教育应兼顾文字教育和生产技能培养，以造就自立的国民，促进国家经济的繁荣。在阐述乡村建设学院的目标时，他将劳动者的体力置于首位，强调体力与劳动的重要性，认为它们关乎个人的积极心态，是推动社会进步不可或缺的力量。

第五，劳动教育的原则：所学即为所用，所用即为所学。

晏阳初着重指出，平民劳动教育的核心应以实际需求为导向，坚持简单性、经济性、实用性和基础性的原则。在河北定县的实践中，他明确提出了从农业生产、农村经济和农村工业三个维度来全面推进经济建设的发展策略。在农业生产层面，晏阳初特别注重训练农民掌握现代农业知识与技术，以提升其农业生产水平，确保农作物的产量和质量得到显著提高。在农村经济层面，他积极倡导农民通过合作的方式组建经济组织，有效规避破产风险，增强农村经济的韧性和可持续性。而在农村工业层面，他则主张改良传统手工业，同时积极发展其他副业，以多元化增加农民的经济收入，提升农村整体的经济实力[①]。

与陶行知相比，晏阳初的教育实验在时空上取得的成就更为显著。陶行知

---

① 晏阳初. 晏阳初教育论著选[M]. 北京：人民教育出版社，1993：51.

注重宏观历史与时代背景,而晏阳初则更集中地解决问题。与梁漱溟相比,晏阳初的教育实验更为纯粹,以社会力量为主,完全针对乡村弊病开展活动。其乡村实验成效显著,原因在于其问题解决方案更纯粹、更集中,且将学术探索与农村实践紧密结合。晏阳初认为农村运动可再造民族,其实验区在多方面取得了显著成效。

5. 陶行知劳动教育思想

陶行知(1891—1946),杰出的教育家和思想家,以其对生活教育的独到见解和实践,极大地推动了中国近代教育的发展。他主张将教育与生活紧密相连,特别强调劳动教育的重要性,认为其是提升个体素养的关键途径。陶行知倡导"手脑相长"和"行是知之始",坚信实践是获取真知的基石,劳动教育必须与实际生产相结合才能焕发生命力。"生活即教育,社会即学校,教学做合一"是他的生活教育理论的核心,凸显了"做"与"活动"在教育中的纽带作用,体现了劳力与劳心的有机结合。其中,劳动教育思想占据重要地位,陶行知通过编写教材、推动平民教育运动等多种方式,致力于提高国民素质,为中国近代教育的变革与进步做出了显著的贡献。他的教育理念与实践活动,不仅为中国教育史书写了新的篇章,也为后世的教育改革与发展提供了宝贵的借鉴与启示。

第一,劳动教育的基础:在劳力上劳心,用心以制力。

陶行知劳动教育思想的核心在于"在劳力上劳心",强调劳力与劳心相结合以培育全面发展的人才。他批判了中国社会长期存在的知识分子与工农群众分离对立的弊病,提倡打破隔阂,实现手脑联盟。他将日常生活技能纳入教育体系,并提出"教劳心者劳力,教劳力者劳心"的解决方案,以促进个人全面发展和国家未来的进步。他力推,"在劳力上劳心"是创新的源泉,通过在劳动实践中融入思考,人们可以揭示事物的本质规律。

第二,劳动教育的逻辑:行·知·行。

陶行知先生通过改名"行知"彰显其"行是知之始"的理念,强调实践在知识获取中的首要性,并认为这种实践真知能促进课堂教育。他的著作中明确区分了实践与间接读书的知识获取方式,虽认可闻知和说知的作用,但更重视亲知作为知识之根。他指出,缺乏劳动经验的青年难以理解抽象理论,这进一步体现了实践与知识的紧密联系。在其教育理念中,劳动是获取真知的关键,且劳动教育的活力在于与生产实践的结合。

第三，劳动教育的载体：生活即教育。

陶行知主张生活教育源自并融入生活，超越学校教育界限，为劳动教育注入了更为丰富的内涵和载体。在《生活即教育》一文中，他明确指出，教育应当紧密贴合生活的需求，根据人生的实际需要来提供相应的教育内容，使教育与生活融为一体。在另一篇著作《古庙敲钟录》中，陶行知构想了一种将工场、学堂和社会三者紧密结合的全新教育模式。他进一步阐释了教育蕴含于日常生活的各种劳动之中，强调了劳动教育与生活教育在内涵上的高度契合性。这一理念不仅展现了陶行知对教育的深刻洞见，也为后世的教育改革提供了重要的启示。

6. 梁漱溟劳动教育思想

梁漱溟（1893—1988），这位在学术界享有崇高声誉的思想家、哲学家、教育家、社会活动家以及坚定的爱国民主人士，被尊为国学大师，并被誉为现代新儒家的早期代表人物之一。他深情地表达了自己终身致力于华夏民族社会的进步，并渴望成为社会永久信赖的个体的坚定信念。以爱国主义为精神支柱，梁漱溟致力于挖掘和弘扬祖国的传统文化，同时结合西方现代教育和社会理念，扎根乡村数十载，将对学生个人价值的培养、重塑与提升融入乡村建设运动中，取得了显著成就。作为一名致力于文化复兴的学者，梁漱溟特别关注学生的个人价值养成和重塑，以及社会的改良。他的劳动教育理念独具特色，主要汲取了传统儒家文化中积极进取的入世哲学、中华民族自古以来的勤劳美德，以及西方教育体系中的实用主义思想。这些丰富的思想资源共同构成了他劳动教育理念的深厚底蕴，为后世的教育实践提供了宝贵的启示和借鉴。

作为儒家文化的传承者，梁漱溟的思想亦受佛教平等观念之熏陶，在其教育理念中坚决反对学生成为贵族或食利者。他积极提倡学生参与劳动，热爱劳动，并全身心投入其中，以此实现个人价值和社会价值的统一。他主张学生应运用自己的心智、感官和肢体力量，实实在在地过自己的生活。为达此目的，他提出首先要减少或废除校内的杂役，使学生能更积极地参与日常生活事务，实践勤劳之美德。同时，他建议减少校内职员，将公共事务交由学生管理，甚至提议废除校内的贸易部、西餐部及洗衣部，以期学生能自行经营这些事务。梁漱溟的教育目标在于首先培养学生成为更加独立和完善的人，进而逐步修行，趋近儒家所倡导的士的境界。此外，梁漱溟进一步阐释了劳动在维护社会稳定和推动经济发展中的不可或缺的作用。在山东地区的教育实验中，他精心设计了包含农业和手工业培训与实践的课程内容，并在道德教育的核心环节中融入了对辛勤劳作的赞扬与鼓励。这一举措既体现了西方实用主义教育理念的影响，也深刻反映了中国传统社会对勤劳精神的崇尚与传承。通过此种课程设计，梁漱溟旨在培育既具备专业技能又拥有高尚品德的劳动者，为社会做出积极贡献。

二、国外劳动教育思想

（一）国外古代劳动教育思想

在古代，东西方均有学者明确地提出了劳动教育的理念。在西方学术界，本尼迪克与莫尔等人是主要代表人物，他们对劳动教育的重要性进行了深入的阐述。这些学者的理论贡献为后世的劳动教育研究奠定了基础。

1. 本尼迪克的劳动教育思想

任何对中世纪初期文化教育的深入研究必须涉及对基督教隐修院制度的分析。在西欧文化的形塑中，意大利的努西亚出身的本尼迪克扮演了关键角色。他于521年在意大利蒙特·卡西诺创办了一所隐修院，并在523年制定了一套包含序言和73条规则的修道院规章，即历史上著名的《本尼迪克法规》。这套法规为修道院生活带来了组织性和制度化，被大部分修道团体采纳。它规定了西欧修道院的基本运作规则和日常生活模式，如礼拜、阅读和劳动等，对西欧隐修院制度的进一步发展产生了深远影响。

本尼迪克深刻指出，懒惰是精神的顽敌，而劳动不仅是修士们自食其力的手段，更成为一种重要的修行方式。按照《本尼迪克法规》的规定，修士们应在祈祷的间歇进行劳动。具体而言，在夏季，劳动时间安排在晨祷（约6点）和午祷（约15点）之后；而在冬季，则在第三次祈祷（约9点）和午祷之后进行劳动。值得注意的是，这里所指的劳动并非西多派早期所理解的那种沉重劳作，而是相对轻松的园艺工作，其中书写工作尤为常见。本尼迪克所倡导的修道院模式与东方的苦修方式截然不同。本尼迪克所倡导的修道院模式与东方苦修的传统方式存在着显著差异。他认为，东方修士那种与世隔绝、通过自我体罚来修行的做法过于极端，且缺乏现实可行性。相反，他主张修士们应采取一种更为积极、入世的修行方式，即通过参与劳动来达到精神的净化和提升。

从西欧修道院制度的奠基人——本尼迪克的理念出发，我们可以发现，他所构想的理想修道院是一个能够自给自足的小型社会。在这个社会中，修士们的生活虽然艰苦，但却保持着一种均衡状态，涵盖了虔诚的宗教崇拜、田间和店铺中的辛勤劳动，以及严谨的阅读活动。显然，对于本尼迪克而言，劳动是修道院生活中不可或缺的重要组成部分，他要求每位修士都必须积极参与生产劳动。在这样的背景下，劳动教育的理念得以自然而然地融入其中。

综上所述，本尼迪克的修道院理念不仅强调自给自足和生活的均衡性，还特别注重劳动的价值和意义。通过要求修士们参与生产劳动，他成功地将劳动教育的理念融入修道院生活中，为后世的教育实践提供了有益的借鉴和启示。

2. 莫尔的劳动教育思想

莫尔所倡导的劳动教育理念，实际上是其乌托邦思想中普遍强制性劳动观念的合理延伸。该理念基于一个核心前提，即所有社会成员都必须参与到生产性劳动中，从而使得劳动教育的普及成为必然。他详细阐述了乌托邦社会的劳动教育模式，其中不分性别的所有成员均以从事农业生产为主要职业，并从儿童时期起就开始接受农业教育。这种教育不仅包括理论知识的传授，还注重实践操作能力的培养，通过在城市附近的农庄进行实习旅行等方式，使学习过程变得生动有趣。在农庄中，他们不仅仅是观察者，更是积极参与到各种体力劳动中，锻炼自己的实际操作能力的劳动者。

莫尔强调，除了农业技能，每个人还需学习一项专业手艺，如毛织、麻纺等手艺。虽然遵循"父业子承"传统，但也应尊重个人兴趣与选择。如果有人对其他行业产生了兴趣，他可以选择寄养在从事该行业的人家中学习。此外，对于那些愿意学习多种手艺的人，社会也给予充分的支持和鼓励。在掌握两种手艺之后，个人可以根据自己的意愿和国家的需要，灵活选择其中一种作为自己的职业。

莫尔的劳动教育思想具有显著的时代特征。在当时的英国，资本主义工业生产的主要形式仍然是分散的手工工场，同时农业生产也处于相对落后的状态。莫尔的劳动教育思想在内容上并未涉及大机器生产的相关知识，同时在形式上也存在一些落后的特征，其中，以家长制为主导的手工业学习方式便是这一趋势的典型代表。

在探讨莫尔的劳动教育理念时，我们发现其根植于空想社会主义，强调无剥削、全民参与的劳动制度。因此，他将劳动教育与德育、智育、体育等并列，视为青少年教育的必要组成部分。此举不仅将劳动与教育紧密结合，还打破了体力劳动的阶级限制，扩大了受教育权的范围。与人文主义教育不同，莫尔的教育理念更注重个体全面发展。他期望培养出道德高尚、知识丰富、劳动技能熟练，且能实现体力与脑力劳动和谐统一的人。在乌托邦中，脑力劳动与体力劳动常交替进行，学者若辜负期望则须转为劳动者，而工人若学术成就显著则可转为学者。这种消除体力劳动与脑力劳动对立、培养全面发展的人的设想，是莫尔劳动教育思想的核心价值所在。

莫尔的劳动教育思想及其教育与生产劳动结合的构想，对空想社会主义思想产生深远影响。欧文则通过实践验证了该理念在提升社会生产力和促进人的全面发展方面的有效性。这种教育与生产劳动紧密结合的实验探索，为后来的社会主义教育思想提供了重要启示。

（二）国外近代劳动教育思想

随着社会的持续演进和科技的迅猛发展，特别是工业革命与机器大工业生产的崛起，劳动教育的形态也经历了深刻的变革。在这一时代背景下，正规学校纷纷开始实施劳动教育，并设立了专门的劳动教育课程，这标志着劳动教育迈入了新的发展阶段。这一变革不仅彰显了教育与社会生产的紧密关联，更凸显了教育在培养符合现代社会需求人才方面的重要性。

1. 洛克的劳动教育思想

1696年，洛克成为英国政府贸易与殖民地委员会的一员。紧接着在1697年，他提出了一项名为"贫穷儿童学校计划"的倡议。该计划建议在每个教区内建立劳动学校，专门针对年龄在13至14岁之间、来自贫困家庭的儿童。这些儿童将通过参与学习和劳动活动来获得生活费用的补助。根据这一计划，手工业者有权选择雇佣学徒，而未被雇佣的儿童则会与土地所有者签订契约，直至他们年满23岁。这一计划的核心理念是通过教育与劳动的有机结合，改善贫困儿童的生活状况并拓展他们的就业前景。

关于劳动和劳动教育的意义，洛克阐述道，其主要目的在于使儿童通过一种有益且健康的体力活动，从其他更为严肃的思考和工作中获得放松。此外，他还指出，各种手工技艺的习得均源于劳动，并需要通过劳动来不断练习。这些技艺的练习不仅能够提升我们的技能水平，还有助于促进我们的身体健康。

尽管洛克的劳动学校计划在初期并未得到广泛应用，但它对18世纪后期的英国教育产生了深远的影响,特别是在推动"产业学校"的形成方面。这些学校,包括在"济贫区学徒制度"下的教育机构、慈善学校、工读学校和乞儿学校等,主要以贫困儿童为对象,提供劳动教育。它们不仅普及初等教育,还致力于传授生活和生产技能。洛克的劳动教育理念强调为贫困儿童提供一种与绅士教育截然不同的教育方式,旨在通过劳动学校的教育与实践,为他们未来的职业生涯奠定坚实的基础,促进社会阶层的流动与平衡。

2. 贝勒斯的劳动教育思想

贝勒斯作为英国早期劳动教育思想的重要倡导者,在其著作《关于创办一所一切有用的手工业和农业的劳动学院的建议》中深刻阐释了劳动教育在儿童成长过程中的关键作用。贝勒斯坚信,劳动是创造财富的基石,并基于此提出了"劳动是获取生活资料的必要条件"这一核心理念。

贝勒斯深刻洞察了当时社会的现实需求,并积极倡导建立工业学校。他对这类学校的设想是:它们应该能够为富人带来经济利益,同时确保穷人能够获得稳定且足够的生活资源,以及为年轻人提供优质的教育机会。这样的愿景体现了他希望通过工业学校实现社会各阶层的共赢。

此外,贝勒斯还特别强调了教育与体力劳动相结合的必要性。他认为,如果教育中缺乏劳动的成分,那么其效果将大打折扣,甚至与无知相差无几。这一观点凸显了他对于劳动在教育中的独特价值和地位的深刻认识。

3. 卢梭的劳动教育思想

卢梭在其著作《爱弥儿》第三卷中,对少年时期劳动教育的重要性进行了深入阐述。他指出,少年时期是个体成长与发展的关键时期,因此,智育的培养应当与劳动教育紧密结合。劳动教育不仅锻炼身体、提升双手灵活性,还能培养生活技能。未掌握劳动技能的儿童成年后可能无法自给自足,会成为社会的负担。因此,劳动教育对于发展儿童智力、体力以及对劳动者的情感具有重要作用。卢梭强调,劳动是每个公民不可推卸的责任,无论贫富强弱,都应参与劳动。

关于劳动教育的实施策略,卢梭为爱弥儿制订了详细的学习计划。他主张,在12岁以前,爱弥儿应专注于农业知识的学习与实践。随后,在12岁至15岁阶段,重点转向手工业技能的学习。在选择具体的手工业领域时,卢梭强调了几个关键标准:实用性、趣味性、与学习者的性别和年龄特点的契合度,以及手工业在智力和健康方面的促进作用。通过这样的规划，劳动教育不仅能够培养爱弥儿的实际操作能力，还能促进其智力和身心的全面发展[①]。

卢梭高度肯定劳动教育对儿童智力和道德发展的重要作用。他认为，通过亲身劳动获得的观念比从他人那里学来的更清晰，且有助于培养独立思考和创新能力。同时，劳动也能促进儿童心灵的发展，使其在劳动中学会思考，锻炼身体与手工技能的同时，培养反复思考的性情。卢梭进一步强调，劳动教育应与道德教育相结合。通过参与实际劳动，儿童不仅能学习职业技能，还能学会做人，增强对劳动和劳动人民的情感认同。这种教育理念旨在培养具有自由精神和独立人格的"新人"，对当时及现代社会都具有重要启示意义。

4. 亚当·斯密的劳动教育思想

亚当·斯密，这位卓越的经济学家，活跃于英国从手工工场向机械化大工业转型的关键时期。在1776年出版的《国民财富的性质和原因的研究》中，斯密深刻探讨了劳动及其教育在经济发展中的核心作用。他明确提出了"劳动是价值的源泉"这一重要观点，这不仅彰显了他在价值理论方面的杰出贡献，更进一步巩固了劳动价值论的基础。斯密强调劳动在创造社会财富中的决定性作用，并深入阐述了劳动教育对于提升劳动力素质和推动经济发展的重要性。他认为，"劳动是衡量一切商品交换价值的真实尺度"[②]。

在斯密看来，教育应该优先向儿童传授机械学的基本原理和知识，而非过度关注拉丁文等晦涩难懂且实用性不高的课程。他主张取消对于普通民众子女而言难以理解和应用的拉丁文教育，转而推广基础的几何学和机械学知识，以提升这一群体的文化水平。斯密高度重视劳动者的价值和素质培养，坚信提高劳动者的文化素养对经济发展具有积极的推动作用。他的这些观点不仅体现了其对劳动和教育的深刻洞察，也为后世的经济和社会发展提供了重要的启示。

5. 傅立叶的劳动教育思想

作为法国杰出的空想社会主义思想家，傅立叶构想了一个乌托邦式的社会结构，其基本单位被他称为"法郎吉"。这一术语源自希腊语，意为"队伍"，在此象征着在和谐制度中高度组织化的社群。该社会结构体现了农业与工业相融合、城乡一体化的创新理念。在傅立叶的构想中，教育，特别是劳动教育和

---

① 卢梭. 爱弥儿：论教育：上卷[M]. 李平沤，译. 北京：商务印书馆，1978：262-270.

② 斯密. 国民财富的性质和原因的研究：上卷[M]. 北京：商务印书馆，1972：26.

儿童教育，被赋予了至关重要的地位，是实现其社会理想不可或缺的关键因素。

傅立叶对未来社会中劳动与教育的意义给予了高度评价。他强调，在新的社会制度下，应确保所有参与生产的劳动者，无论其富裕程度如何，都能享有充分的幸福感，并永远热爱自己的劳动。这种劳动观念的转变使得劳动者能够从原本的痛苦工作中解脱出来，投身于充满愉悦和满足感的劳动之中。

同时，傅立叶提倡将劳动与学习、科学、艺术、娱乐及休息相结合，实现脑力劳动与体力劳动的有机融合以及劳逸结合。他认为这种结合有助于促进人的身心的全面发展。此外，傅立叶进一步阐释了协作教育的核心目标，即推动个体在体力和智力方面的全方位发展，从而激发人们将全部精力，甚至包括休闲娱乐的时间，都自觉投入生产劳动中去的热情。

在傅立叶的理念中，儿童的主要爱好包括探索、操作、观察、经历各种事物，不断变换作业；喜欢生产劳动的嘈杂和热闹喧嚷的工作环境；具有模拟或爱模仿的癖性；热衷于小型生产活动和小工厂；逐步由弱到强的训练过程。这些思想在当时具有创新性，体现了显著的进步性。

尽管傅立叶的劳动教育理念带有理想化色彩，并融入了休闲元素，但其前瞻性和独特性不容忽视。他的理念为后来的教育理论和实践提供了重要的启示和借鉴。

6. 欧文的劳动教育思想

欧文是19世纪英国著名的空想社会主义者和教育实践家，他倡导建立国家级教育系统并实施教育法规以推动教育普及。欧文强调教育对于社会进步和个人发展的至关重要性，认为人的性格形成受天性、环境和教育共同影响，尤其重视后两者的作用。他主张在未来的社会构想中紧密结合教育与生产劳动，其中生产劳动扮演着教育的关键角色。欧文详细规划了"公社成员"的成长阶段，从婴儿期到青年期，逐步引导他们参与生活和生产劳动，并学习实用科学知识，以实现个人和社会的全面发展。

欧文是早期倡导体力劳动与脑力劳动融合、生产劳动与教育相结合的先驱，旨在培养全面发展的人才。他曾在纺织工厂经理任上目睹童工的艰苦生活，因此推动改革，实施儿童白天工作、晚上学习的模式。他强调劳动与知识的结合是消除社会贫穷与愚昧的关键，主张劳动阶层子女应接受高质量教育和生产技能培训。欧文的实验显示了在现代生产条件下，儿童能同时学习和劳动，这对于培养理论与实践并重的人才至关重要。与手工劳动相比，他更强调科技指导下的现代工业劳动。

在深入研究并汲取19世纪三大空想社会主义者的思想精髓过程中，马克思对欧文关于教育与生产劳动相结合的实践探索给予了极高的重视，并进行了深入的剖析与总结。基于此，他提出了一个具有划时代意义的论断——正如我们从罗伯特·欧文的实践中所观察到的，工厂制度已经孕育了未来教育的雏形："未来教育对所有已满一定年龄的儿童来说，就是生产劳动同智育和体育相结合，它不仅是提高社会生产的一种方法，而且也是造就全面发展的人的唯一方法。"①这一论断在整个马克思主义教育学理论体系中占据了举足轻重的地位，被视为其"不可或缺的重要组成部分"。

7. 裴斯泰洛齐的劳动教育思想

裴斯泰洛齐，这位著名的瑞士平民主义教育家，一生致力于贫困群体的教育事业。他在多地创办贫儿院和学校，通过实践探索形成了完整的劳动教育理念，旨在通过劳动实践培养学生的实际能力和独立精神，对个人和社会的发展具有深远影响。这一理念不仅在当时受到广泛赞誉，而且为后世教育改革提供了重要借鉴。

（1）劳动教育思想的形成

裴斯泰洛齐的劳动教育思想是在多方面影响下形成的。工业革命导致农民生活困境和教育问题，引发他对劳动教育的关注；卢梭的《爱弥儿》和自然主义儿童观促使他转向教育实践；18世纪法国启蒙思想家的国民教育提议及普鲁士教育改革则进一步激发了他的热情。这些因素共同推动了裴斯泰洛齐劳动教育思想的形成与发展。

（2）劳动教育思想的主要内容

裴斯泰洛齐的劳动教育思想在其著作《林哈德与葛笃德》中得到了充分体现。他强调教育的目的是促进儿童身心的和谐发展，通过采用学习与劳动相结合的教学方法，以及遵循教育心理化的基本原则，来全面培养儿童的劳动技能和促进其整体发展。裴斯泰洛齐注重以技能培养为核心的教育任务，将劳动视为实现这一目标的重要手段，旨在帮助儿童养成良好的劳动习惯并培育其优秀品质，从而为他们未来顺利融入社会奠定坚实基础。此外，他还提出，教育应

---

① 中共中央马克思恩格斯列宁斯大林著作编译局. 马克思恩格斯全集：第23卷[M]. 北京：人民出版社，1972：530.

遵循自然法则，充分发展儿童各方面的能力，以实现其全面而平衡的成长。

（3）历史评价

裴斯泰洛齐的教育理念与实践深切关注劳动阶层儿童教育，他通过创立贫儿院和学校为他们提供实践劳动技能和基础知识的机会，这对社会稳定与发展有积极影响。然而，在肯定裴斯泰洛齐贡献的同时，我们也必须清醒地认识到其教育思想的局限性。他对于劳动教育的界定主要适用于贫民儿童，他认为他们的生活使命在于劳动，因而必须学习相关的劳动技能。这一观点在一定程度上忽略了富裕家庭子女的教育需求，显示出其思想的时代性和阶级性。因此，在评价裴斯泰洛齐的劳动教育思想时，我们应持有一种辩证的态度。既要肯定他在推动劳动人民子女教育方面所做出的不可磨灭的贡献，又要洞察其思想的局限性，并致力于推动更加全面、平等的教育理念和实践的发展。

8. 格龙维的劳动教育思想

格龙维是丹麦杰出的诗人、深邃的哲学家、政治家以及影响深远的教育家。他所构想的"民众高等教育"体系，以前瞻性和包容性，对现代高等教育的发展产生了深远的影响，从而为他赢得了"民众高等学校之父"的尊称。在劳动教育的探讨中，格龙维亦展现出独到的洞察力，提出了富有创见的观点。

（1）以生活为目的的劳动教育

格龙维所提倡的劳动教育，秉承"生活启导、民众启蒙"的核心理念。在这一教育框架下，学校不仅致力于传授职业技能所需的知识，更注重构建学生广泛而深入的知识体系，以此提升他们对人生的全面认知和生活质量。这种教育模式有助于学生深刻理解人生的多元面向，并为他们未来的生活奠定坚实基础。格龙维坚信，对真知和真理的理解源于丰富的生活体验，而非单纯的课堂知识记忆。因此，他主张将学习与劳动紧密融合，以激发学生发现劳动的乐趣和对生活的深层次追求。这种融合式学习不仅能提高学生的职业技能，更能引导他们领悟生活的真谛和价值，从而培养更加积极的生活态度。

（2）室内学习和室外劳动相结合的教育方式

格龙维提倡儿童在14至16岁阶段开始接受中等教育，并主张这一教育应在学校体系内实施。然而，他着重指出，中学教育不应仅仅局限于课堂教学，过度依赖课本和教室会限制学生的学习经验。相反，他鼓励学生积极参与户外活动，如农业劳动和其他手工技艺等，亲身感受大自然所赋予的丰富学习机会。

尽管教师在课堂上可以系统地传授基础知识，但传统的教师权威主导模式往往使学生处于被动接受的状态。为了打破这种权力结构，室外劳动成为一个有益的途径。通过室外劳动，学生不仅能在实践中获取知识，还能在平等、开放的环境中与教师进行对话和交流，这有助于双方形成共识，并最终促进学生身心的全面发展。这种教育理念旨在实现理论与实践的平衡，使学生在掌握知识的同时，也能培养其实践操作能力和批判性思维。

（3）劳动教育是一种公民教育

格龙维倡导的劳动教育，着重于培养学生的公民意识及生活技能，而非特定职业技能。弗洛在创立民众高等学校时，亦强调教育的目标是使所有民众都能获得既实用又有深度的知识和能力，进而培养他们成为具有责任感的民族成员和国家公民。罗定民众高等学校所设立的实验农场和菜园，便是这一宗旨的具体实践，旨在借助劳动教育的形式促进学生的全面发展，塑造他们成为身心健康的优秀公民。格龙维的劳动教育思想受18世纪法国国民教育和启蒙思想影响，主张跨越阶级界限，推动教育平等。他认为劳动是实现个体生存和发展的根本途径，以劳动为教育载体可打破阶级壁垒。这一思想至今在斯堪的纳维亚地区仍受重视。

9. 兰克尔、伍德沃德的劳动教育思想

在美国近代教育史中，兰克尔和伍德沃德是手工及劳动教育的杰出先驱。兰克尔针对美国教育与实际生产需求的脱节，以及学生实用技能的匮乏问题，提出了强烈批评。他主张把手工艺或工艺教育作为创新教育模式，在大型工业化背景下平衡综合教育与技术教育，以培育学生的工业社会适应能力。为此，他于1876年在麻省理工学院创立了"机械工艺学校"，专注于手工教育，旨在提升学生的生产技能。

与此同时，伍德沃德则倡导一种"无直接职业目标"的工场教学理念，强调技术学习的重要性，同时反对教育的过度实用化倾向。他主张通才教育，并于1879年在华盛顿大学创建了附属的手工教育学校。这所学校融合了普通教育和手工劳动教育，注重基本原理而非特定技术的传授，其教育重心在于培养学生的综合素质而非单一技能。这种教育模式不仅激发了学生的学习兴趣和动手能力，还为他们未来的职业发展打下了坚实基础，因而备受欢迎。此外，随着校办工厂和实验室的兴起，手工教育得以在实践中进一步发展。

在第一次世界大战前，尽管美国中小学扩展了其传统职能，包括技术培训、健康项目、体检服务、农业技术展示及其他社会服务，但其核心使命未发生变化。学校依然是专注于儿童教育的机构，拥有制定教学内容的自主权。儿童们踏入这个以文化教育和道德熏陶为宗旨的教育机构——学校，而学校也始终不渝地履行着其教育的职责。

10. 凯兴斯泰纳的劳动教育思想

凯兴斯泰纳是德国著名教育学家，在欧美公民教育和劳作教育领域具有重要地位。其劳动教育理论主要体现在《劳作学校要义》中，该书于1935年被引入中国，至今仍具参考价值。他主张以性格培养为核心的劳动教育体系，这满足了当时德国资产阶级的需求。在任慕尼黑教育局局长期间，他推动将公民与劳作教育纳入官方课程。其著作如《德国青年的公民教育》等对现代劳动教育产生深远影响，为劳动教育领域做出重要贡献。

（1）凯兴斯泰纳公民教育思想

凯兴斯泰纳强调国家有权设定公立学校的教育目标，以培养有用的国家公民为核心。他认为合格的公民应具备职业能力和强烈的国家意识。在公民教育对象上，他经历了从特定年龄段的制造业青年到所有社会阶层的转变。在教育内容的构建上，他主张以劳作学校为平台，全面推进公民教育，其中包括职业熏陶、职业道德教育，以及团队精神和社会参与意识的培养。这些措施旨在使学生理解工作的社会意义，将职业视作对社会应尽的义务，并通过学生团体和课堂教学改革实现教育目标。

（2）"劳作学校"理论

凯兴斯泰纳的"劳作学校"理论旨在融合职业与普通教育，培养符合国家需求的新型公民。劳作不仅是体力活动，更包括精神层面的工作。劳作学校的任务是"性格陶冶"，强调培养四种心理力量：意志力、判断力、灵活性和坚韧性，并将文化价值融入个人精神生活。凯兴斯泰纳主张国民学校改革的关键在于课程体系的革新，包括将手工劳动作为独立课程、改革传统学科内容和强调体育课程的重要性。在教学实施层面，劳作学校推崇实践教学与团体劳作的方式，摒弃过时的知识灌输式教学，鼓励学生通过实地观察和亲身体验来积累实践知识和经验。此外，凯兴斯泰纳还致力于推动补习学校的创办，为企业工人提供公民教育，进而提升他们的公民意识和生产效率。在他的教育理念影响下，德国各地纷纷建立起劳作学校，有力地推动了职业教育的发展与普及。

综上所述，国外近代劳动教育的特点可概括为五点：独立性，体现在专门的课程设置上；阶级性，不同阶层子弟的劳动教育重点有异；社会性，强调劳动与教育相结合以促进青少年全面发展；育人性，马克思等重视其在人的全面发展中的作用；谋生性，教育家们强调其对个人谋生的重要意义。这些特点共同塑造了近代劳动教育的独特形态。

（三）国外现代劳动教育思想

1. 德可罗利的劳动教育思想

德可罗利是比利时著名的教育家、心理学家，对儿童心理和教育有深入研究，被誉为欧洲新教育的先驱。他于1907年在布鲁塞尔创立以实验性教育为特色的"生活学校"，并发展出"德可罗利教学法"。该教学法以儿童兴趣为中心，旨在为他们的未来社会生活奠定坚实基础，这也是其劳动教育思想的核心。

（1）"生活学校"与手工活动

"生活学校"的教学实践是在教室内展开的，然而，这个教室的功能远超越了传统意义上的讲授与听讲空间，它同时承载着工作坊、活动室以及实验室的多重角色。在课堂上，学生的主体性活动被置于核心地位，同时辅以视听教学手段，游戏与手工制作亦受到同等重视。为了促进学生的互动与交流，教室内的课桌被巧妙地安排成马蹄铁形，这种布局打破了传统学校中课桌的线性排列方式。自踏入"生活学校"的那一刻起，所有学生都被要求定期参与各类集体戏剧活动，制作墙面装饰画，并出席各类会议。更值得一提的是，儿童们还有机会在自己的印刷车间内印制"校园新闻"。尽管这些活动并未被刻意设计为教学环节，但它们在实际中却起到了显著的教学效果。

（2）"生活学校"中手工劳动的组织

德可罗利主张"生活学校"的教育必须精选恰当的学习材料，并构建符合儿童身心特点的课程体系。通过这样的教育过程，儿童能够逐步理解"自我人格、需求、信仰、目标和理想"，同时深刻认识自己所处的自然与社会环境，从而为未来生活奠定坚实基础。为此，他摒弃了传统学校中僵化且不符合儿童发展规律的分科制度，依据"兴趣中心"原则重新划分课程。新课程体系主要围绕个人知识和环境知识两大类展开，将儿童的四种生活兴趣与社会、学校、家庭和自然界等多元领域相结合，形成以特定兴趣为核心的教学单元，实施有针对性的单元教学。在德可罗利的教育理念中,儿童的兴趣被系统地分布在小学五个年级的教学内容中。具体而言:一年级着重关注儿童与其自身有机体的关系;二年级则探讨儿童与动物的互动;三年级研究儿童与无生命界的联系;而四年级聚焦于儿童与蔬菜的主题;到了五年级,则全面探讨儿童与其所处人文环境的各个方面。以三、四年级为例,课程设计以儿童的个别兴趣为核心,教师在其中发挥指导作用,根据儿童的实际需求来制定教学内容。这些需求包括但不仅限于饮食与卫生习惯的养成、衣着与居住环境的改善、种植与耕作技能的提升、布匹与用品制作的方法、工具制造与采矿建房的技术、防御敌人与疾病防控的策略,以及道路桥梁维修与交通工具制造的知识等多个层面[①]。

(3)劳动教育思想的出发点:儿童兴趣

德可罗利强调,在儿童教育过程中,应以培养个性为核心,并以儿童自我发展为基本原则。他倡导采用"自由教育"理念,并提出了以"儿童为出发点"的教育观念。为了更好地理解儿童的特点,他发展了整合性教育和兴趣中心教学理论。德可罗利强调了儿童逻辑与成人逻辑的不同,强调儿童的思维更注重整体性认知,而非单一方面的了解。因此,学校教育应根据儿童的逻辑特点,帮助他们全面了解周围的世界。这可以通过以兴趣为核心的综合教学方法来实现,满足儿童的基本需求,包括饮食、安全、合作与团结、共同劳动和休息、自我完善等。尤其需要强调的是,共同劳动和休息是他的劳动教育理念的具体体现。

德可罗利提出了三段教学法,包括观察、联想和表达,以支持综合兴趣和教学方法的实施。根据这一综合兴趣和教学方法,他认为学校应该成为一个"简化的社会",除了让儿童广泛接触自然外,还应通过多样化的方式帮助他们了解社会。因此,学校不应仅限于教室,而应成为实验室、活动室和工作室的综合体,通过激发兴趣和开展综合活动来培养儿童的劳动能力。

(4)劳动教育的途径:从游戏到职业

德可罗利主张学校应实施综合生活教育,并强调在此过程中应增进儿童对社会职业的参与。他认为,若教育能有效引导儿童融入各类成人职业角色,那么纯粹用于教学的时间将得到显著缩减。德可罗利进一步指出,被现代社会所忽视的人类基本技能,实则是文明国家教育课程体系的核心所在。他明确提出:

---

① 赵祥麟,王天一,单中惠. 外国教育家评传:第二卷[M]. 上海:上海教育出版社,1992:599.

"农业或商业并非一成不变，教育亦无理由墨守成规。经验显示，无论是物理环境还是社会环境，以及生活的需求和条件，都处于不断变化之中，因此，教育必须灵活调整，以适应这些新的因素。"[①]学校教育应与社会职业相协调，而游戏在这方面扮演重要角色。德可罗利认为，游戏可为严肃活动提供充分准备，可作为兴趣和职业之间的桥梁。因此，以游戏方式激发儿童对职业的兴趣，可实现兴趣到职业的平稳过渡。尽管他没有详细探讨劳动教育，但其思想深刻影响了西方教育。

2. 克鲁普斯卡娅的劳动教育思想

克鲁普斯卡娅是杰出的教育家和苏维埃国家教育领导人，对马克思、恩格斯及列宁的教育与生产劳动结合理念极为推崇，并在其代表作《国民教育和民主主义》中进行了深入探讨。该书系统阐述了教育与生产劳动融合的原则，并强调综合技术教育的重要性。前半部分追溯了此思想的起源与发展，评析了资产阶级教育家的劳动教育观点；后半部分则分析了该思想如何成为欧美国民教育的核心原则，并探讨了劳动学校的社会地位、作用及发展趋势，为劳动教育的理论与实践提供了重要指导[②]。

（1）介绍马克思在《资本论》中的教育观点

克鲁普斯卡娅对马克思关于儿童参与生产劳动的观点给予了积极评价，并高度赞赏其所倡导的智育、体育与技术教育相融合的综合教育模式。她认为此模式不仅有助于促进生产力的提升，更重要的是能够培养全面发展的个体。此外，克鲁普斯卡娅还深入探究了马克思、恩格斯教育思想与资产阶级民主主义思想之间的异同。在论述中，克鲁普斯卡娅提及贝勒斯、卢梭、裴斯泰洛齐、欧文、拉瓦锡等关于生产劳动在国民教育中意义的观点，并指出这些观点被工人阶级所直接继承。工人阶级不仅汲取了这些观点中有益且核心的部分，还进一步强调了这些观点与工业发展需求的紧密关联。她进一步阐释道，教育与儿童的全面生产劳动相结合是工业发展的必然趋势，这种结合将为消除现有的社会劳动分工奠定坚实基础[③]。

[①] 洪丕熙. 德可罗利的教育学说及其影响[J], 全球教育展望, 1983（5）: 1-11.

[②] 李明德，金锵. 教育名著评介：外国卷[M]. 福州：福建教育出版社, 1992: 287.

[③] 赵祥麟，李明德，赵荣昌. 外国教育家评传：第三卷[M]. 上海：上海教育出版社, 1992: 487.

（2）从读书学校向劳动学校转变的发展趋势

19世纪末至20世纪初，西方国家出现了一种新型学校——劳动学校。这类学校不仅注重为学生提供劳动技能培训，还关注儿童的个性发展。克鲁普斯卡娅提出，学校由传统的读书模式向劳动教育模式的转变，是教育发展的必然趋势。她坚信教育与生产劳动的结合能够有效推动社会改革，是促进个体全面发展的必由之路。因此，她主张从儿童时期起就培养其劳动习惯，教授他们使用各类工具，从而激发他们的创造力，并塑造其坚韧不拔的品格。

（3）资产阶级劳动学校的本质

克鲁普斯卡娅敏锐地指出，资产阶级主导下的劳动学校在满足工人阶级教育诉求方面存在显著缺陷。即便是在领先的美国学校体系中，也不难发现其教学内容深受资产阶级意识形态的渗透，所传授给青年学子的观点往往与工人民主制度的核心理念背道而驰。对于当时西欧涌现的新型学校以及凯兴斯泰纳所倡导的劳作学校理念，克鲁普斯卡娅同样表达了深刻的批判。她进一步阐释，只要学校的教育权柄仍被资产阶级所掌控，劳动学校便有沦为损害工人阶级利益的工具之虞；唯有工人阶级自身掌握这一教育资源，劳动学校方能真正蜕变为推动现代社会变革的锐利武器。

克鲁普斯卡娅坚定地强调了劳动在教育领域中的重要性，并主张教育与生产劳动之间应建立紧密的联系。她积极推崇综合技术教育的理念，认为这种教育方式对学生全面发展具有重要意义，这对后来的教育发展产生了深远的影响，推动了教育理论与实践的不断进步。

3. 马卡连柯的劳动教育思想

马卡连柯是20世纪苏联杰出的教育实践家和教育理论家，因其在教育工作和文学领域的卓越贡献，于1939年荣获苏维埃劳动红旗勋章。他深刻认识到劳动在教育教学中的核心地位，坚定主张教育与生产劳动的紧密结合。他所创立的高尔基工学团和捷尔任斯基公社等著名儿童教育机构，成功地将众多流浪儿童培育成具备劳动能力的社会主义新公民，这些实践成果充分展现了他在教育领域的卓越贡献。

（1）劳动教育的意义

为了将流浪儿童和少年违法者重塑为有理想、热爱生活并热爱劳动的个体，马卡连柯不遗余力地引导他们参与生产劳动。他明确指出，劳动能够培养人正确的道德观念,即对劳动者充满亲情般的关爱与友谊,对懒惰和逃避劳动的人则持有愤慨和谴责的态度。在马卡连柯的教育理念中,学生参与劳动以及农村、工厂、企业等各种生产环境中的劳作和自我服务活动,都能深刻影响他们的观念和行为。他坚信,劳动过程是塑造儿童性格的最佳教育过程。马卡连柯在其著作《教育诗篇》与《塔上旗》中,详尽地探讨了劳动教育与儿童培养相结合的成功案例,并阐述了其深远的教育意义。此外,他还着重强调了劳动教育在推动学生组织能力、管理能力及智力发展方面的重要价值。

(2)劳动教育的内容

马卡连柯极力强调通过实际生产和生活经验来教育和培养学员,他与工学团的同仁一致认为,生活是最好的教科书。学员的道德观念、荣誉感、责任心、纪律遵守习惯以及对劳动的态度和习惯,主要是通过实际的生产和生活经验而培养的。马卡连柯指出,公社社员的教育并非通过某种宣传或训诫来实现,而是基于集体自身的生活、工作和志向①。在高尔基工学团和捷尔任斯基公社的教育实践中,马卡连柯不仅注重文化知识的传授,更积极倡导学员参与各类实践活动,如卫生清洁和自我管理等。此外,他建立了木工坊、铁工坊、制鞋厂、面包房等,并开辟了农场和养殖场,甚至组织了大规模的农田建设活动。这些举措有效地引导学员们积极投身于生产劳动和国家建设中,实现了教育与实践的紧密结合。

(3)劳动教育的实施

在马卡连柯领导高尔基工学团的初期,他主要引导儿童从事自我服务劳动,并随后逐步建立起手工作坊、农场及养殖场等。在这一阶段,他着重强调了劳动的教育价值,以之作为改造儿童不良习惯的手段。然而,随着实践活动的不断深入,他逐渐认识到,如果劳动没有与相应的知识教育以及政治和社会教育相结合,那么它就难以发挥应有的教育作用,甚至可能成为一种无效的过程。

马卡连柯主张教学与劳动之间应该建立有机的联系,而非仅仅是机械性的结合。他认为,学生的劳动目的应该服从于更广泛的教育目的。基于这一理念,工学团实施了半工半读制度,旨在将理论学习与实践活动相结合,从而更全面地促进学生的发展。

综上所述,马卡连柯劳动教育思想的核心在于通过组织生产劳动来构建集

---

① 李明德,金锵.教育名著评介:外国卷[M].福州:福建教育出版社,1992:417.

体，并创造出一个良好的教育环境，以便更有效地教育和培养学员。他的这一思想不仅强调了劳动的教育意义，还注重了劳动与其他教育要素的相互协调与配合。

4. 杜威的劳动教育思想

约翰·杜威是著名的实用主义哲学家和教育家，其教育思想深刻反映了美国南北战争至"二战"时期的社会变革，体现了时代精神。他汲取了人类文化的精华，尤其强调马克思的哲学观。杜威倡导"从做中学"的原则，认为手工教育和劳动教育是深化学生理解、培养实践能力和创新思维的重要途径，这与现代素质教育目标高度契合，显示了其教育理念的前瞻性和现实价值。

（1）手工教育与劳动教育的根源：经验与兴趣

在教育的发展历程中，为实用劳动和闲暇生活做准备的教育之间的对立始终存在。这种对立的根源可以追溯到古希腊时期的奴隶与贵族社会结构，其中奴隶主要从事劳动，而贵族则享受闲暇生活。尽管奴隶制度已经消亡，但劳动与闲暇之间的对立仍然延续至今。受到达尔文进化论的影响，杜威对传统二元论提出了深刻的批判。他强调人与环境之间的相互依赖和动态交互，认为经验和兴趣构成了儿童与社会互动的重要基石。杜威特别重视儿童的制作本能，认为这是通过学校作业进行制造与改造的关键，这也成为他手工与劳动教育理念的核心。他主张通过劳动教育来培养儿童的实践能力和创造力，同时强调劳动与闲暇的相互补充和平衡发展。这样的教育理念不仅有助于消除劳动与闲暇之间的对立，还能促进儿童的全面发展和社会进步。

（2）手工教育与劳动教育的基本原则："做中学"

杜威所提倡的"学校即社会"之教育理念，着重强调了学校应全面反映社会的多元实践活动，并以此为促进儿童与社会深度互动及其技能习得的关键。在他看来，儿童的双手不仅是学习和思考的重要媒介，更是他们参与学校生活、实现个体发展的有力工具。这一思想在其实用主义教育理论中得到了充分体现，即通过手工训练、工场作业等实际活动，引导儿童在手脑并用的探索验证过程中逐步掌握知识、技能和习惯，进而为理解自然和社会奠定坚实基础。在实施过程中，应特别注意避免机械式、杂乱无章的活动安排以及过度依赖精密仪器的倾向。相反，要确保学习活动既愉快又与生活紧密相连，让学生在兴趣的驱动下不断改造和丰富自己的经验，从而获得新的认识和成长。通过这样的教育方式，不仅能够培养儿童的实践能力和创新思维，还能够增强他们的社会责任感和适应能力。

（3）手工教育与劳动教育课程：主张儿童、知识与社会和谐统一

杜威主张学校课程应以园艺、纺织、木工、烹饪等实践性活动为主导，同时融入理智活动，如社会研究、自然科学及思想交流等元素。他的"做中学"理念渗透于课程设计的每一环节，着重强调儿童、知识与社会的和谐统一。在此框架下，他提倡活动课程与学科课程的有机融合，并追求课程设计与教学之间的一致性及内在价值与工具价值的统一。杜威的课程设计思想中，"做"被赋予了更深层次的理智内涵，强调儿童的主动性；而"学"则建立在学生生活经验的基础上，同时注重间接经验的传授。对于"经验"的理解，他强调儿童应主动获取并将经验应用于社会改造中。课程设计的根本目的在于使儿童通过获取知识来影响并改善他们所处的社会环境。因此，儿童、知识与社会的相互依存与紧密联系构成了杜威"做中学"课程理论的核心体系，同时也为他的手工教育与劳动教育提供了重要的实施路径和方法论基础。

（4）手工教育与劳动教育的落脚点：职业教育

杜威基于实用主义、机能心理学及民主主义，强调了职业教育的重要性。他指出，所谓的适当职业，是指个体的能力倾向能够得到恰如其分的运用，从而在工作过程中减少阻碍，获得最大程度的满足感。在杜威的视域中，职业不仅仅局限于体力劳动和有经济收益的工作，还扩展到了专业性和事务性的工作领域。同时，他也将艺术能力、特殊的科学才能以及公民必备的道德品质的发展纳入职业的范畴。在职业教育方面，杜威主张"通过实践训练来实施职业教育"，认为这是唯一适当的职业训练方法。他强调，职业教育应紧密围绕儿童的实际需求、现有经验和兴趣展开，并着眼于他们未来的职业发展。为了实施有效的职业教育，杜威提倡将其与普通教育课程相融合，共同构建一个完整的学校教育体系。这样做旨在弥合知识与行动、理论与实践之间的鸿沟，使得学校教育更加贴近现实生活，更能满足社会对于人才的需求。此外，杜威所倡导的职业教育理念与手工教育和劳动教育紧密相连。他主张通过基于儿童生活经验的主动活动来实施职业教育，这既体现了手工与劳动教育的核心价值，也突显了职业教育在个体发展中的重要地位。

5. 凯洛夫的劳动教育思想

凯洛夫强调苏联学生劳动教育的重要性，认为培养共产主义劳动态度是核心，具体表现为尊重并热爱劳动、自觉创造、高度的劳动纪律和素养。他主张

学校应充分实施综合技术教育和劳动教育，结合教学与生产劳动，以有效培养学生共产主义劳动态度[1]。

（1）劳动教育的性质和意义

凯洛夫深刻地阐明了在社会主义制度胜利实施的国家内，由于劳动者掌握了政权且国家经济基础为生产资料公有制，人们的共产主义劳动态度得以崭露头角。此种崭新的道德品质对于劳动生产率的提升起到了显著的推动作用[2]。然而，这种复合型的道德品质并非一蹴而就，在儿童身上的培养尤为需要经历一个持久的过程。其培养应从塑造勤勉可靠及基本的劳动习惯着手，进而逐步深化学生的义务感与高度的劳动素养。他进一步阐释，在劳动实践中，苏维埃学生的劳动技能与技巧得以锤炼，对劳动的兴趣与爱好也逐渐生根发芽。同时，他们也树立了劳动光荣的理念，并培育了对劳动者的尊重以及对不愿劳动者的鄙视情感。这一过程不仅有益于学生个体素质的提升，更是对社会主义劳动价值观的传承与光大[3]。

（2）劳动教育的内容和方法

凯洛夫为培育共产主义劳动态度，提出了结合学习、公益劳动和日常生活劳动的综合方法。他强调学习作为学生主要活动，应培养其智力劳动和意志力，并通过学科内容灌输共产主义劳动观念。与此同时，公益劳动被视为一种有组织的参与经济和文化建设的方式，其形式应多样化以激发学生的积极性。凯洛夫建议，不同年级的学生应承担与其能力相匹配的公益任务，如低年级从事校园农业、社会服务，高年级则拓展至校外工农生产和文化宣传活动。凯洛夫重视劳动的多样性，强调学生应融入劳动集体，参与实际生产。

（3）劳动教育的组织

凯洛夫提出了高效组织学生公益工作的指导原则，强调其须服从学校总体教育目标，并与全面培养、道德及政治教育相结合。他认为劳动教育应效果显著，致力于培养有价值公民，同时须考虑学生身心发展水平，确保任务与能力相匹配。劳动组织执行应有序系统，优秀教师团队应根据学校实际和学生特点制定实施

---

[1] 凯洛夫，冈查洛夫，叶希波夫，等. 教育学[M]. 陈侠，朱智贤，邵鹤亭，等译. 北京：人民教育出版社，1957：286.

[2] 凯洛夫，冈查洛夫，叶希波夫，等. 教育学[M]. 陈侠，朱智贤，邵鹤亭，等译. 北京：人民教育出版社，1957：286.

[3] 凯洛夫，冈查洛夫，叶希波夫，等. 教育学[M]. 陈侠，朱智贤，邵鹤亭，等译. 北京：人民教育出版社，1957：286.

策略，以培养学生劳动技能和习惯，促进其全面发展。

凯洛夫的劳动教育思想以社会主义为鲜明特色，旨在培养苏维埃共产主义接班人。他着重强调了劳动教育与道德、政治教育的相互融合，并对劳动教育的内容、方法及其组织实施进行了深入且具有创新性的探讨。这一思想不仅丰富了劳动教育的理论体系，也为苏维埃共产主义接班人的培养提供了重要的理论支撑和实践指导。

6.苏霍姆林斯基的劳动教育思想

苏霍姆林斯基，苏联杰出的教育理论家与实践改革家，主张学生的全面和谐发展，并视劳动教育为其教育理念的基石。他继承并发扬了列宁和马卡连柯的劳教结合思想，强调劳动教育在个体全面发展中的不可或缺性。苏霍姆林斯基不仅重申了劳动教育的价值，更进一步指出其对社会财富创造和精神面貌改善的双重贡献，从而超越了传统劳教结合的讨论范畴。

（1）劳动与劳动教育的意义

苏霍姆林斯基高度重视劳动在人的全面发展中的重要性。他认为，劳动不仅是创造社会财富的手段，更是人对世界本质深入认识和自我满足的源泉。在他的观点中，劳动教育是学生个性全面和谐发展的关键部分，包含智育、德育、体育、美育等多方面内容。苏霍姆林斯基特别强调劳动教育与智育的紧密联系，主张通过创造性劳动，培养学生的智力和创造力。为此，他在帕夫雷什中学实践了多样化的劳动教育小组，旨在让学生在劳动创造中认识世界、认识自我，实现智力与劳动的有机结合，促进学生的全面而个性的发展。

（2）劳动教育的目的

苏霍姆林斯基明晰地阐述了苏维埃学校劳动教育的双重目的，即实现劳动的社会价值与教育的深层意义。其核心在于通过劳动的实践活动，雕琢学生的道德品质，提升其道德素养与审美情趣，并培养良好的劳动态度与习惯。为达成劳动教育的社会目标，他着重指出劳动者应怀揣为社会创造财富的愿景，并具备相应的实践能力。劳动过程应注重社会效益与经济效益的双向提升，旨在推动社会福利的增长与社会的整体进步[①]。

（3）劳动教育的任务：创造性劳动

苏霍姆林斯基的劳动教育思想的核心在于"创造性劳动"，他将其视为推

---

① 赵祥麟，李明德，赵荣昌.外国教育家评传：第三卷[M]，上海：上海教育出版社，1992：688.

动社会生产力、增进国家繁荣以及促进个体发展的关键要素。具体而言，创造性劳动包含三个维度：其一，劳动需与知识和智慧紧密结合，转化为富含智力元素的活动过程，尤其在体力劳动中，更应凸显智慧与体力的交融与协同。唯有当劳动能够丰富个体与集体的智力生活、充实其智力与创造的兴趣、提升其道德素养及审美层次时，劳动才能真正彰显其教育的力量。其二，创造性劳动鼓励采用新技术以革新传统劳动方式，借助机械化等手段降低劳动强度、提升劳动效率，从而实现劳动的优化与升级。其三，劳动应促进手脑并用，使学生在劳动实践中实现精神层面的成长与提升。苏霍姆林斯基强调手与脑的相互依存与促进：手的发展能牵引脑的进步，使思维更为明晰与睿智；而脑的发展则能提升手的技能，使手成为执行创造性任务的灵巧工具，进而映射思维的过程与成果。

（4）劳动教育的原则和方法

在深入探讨劳动教育和综合技术教育的过程中，苏霍姆林斯基系统地提出了六大核心原则与实施方法。第一，他倡导将劳动教育与全面和谐发展的教育理念紧密结合，确保学生在德育、智育、美育和体育等各个层面都能获得均衡而全面的发展。第二，他强调劳动的道德性和公益目的，旨在通过劳动教育培养具有共产主义劳动观念和志向的人才，为社会做出积极贡献。第三，他提倡劳动教育类型的多样化，通过变换劳动形式、内容和工具等方式，激发学生的主动性和创造力，使劳动过程更加丰富多彩。第四，他高度重视创造性劳动及手脑并用的理念，鼓励学生充分发挥个人想象力和创造力，在劳动实践中不断提升手脑协调能力。第五，他坚决强调劳动的普遍性、经常性和连续性，深信长期而坚持的劳动实践有助于锤炼学生的意志品质和积极态度，形成良好的劳动习惯。第六，他关注儿童劳动的量力性，强调在安排劳动任务时要充分考虑学生的体力和脑力状况，避免过度疲劳和超出学生承受能力的情况发生。这些原则与方法的提出，为劳动教育和综合技术教育的实施提供了重要的指导和借鉴[①]。

（5）苏霍姆林斯基劳动教育思想的启示

苏霍姆林斯基劳动教育思想为我们提供了重要启示。首先，他强调劳动教育在促进人个性全面和谐发展中的核心作用，这包括身体、品德、智力、劳动

---

① 单中惠. 西方教育思想史 [M]. 太原：山西人民出版社，1996：858.

技能和审美能力等多方面的发展,并确保身心同步发展,实现手脑并用。其次,他倡导通过劳动培养学生的集体主义精神,认为劳动是凝聚集体思想、情感的有效途径,能培养出为人民服务的集体。最后,他提出应重视科技在劳动教育中的应用,适应科技发展的需求,推动劳动教育的创新与发展。这些思想对于现代劳动教育具有重要的指导意义。

现代劳动教育思想以全面性和系统性为核心,旨在通过多样化、制度化的教育内容,培养青少年的全面素养、劳动价值观及积极习惯。其发展应整合德、智、体、美等多元教育领域,以现代生产和生活需求为导向,注重个性发展,推进课程与育人创新,并与其他教育环节相互融合。同时,劳动教育须紧跟时代步伐,结合新产业和高科技发展,以适应经济社会快速发展的需求。

三、马克思劳动教育思想

马克思与恩格斯的劳动教育思想,作为他们整体哲学与政治经济学理论的重要组成部分,深刻体现了阶级观点与历史观的交融。该思想着重阐明了劳动在推动人类社会历史进程中的核心作用,并揭示了劳动教育在促进人的全面发展中所具有的不可替代价值。这一理论框架不仅为我们深入理解劳动教育的本质与意义提供了坚实的理论基础,同时也为我们在实践层面推动劳动教育的改革与发展指明了前行的方向。

1. 关于教育与生产劳动相结合

马克思和恩格斯重视教育与劳动的结合,认为这是无产阶级革命和社会主义教育的根本原则。他们主张教育应与生产劳动相互融合、主动适应,旨在解决教育与劳动相脱离的问题,消除脑力与体力劳动的分离,实现人的全面发展。马克思特别强调教育与生产劳动结合对社会改革、提升生产效率和人才全面发展的关键作用,体现了他对这一结合在推动社会和个人发展中的深刻认识。

2. 关于综合技术教育

关于综合技术教育,马克思首次阐释了其概念,旨在弥补劳动分工带来的知识片面性,使儿童和少年理解生产过程并掌握基本生产工具技能,以适应现代工业生产中劳动职能的变动。职业技术教育、综合技术教育与普通教育三者各有侧重,但相互联系。随着当代生产向技术密集型和智能化转变,马克思主义的综合技术教育原理仍具现实意义,要求生产者从理论和实践上熟悉各生产部门的基本原理和技术特点。

针对我国职业技术教育的现状与面对的挑战,其发展需求虽迫切,然而当前过于局限的专业训练已难以适应快速变革的生产与技术环境。为此,本文提出在职业技术教育中融入更多普通学科及综合技术教育内容,旨在拓宽学生的知识视野,增强其适应能力,进而推动其在道德、智慧、体魄、审美及劳动等维度的全面发展。此举将有助于培育出拥有广泛知识储备、出色适应能力以及全面素养的新一代社会主义建设人才。

第二节 研究的现状分析

一、中国劳动教育研究学术史梳理

中国学者对劳动教育研究学术史的梳理,主要从历史沿革、理论研究和实证研究等多个维度进行深入探讨。

1. 历史沿革

中国的劳动教育历史渊源深远,其源头可追溯至古代儒家思想。儒家经典在强调劳动对于个体发展和自我修养的必要性方面,作出了深刻阐述。其中,"劳心者治人,劳力者治于人"这一论断,不仅深刻影响了中国古代的教育观念,而且对人们对于劳动的看法产生了深远影响。古代社会普遍认为,劳动被视为较为低下的活动,相对而言,脑力劳动则被看作更为尊贵。这种观念在历史长河中有着重要的地位和影响。

随着西方思想的引入,中国近代的教育家逐渐开始关注西方的劳动教育思想。其中,陶行知先生堪称典范,他提倡"生活即教育,社会即学校,教学做合一"的劳动教育思想。主张劳动教育应紧密结合生产实践,旨在培育学生的实践能力与创新精神。与此同时,黄炎培先生也提出了"手脑并用"的劳动教育理念,着重强调理论知识与实践技能的并重性。这些思想家的洞见,为中国劳动教育的改革与发展提供了坚实的理论基础。

自新中国成立以来,社会主义劳动教育思想逐渐在教育领域占据主导地位。

毛泽东同志所倡导的"教育与生产劳动相结合"的理念，成为这一时期教育工作的指导思想。该思想深刻揭示了劳动教育在培养社会主义建设人才中的关键作用，并主张将劳动教育融入教育的全过程。为了切实推广劳动教育，中国政府采取了多项有力措施，如在学校中设置劳动课程、组织勤工俭学活动等，旨在培养学生的劳动观念和劳动技能，进而为社会主义建设事业贡献力量。

2. 理论研究

在中国的学术研究领域，学者们主要从马克思主义理论、教育学原理以及心理学视角，对劳动教育的多元层面进行了深入探讨。这些研究聚焦于劳动教育的内涵阐释、价值取向及实施策略。

首先，基于马克思主义的理论框架，学者们深入分析了劳动教育与人的全面发展之间的内在联系，同时揭示了其在社会主义社会中的历史定位和功能。这一视角强调了劳动教育在促进个体全面发展和推动社会进步中的重要作用。在马克思主义的理论体系中，劳动被赋予了人类最基础实践活动的地位，并被视为推动人的全面发展的核心路径。基于这一深刻认识，中国学者从社会发展的宏观视角和人的成长的微观层面，对劳动教育的内在逻辑和目标追求进行了系统阐释。他们指出，劳动教育的内涵远非只是技能习得和习惯养成，其更深层次的价值在于培育学生的实践能力和创新精神。这种以全面发展为导向的教育模式，旨在促进学生在个性、认知、情感和社会适应能力等各方面的均衡提升。同时，学者们还从构建和谐社会和推动社会进步的高度，强调了劳动教育在增强学生社会责任感和集体意识中的关键作用。

其次，在教育学领域的研究中，学者们着重探讨了劳动教育的目标设定、课程内容设计以及其在不同教育阶段的适用性。这些研究致力于构建符合教育规律和学生发展需求的劳动教育体系。在教育学的研究视域内，专家们围绕劳动教育的目标设定、内容设计和实施策略进行了深入探索。在目标层面，学者们主张劳动教育应超越技能传授的单一目标，转向培养学生的核心价值观、社会责任感、创新性劳动能力等多元目标。在内容设计方面，研究注重理论与实践的有机结合，追求课程的实用性和趣味性，以激发学生的学习动力。同时，针对不同教育阶段的学生特点，学者们提出了差异化的劳动教育策略，以确保教育的针对性和有效性。这些研究成果为劳动教育的深化发展提供了有力的理论支撑和实践指导。

最后，从心理学的视角出发，学者们深入探究了劳动教育对学生心理发展的积极影响，包括增强自我认知、培养责任感以及提升社会技能等方面。这些研究为劳动教育在促进学生心理健康和人格完善方面的作用提供了有力支持。从心理学的视角切入，学者们深入探究了劳动教育在促进学生心理发展方面的独特价值。这些研究聚焦于劳动教育对学生自我认知、社会责任感和合作意识的积极影响，并揭示了劳动教育在提升学生社交技能、团队协作能力和问题解决能力等方面的重要作用。由此可见，劳动教育在培养学生劳动素养方面具有多重功效，不仅有助于技术技能的习得，更能够提升学生的心理素质和社会能力。综合这些心理学研究成果，我们得以更加全面地认识和理解劳动教育的深远意义。这些心理学研究成果为培养全面发展的学生提供了更加坚实的理论依据，对于推动中国劳动教育实践的创新和优化具有重要的指导意义。

综上所述，这些理论研究相互补充，共同构成了中国劳动教育实践的坚实理论基础和全面指导。

3. 实证研究

在实证研究领域，中国的学者们主要采用调查研究和个案分析等方法深入探讨了劳动教育在促进学生全面发展方面的影响力和作用机制。通过这些研究方法，学者们能够准确捕捉劳动教育对学生认知、情感、社交能力等多方面发展的具体影响。这些研究成果不仅揭示了劳动教育对于学生个人能力提升的积极效果，还进一步阐释了其在培育学生综合素质、促进其全面发展过程中的关键作用。这些实证研究为深化劳动教育的理论与实践提供了坚实的数据支撑和科学的分析框架。

一系列研究采用了对比实验和对照组的方法来探讨劳动教育对学生学业成绩和心理健康的影响。研究结果显示，参与劳动教育的学生在学业成绩和心理健康方面呈现出更为积极的发展趋势。同时，另一部分研究通过个案分析的方式，深入探索了劳动教育对学生个人自我发展和职业生涯规划的影响。这些研究发现，那些接受过劳动教育的学生在适应社会对人才的需求方面表现得更为出色，同时在确定自身职业发展方向时也显得更为明确和得心应手。这些研究成果不仅为劳动教育的有效性提供了实证支持，也为教育实践和政策制定提供了重要的参考依据。

综上所述，中国学者对劳动教育研究学术史的梳理主要从历史沿革、理论研究和实证研究等多个维度进行深入研究。这些研究不仅有助于我们更深刻地理解中国劳动教育的历史变迁与发展脉络，同时也为未来的劳动教育改革与发展提供了宝贵的经验借鉴和理论支撑。

二、国外劳动教育研究学术史梳理

国外劳动教育研究拥有悠久的历史和丰富的成果，其学术渊源可追溯至古代哲学家的深刻思考。这一领域的研究不仅历史久远，而且积累了丰富的学术资源，为我们今天深入探讨劳动教育提供了宝贵的借鉴和参考。通过梳理国外劳动教育研究的发展历程，我们可以更好地把握其内在逻辑和发展脉络，从而为我国劳动教育的改革与发展提供有益的启示。

早在古代，亚里士多德与康德等哲学巨匠即对劳动教育展开了深邃的思考。亚里士多德坚信劳动是自然且必要的活动，对个体的自我实现和道德提升具有不可替代的作用；而康德则主张劳动的自由属性，它既是生活必需品的来源，又通过实践锤炼人的理性和思辨能力。

随着近代工业革命的到来，劳动教育的价值逐渐凸显。卢梭在其著作《爱弥尔》中积极倡导"手脑并用"的教育理念，着重强调了实践与手工操作在知识理解和技能习得中的核心作用。同时期，瑞士教育家裴斯泰洛齐也力陈劳动教育的重要性，认为劳动作为人类的自然活动，能带来自我实现的满足感。

在20世纪的社会迅猛发展和科技进步背景下，劳动教育迎来了崭新的发展机遇。杜威所倡导的"做中学"理念，凸显了实践探究在学习过程中的核心地位，不仅有效激发了学生的学习兴趣和内在潜能，更对其创新思维和团队协作精神的培养起到了积极的推动作用。与此同时，苏霍姆林斯基提出的"全面发展的教育"观念也产生了深远影响，他着重强调劳动教育在促进学生全面发展中的重要作用，为劳动教育的深入发展奠定了坚实的理论基础。

近年来，在全球化与信息化的大背景下，劳动教育的内涵与外延得到了进一步的拓展。学者们愈发关注学生的未来职业规划和生涯发展，并因此提出了生涯教育、创业教育等创新理念。这些理念的核心目标在于培养学生的职业素养、创新能力以及适应未来工作世界需求的能力，从而为其未来的职业生涯发展奠定了坚实的基础。

综上，国外劳动教育的发展与研究历程呈现出不断发展和演变的趋势，其历史可谓是一部跨学科、多领域交融的发展史。在这一过程中，社会经济、文化和政治背景等因素对劳动教育的研究产生了深远影响。通过系统地研究和借鉴国外劳动教育的理论与实践成果，我们可以为我国劳动教育的改革创新提供有益的启示和参考，进而推动我国劳动教育事业的不断发展和完善。

三、劳动教育研究的主要趋势

从整体上看，当前劳动教育的研究方法显得较为单调，主要依赖于定性分析，并且往往基于经验性的探讨。这种情况导致所得结论的普适性受限，进而在一定程度上削弱了研究结果的信度和效度。然而，随着科技的进步，新技术如人工智能和大数据的广泛应用为学术研究注入了新的活力。利用这些先进技术，我们可以对研究结果进行更深入的分析和提炼，从而提升其客观性和科学性。

在研究角度上，同样存在趋同性的问题。大多数文献都仅从教育学的视角来审视劳动教育，这限制了研究视野的广度。为了推动劳动教育研究的深入发展，我们需要不断拓展研究视角，积极融入心理学、社会学、人类学、伦理学、美学等多学科的洞见。通过这样的跨学科研究，我们可以提升问题的敏锐度，并赋予劳动教育研究更深刻的时代意义和实践价值。

（一）劳动教育研究的热点

1. 关于劳动教育政策的研究

关于劳动教育政策的研究主要集中在三个方面。首先，对自建党或新中国成立以来颁布的劳动教育政策文本进行系统的历史梳理和综合分析；其次，以政策文本的内容为研究对象，进行深入阐述与精准解释；最后，聚焦于劳动教育政策的评价研究。

通过对这三个方面研究文献的细致整理与深入分析，研究发现劳动教育政策的演变呈现出阶段性特征的一致性。同时，劳动教育的目标也经历了从工具理性向价值理性的转变。在课程设置上，劳动教育呈现出由单一向综合化发展的趋势。此外，对于劳动教育政策的评价也呈现出多元化的视角。

2. 关于中小学劳动教育的研究

研究者们在多个层面对中小学劳动教育课程的构建进行了深入的研究和完善。在研究内容层面，致力于提升对劳动教育课程构建内涵界定的明确性与科学性。这要求我们深入实践，充分挖掘劳动教育课程的构建经验，并增强对实践性材料的系统梳理与有效运用。

在研究对象层面，加强对乡村地区学校劳动教育课程构建的针对性研究。通过关注乡村学校的特殊性与需求，我们可以为这些学校提供更为贴切的劳动教育课程构建策略。

在研究方法层面，倡导多元研究方法与工具的综合运用。例如，可以利用大数据技术进行资料收集与分析，以增强研究的客观性和准确性。

在研究结果层面，重视乡村学校综合性、应用性和时代性研究成果的精细化产出。这意味着我们的研究不仅涵盖劳动教育课程的各个方面（如课程构建、评价、实施等），还为教师开展劳动教育提供具体的指导，并体现时代特色，如运用大数据搜集和整合资料等。

3. 关于大学生劳动教育的研究

劳动教育在高等教育中的应用已成为未来教育体系研究的关键议题。目前，该领域的研究主要聚焦于政策解读、外部意义阐述以及实践操作层面，然而对于劳动的本质特征、多元形态及教育内容的深入探讨则显得较为不足。同时，关于教育与生产劳动相结合的理念、劳动的社会价值与人本价值、劳动与人的全面发展以及五育并举等议题的探讨也尚不充分。因此，劳动教育的理论体系亟待进一步丰富和完善。

在新时代背景下，面对大学生这一特殊群体以及新的教育形势，劳动教育在实践层面仍缺乏有效的政策保障和科学的顶层设计，导致教育实践活动缺乏系统性，呈现零散化、碎片化的状态。鉴于此，有必要深入探究大学与中小学劳动教育在内容与机制上的有机衔接，并构建涵盖家庭、学校、社会三个层面的"三位一体"劳动教育机制。通过此举，我们期望能够建立起一个"三全育人"的劳动教育长效机制，以推动劳动教育的深入发展。

关于大学生劳动教育的研究与实践，其时代性和针对性至关重要。随着社会的不断发展，劳动的主体、内容与形式也在发生深刻变化，这要求新时代的大学生劳动教育必须具有新的内涵。为了适应这一时代需求，我们需要对"00后"大学生的劳动价值观现状进行深入调查，同时探讨劳动教育文化及其氛围的营造方法。除此之外，创新劳动教育方法、优化劳动教育评价机制亦成为当前亟待解决的重要课题。更为关键的是，要引导大学生自我培养劳动观念，鼓励他们自主设计与践行劳动实践。这些方面的理论探讨和实证研究将有助于我们更全面地理解新时代大学生劳动教育的内涵与外延,进而推动其不断发展与完善。

(二)劳动教育研究的未来趋势

1. 研究视角:从教育学理论向多学科理论转变

当前该领域的研究主要基于教育学的视角,强调以教育为中心的特点。然而,这种视角将大中小学劳动教育视为孤立的存在,未能充分认识到其作为相互作用、相互联系的整体中的一部分。因此,在大中小学劳动教育的改革与发展过程中,常常出现"头痛医头、脚痛医脚"的碎片化修补现象,这严重制约了劳动教育的整体推进和成效提升。

在理论研究层面,尽管已有学者从实践教育哲学、教育史以及比较教育学的视角对大中小学劳动教育进行了剖析,但这些探讨仍主要囿于教育学单一学科之内,缺乏跨学科的深度融合与研究。从当前研究成果来看,运用多学科理论来指导和推动大中小学劳动教育的实践仍处在起步阶段,面临多重挑战与问题。鉴于此,未来研究应更加注重跨学科的整合与创新,将多学科的理论和方法论融入研究框架,以期为该领域的持续发展注入新的思维和路径。

2. 研究方法:从质性研究向量化研究拓展

在我国的劳动教育研究领域,众多一线教育工作者与专家学者展开了积极的合作,他们运用行动研究法对劳动教育课题进行了深入的探索。这些实践不仅致力于提升劳动教育的实际效果,同时也为劳动教育理论体系的构建提供了宝贵的一手资料。当前,劳动教育的研究主要聚焦于质性研究,涵盖了对劳动教育基本理论问题的思辨性探讨和劳动教育实践经验的总结性研究。相比之下,量化研究的应用则显得较为有限,这反映出当前研究者对劳动教育的量化研究尚未给予足够的重视。为了弥补这一不足,研究者们应当根据劳动教育的具体研究问题,选择恰当的研究方法。特别是针对劳动教育的实施情况,应积极采用调查研究法等量化研究手段,以期对现有的劳动教育研究形成有益的补充,从而推动劳动教育研究方法的多样化和研究范式的完善。

3. 研究重心:从劳动教育向学科教育渗透

当前,关于劳动教育与学科教学深度融合的高质量研究仍显不足,这一研究领域尚需进一步深入探索。2020年颁布的《大中小学劳动教育指导纲要(试行)》已对如何在中小学的道德与法治、语文、历史、艺术、数学、科学等学科中有效融入劳动教育进行了初步阐释，为学科教学与劳动教育的有机结合提供了明确指引。基于此，以一线教师为主体的研究者们迫切需要深入思考：如何将这些指导原则转化为具体可操作的教学策略，并在实际教学中付诸实践，从而实现劳动教育与学科教学的相互促进和共同提升。对这一问题的深入研究将有助于推动融入劳动教育的学科教学研究取得新的进展，更加聚焦于劳动教育的育人价值、生活意义、成长功能和创新视角。

从综合实践活动的课程视角来看，劳动教育的实施依赖于整合化的活动内容、序列化的活动设计以及社会化的活动资源。在新时代背景下，劳动教育与综合实践活动课程的深度融合为教育研究开辟了广阔天地。学校在实施过程中应充分利用地方优势和学校特色，强化对学生正确劳动价值观的培育。同时，基于五育融合和学科融合的背景，通过多要素、多维度、多途径的协同作用，全面、系统地探索二者的融合策略，使劳动和实践成为学生成长道路上的重要组成部分。

第二章

劳动教育的发展历程、国际镜鉴与实践反思

第一节 劳动教育的历史逻辑

自新中国成立至今,劳动教育已历经七十余载的沧桑巨变。在这漫长的岁月里,"劳动"的概念日渐丰盈,劳动教育的内涵与形式亦不断革新与完善。纵观其发展历程,我们可将其粗略划分为三大阶段:第一个阶段是劳动生产教育阶段,以体力劳动为主;第二个阶段是手脑并用、思想教育与劳动技术教育相结合的阶段;第三个阶段则是注重综合素质培养的社会实践教育阶段。每一阶段都深受当时政治、经济及文化等多重因素的影响,都不可避免地刻上了时代的独特印记。作为中国教育事业不可或缺的一环,劳动教育始终与教育体系的发展同频共振,并随着政治、经济及文化教育政策的调整而不断自我适应与发展。

一、社会主义革命与社会主义建设初期:提出教育与生产劳动相结合

我党一直坚守教育与生产劳动相结合的原则。早在 1934 年,毛泽东就强调了教育与生产劳动的紧密关系。新中国成立初期,为工农和生产建设服务的文化教育方针确立,劳动教育主要通过生产实践进行,这深刻反映了当时的历史背景和国家需求。政治方面,新中国初期成功恢复国民经济并建立社会主义制度,但随后过分夸大主观能动性和忽视经济规律,导致社会生产受损。这种政治路

线的变化对文化教育事业产生深远影响,凸显了正确劳动教育的重要性。经济上,新中国经历社会主义改造到基本经济制度建立的过程。初期生产力大力发展,劳动者积极性高涨,但"左"倾错误和忽视经济规律,导致经济社会发展停滞。经济政策调整与劳动生产教育的需求紧密相关,反映了人民对成为合格社会主义建设者的期望。文化方面,新中国初期重视文化教育发展,普及国民教育,强化中高等及技术教育,推进劳动教育,旨在提升劳动者素质。然而,"文革"严重冲击了文化教育事业,劳动教育也受阻碍。简而言之,新中国成立至"文革"期间,政治、经济和文化的变化深刻影响了劳动教育的实施与发展,凸显了其在国家建设中的重要地位。

(一)劳动生产教育探索阶段:1949—1956 年

在新中国成立初期,我国的劳动生产教育迈入了一个关键的探索时期。1954 年颁布的《关于高小和初中毕业生从事劳动生产的宣传提纲》成为此时期的重要里程碑。在此期间,我们主要借鉴了苏联的劳动教育模式,并着手制定一系列关于劳动教育的法规和条例,旨在明确劳动教育的规范并为其发展方向提供指引。劳动教育,作为马克思主义教育与生产劳动相结合的重要途径,不仅致力于推动教育与生产的深度融合,更着重于培育学生的劳动能力与劳动技能,以期为社会主义革命与社会主义建设输送合格的劳动者[1]。在诸如社会主义改造时期与"大跃进"时期等特殊历史阶段,劳动生产教育对于推动社会经济的蓬勃发展起到了举足轻重的作用。在这些时期,我国主要是在马克思主义教育理论的指导下,积极吸收苏联的劳动教育观念,并深入开展劳动教育的探索与实践[2]。

在新中国即将成立之际,具有临时宪法地位的《中国人民政治协商会议共同纲领》已明确将"爱劳动"列为国民应遵守的五项基本公德之一。这一点在徐特立的《论国民公德》一文中也得到了充分体现。文中深入阐述了将"爱劳动"视为国民公德核心内容的主要原因:旨在培养与新民主主义时期生产方式相契合的劳动态度,并努力构建一种和谐、互利的劳动关系。在阐释劳动公德教育

---

[1] 徐海娇.危机与重构:劳动教育价值研究[M].北京:中国社会科学出版社,2020:90-91.

[2] 陈彤彤.建国以来劳动教育的历史演变与反思[D].海口:海南师范大学,2015:9.

的内涵时,徐特立先生着重强调了两个方面。首先,他提倡劳动态度的根本转变,坚决贯彻"不劳动者不得食"的原则,以此激发民众的劳动热情。其次,他强调劳动权的保障,明确提出"赋予劳动者以劳动权",从而确保劳动者的合法权益得到切实维护。通过将劳动者的道德、权利与义务三者紧密结合,徐特立先生旨在进一步强化劳动纪律的权威性,推动社会形成一种崇尚劳动、尊重劳动者的良好风尚[①]。

新中国成立后,随着政治局势的稳定和社会主义制度的确立,人民民主权利得到了切实保障,受教育权便是其中之一。为了顺应国内经济发展的迫切需求,尤其是工业生产的恢复与蓬勃发展,党和政府在借鉴苏联经验的基础上,结合我国具体国情,制定了"为工农服务,为生产建设服务"的教育方针。该方针的制定不仅确保了教育能够为国家的经济建设和社会发展提供有力支撑,同时也深刻反映了人民对教育的殷切期望和需求。

1954年,我国颁布了《关于高小和初中毕业生从事劳动生产的宣传提纲》,该文件正式确立了劳动生产在教育体系中的重要地位,并着重强调了爱国主义、集体主义、劳动教育、科学精神以及公共财物保护等多方面的教育内容。随后,在1955年,教育部进一步发布了《小学教学计划》,明确规定增设手工劳动课程。这一举措旨在通过实践教学,使学生能够掌握基础的生产技能,深入理解生产原理,并培养他们的动手能力和技能技巧,从而推动学生的全面发展[②]。

在劳动教育的探索阶段,劳动教育与产业教育紧密结合,通过学校课程普及劳动知识和技能,为社会主义建设提供人才和技术支持。尽管存在效仿苏联模式、缺乏长期计划性和部分课程流于形式等问题,但这一阶段仍然开启了劳动教育的新篇章,对新中国成立初期的社会主义建设产生了积极影响。

(二)劳动生产教育发展阶段:1957—1966年

在劳动生产教育的发展轨迹中,经过探索阶段的积累与沉淀,其在发展阶段取得了显著的成果,并呈现出旺盛的生命力。具体而言,1958年3月8日,教育部在《关于1958—1959学年度中学教学计划的通知》中明确规定:初高中各个年级均需增设生产劳动课程,每周安排2小时的教学时间;同时,学生每

---

① 何东昌. 中华人民共和国重要教育文献:1949—1975[M]. 海口:海南出版社,1998:23.

② 教育大辞典编纂委员会. 教育大辞典:第1卷[M]. 上海:上海教育出版社,1990:57.

年须参与体力劳动的时间范围为 14 至 28 天。随着这一教学计划的逐步实施与推广，各地中小学校纷纷将生产劳动纳入正式课程体系[①]。自此，劳动技术教育开始正式融入基础教育课程体系之中，成为其不可或缺的组成部分。

　　劳动生产教育的演进与当时的政治、经济及文化背景紧密相连。1956 年 9 月，中国共产党第八次全国代表大会对国内形势与主要矛盾进行了深刻探讨，并明确指出：我国社会的主要矛盾在于先进的社会主义制度与相对滞后的社会生产力之间的不平衡。因此，党和全国人民的首要任务是集中力量解决这一矛盾，以推动我国从农业国向工业国的转型。基于对我国当前形势的深刻理解，社会主义经济建设仍然是党和人民的首要任务。在这一时期，随着对劳动者需求的不断增长，劳动教育也得以持续进步与发展。

　　在 1956 年 12 月，我国顺利完成了社会主义改造，成功确立了以公有制为主导的社会主义基本经济制度。与新中国成立初期相较，此阶段我国的经济实力有了显著提升。经济的稳步增长为上层建筑领域的发展打下了坚实基础，同时也推动了教育的蓬勃发展。1957 年，毛泽东同志在最高国务会议上明确提出了我国的教育方针，即致力于培养受教育者在德育、智育、体育等各方面的全面发展，使之成为具备社会主义觉悟和文化素养的劳动者[②]。随后在 1958 年，中共中央国务院进一步强调了"教育为无产阶级政治服务，教育与生产劳动相结合"的教育方针，使得教育与生产劳动相结合正式成为党和国家教育方针的核心内容。同年，陆定一发表了题为《教育必须与生产劳动相结合》的文章，这标志着以教育与生产劳动相结合为指导思想的劳动教育在全国范围内得到了全面推广和实施[③]。

　　在此之后，学校与工厂的互动、勤工俭学以及半工半读模式在全国范围内广泛兴起，旨在促进劳动人民的知识化与知识分子的劳动化。基于当时的国情，这种制度是必要的。然而，在"大跃进"的影响下，劳动教育逐渐变得过于狂热，勤工俭学被曲解为以劳动取代学习。

[①] 卓晴君，李仲汉．中小学教育史[M]．海口：海南出版社，2000：348．

[②] 中央教育科学研究所．中华人民共和国教育大事记：1949—1982[M]．北京：教育科学出版社，1984：190．

[③] 何东昌．中华人民共和国重要教育文献：1991—1997[M]．海口：海南出版社 1998：50-51．

（三）劳动生产教育停滞阶段：1966—1976 年

劳动教育在我国教育政策中占有重要地位，经历了显著发展。然而，20世纪60年代中期政治与经济政策的变动，特别是"以阶级斗争为纲"的思想及"左"倾错误的升级，导致了"文化大革命"的爆发。这一长达十年的动荡时期对我国经济造成了严重破坏，导致国民经济倒退，人民生活水平无法提升。同时，教育领域也遭受巨大冲击，劳动教育作为其中一环同样受到重创。此时期劳动教育的作用被过度夸大，忽视了其客观发展规律，导致其发展几乎停滞。教育的功能被严重扭曲并政治化，成为阶级斗争的工具，劳动教育被赋予培养无产阶级政治思想的任务。学校教育的作用被忽视，逐渐丧失了其教育功能[①]。

在"文革"时期的劳动生产教育历史中，虽然存在忽视劳动教育本质发展和功能的问题，但通过运用马克思主义唯物辩证法和历史唯物主义进行分析评价，可以看出劳动生产教育在解决国家就业问题和激发劳动积极性方面仍做出了贡献。

在回顾新中国成立以来的历史进程中，我们看到教育与生产劳动的结合取得了显著成果和宝贵的经验。这种结合不仅有效解决了国家的就业问题，还促进了经济社会协调发展，为个体全面发展提供了有力支持。此外，它还为社会主义革命和建设培养了大批合格的劳动者。同时，结合中国的实际情况，我们始终坚持马克思主义教育与生产劳动相结合的基本原则，积累了丰富的实践经验。

二、改革开放新时期：思想教育与劳动教育并重

改革开放后，我国劳动教育进入新的发展阶段，强调手脑并用、理论与实践结合。1978年教育部颁布相关条例，规定全日制中学设置劳动课程，提升劳动教育的学科地位，并将其纳入思想教育中。随着党的十一届三中全会的召开，人们思想解放，改革动力强劲。政治领域拨乱反正，重新确立马克思主义思想路线；经济方面以经济建设为中心，推动社会生产力发展。文化教育领域也解放思想，大力发展教育事业。劳动教育在这样的时代背景下迎来改革与发展机遇。

（一）重新恢复劳动教育阶段：1979—1986 年

党的十一届三中全会重新确立了马克思主义思想路线，以实践为检验真理

---

① 丁文杰.1949—1989 年：劳动教育的演变历程及特征[D].临汾：山西师范大学，2015：26.

的唯一标准，标志着党的工作重心转向社会主义现代化建设。建设的深入，对合格社会主义建设者需求的增加，为教育全面发展提供机遇。教育的目标是提升个人素质，培养优秀建设者和接班人。邓小平同志强调教育与生产劳动结合的重要性，认为这是培养全面发展新人的根本途径，需与国民经济发展相适应。如何在新条件下贯彻此方针，是值得研究的重要问题[①]。

在1981年，我国教育部正式颁布了《全日制六年制重点中学教学计划（试行草案）》以及《全日制五年制中学教学计划（试行草案）的修订意见》，明确提出了在中学阶段开设劳动教育课程的要求。这一课程的设置旨在培育学生的劳动观念，塑造其良好的劳动习惯，并激发他们对劳动人民的深厚情感，同时使他们能够初步掌握一些基础的生产劳动或通用劳动的知识与技能[②]。在1982年，教育部又发布了《关于普通中学开设劳动技术教育课的试行意见》，这份文件对中学劳动技术教育课的实施细节进行了更为详尽的规划。按照该文件的规定，初中阶段的学生每年须接受为期2周的劳动技术教育，每天安排4课时，累计3年达到144课时；而高中阶段的学生则每年需进行为期4周的劳动技术教育，每天安排6课时。此外，该意见还对劳动技术教育的考核机制作出了明确规定：学生必须撰写劳动小结，学校须建立劳动档案；学年末，学校将根据学生在劳动中的态度、纪律以及其掌握的知识和技能情况进行成绩评定，成绩分为优良、及格、不及格3个等级，并记入学生成绩册；尤为重要的是，学生的劳动态度和表现将作为其操行评语的重要依据之一，表现不良的学生将无法参与三好学生的评选[③]。这一系列的规定与要求，在新中国成立以来的国家教育文件中尚属首次，无疑为劳动教育的实施与评估树立了里程碑式的标准。

自此之后，劳动教育在全国范围内再次掀起了热潮。在这一时期，劳动教育备受重视并得以恢复，为社会主义现代化建设提供了有力支撑。通过劳动教育的实施，不仅培养了大量合格的现代化劳动力，还进一步推动了我国社会经济的迅速发展。与此同时，这一阶段的劳动教育在实践中不断探索和创新，逐渐形成了具有中国特色的教育模式，为我国教育事业的发展奠定了坚实基础。

---

① 夏禹龙，刘吉，冯之浚，等．论智力开发[M]．北京：光明日报出版社，1988：15.

② 《中国教育年鉴》编辑部．中国教育年鉴：1948—1981[M]．北京：中国大百科全书出版社，1984：157.

③ 何东昌．中华人民共和国重要教育文献：1976—1990[M]．海口：海南出版社，1998：2046，2519.

（二）劳动教育新的起步阶段：1986—1990 年

自 1986 年起，根据教育部门针对不同学段的劳动技术课教学大纲，全国各地中小学开始陆续开设劳动课或劳动技术课。这一举措标志着新时期劳动教育的新起点，为劳动教育的进一步发展奠定了基础。在这一阶段，劳动教育逐渐演变为包含劳动思想教育和劳动技术教育两大核心组成部分的教育体系，其内涵得到了进一步的丰富和深化。劳动教育目标也转向促进学生树立正确的劳动观念，掌握基本的劳动技能，从而更好地适应社会发展的需要。

在课程设置上，该时期的劳动教育以思想品德课、劳动课和劳动技术课为主导。与过去仅侧重于劳动生产技术的传授不同，这一阶段的劳动教育更注重理论与实践相结合，旨在运用多元化的教学手段，帮助学生更全面地掌握与劳动相关的知识和技能。这样的教育模式不仅提升了学生的实践能力，还为其未来的职业生涯奠定了坚实基础。

1986 年《全日制小学思想品德课教学大纲》强调培养学生热爱劳动、艰苦奋斗的精神，及勤劳节俭、自主管理和帮助他人等能力。相关政策规定中小学须设劳动课和劳动技术课，并对课程内容及时间等作出明确规定。随后颁布的《全日制小学劳动课教学大纲（试行草案）》（1987）、《关于改革和加强中小学德育工作的通知》（1988）等文件，凸显了劳动教育与思想品德教育的紧密联系。思想品德教育培养学生的劳动价值观，而劳动教育则通过实际体验，培养学生的优秀品质。这一时期的教育体系对培养全面发展的人才至关重要。

劳动技术教育在经历了"文革"期间的停滞后，于 20 世纪 80 年代中期重新焕发活力，迈入了正确的发展轨道。这一时期，劳动教育与生产之间的紧密联系开始减弱，不再仅局限于日常的劳动生产，更多地注重了学生劳动思想的塑造和基本劳动技能的培养。在正确的劳动思想指导下，劳动教育实践与理论相结合，有助于学生更好地成长和发展。

（三）形成较完整的学科体系阶段：1991—1998 年

1992 年，邓小平同志的"南方谈话"开启了中国特色社会主义建设的新篇章，推动了改革的进一步深化，为包括教育领域在内的各项改革提供了强大动力。随后，1993 年中共中央、国务院联合发布的《中国教育改革和发展纲要》在总结我国社会主义教育事业发展经验的基础上，明确提出教育必须为社会主义现代化建设服务，与生产劳动相结合，服务于经济建设这个中心，以促进社会的全面进步。这一原则被确立为构建中国特色社会主义教育体系的核心之一。

此外，该纲要还进一步强调，中小学教育应从应试教育转向全面提高学生素质的轨道，注重全体学生的发展，全面提升学生在思想道德、文化科学、劳动技能和身体心理素质等方面的素养，以促进学生生动活泼地发展，并形成各自的办学特色。这一表述突出了素质教育的四个重要组成部分，并特别强调了劳动技能教育的地位，显示出我国教育界对劳动技术教育重要性的新认识。

1994年6月，党中央、国务院在北京召开了改革开放以来的第二次全国教育工作会议。在此次会议上，江泽民同志特别强调了教育与生产劳动相结合的重要性，明确指出学生应适当参与物质生产劳动，这应成为教育中的一门必修课程，而非可有可无的选择。这一论述进一步凸显了劳动教育在全面发展教育中的重要地位。

在20世纪90年代，我国教育主管部门正式确立了小学劳动课和中学劳技课的学科地位，将其纳入国家必修课程体系。这一政策不仅明确了劳动教育的育人目标、教学内容及实施原则，还构建了相对完善的中小学劳动技术课程体系，使课堂教学和教研活动逐渐迈向科学化和制度化。随着相关政策的落实，劳动教育师资得以充实，教材资源不断丰富，校内外实践基地的建设得到加强，工具材料和仪器装备水平也得以提升。在这一阶段，劳动教育形成了较为完整的学科体系，为国家基础教育中的劳动教育学科及相关课程的发展奠定了坚实基础，有效推动了劳动教育的稳步前进。

随着劳动教育学科体系的不断健全，其在新世纪到来之前已初具规模。在基础教育领域，劳动教育得到了广泛认同，并发挥着至关重要的作用。其目标在于培养符合社会主义现代化建设需求的高素质人才，通过引导学生树立正确的劳动观念，掌握基本的劳动生产技能，为社会主义事业的发展培育出合格的后备军。

1998年，教育部办公厅发布《关于加强普通中学劳动技术教育管理的若干意见》，强调了中学劳动技术教育的组织领导和师资队伍建设，要求将其纳入教育督导评估，并作为评选先进单位、考核学校和领导干部的重要标准。

综上，从20世纪80年代至新一轮基础教育课程改革之前，劳动教育的课程地位和学科地位虽然得到了认可，但仍存在诸多问题。1986年全国中学劳动技术教育工作座谈会指出,多数学校未开设劳动技术课,且存在设备、场地、经费、师资等严重不足的问题。这主要是由于片面追求升学率现象冲击了基础教育,同时劳动技术教育作为新学科,综合性强,对条件提出新要求,各方对其重要性认识有待提高。尽管20世纪80年代后期党中央对劳动教育方针进行了调整并加大了实践力度,但由于受多重因素制约,其实际成效并未达到预期目标。

(四)全面建设小康社会以来:2000—2012年

自21世纪初以来,我国迈入了全面建设小康社会并加速推进社会主义现代化建设的历史新时期。在这一背景下,党中央对劳动在新时代的内涵进行了深刻再阐释。劳动的创造价值被赋予了极高的重要性,劳动光荣的理念成为时代的鲜明主题。同时,对劳动者的人文关怀也上升为我党执政的核心价值取向之一。这种双重重视不仅体现了劳动在新时代的崇高地位,也展示了我国社会主义现代化建设对人的全面发展的深刻关注。

在知识经济和信息时代,创新成为国家发展的核心动力。党和国家高度重视创新,多次在重要报告中强调"尊重劳动、知识、人才和创造",凸显创新的重要性。进入21世纪,为适应劳动内涵的演变,党的教育方针也作出调整,强调教育应提高国民素质,培养学生的创新精神和实践能力。2001年,国务院发布的基础教育改革决定中,明确了教育为社会主义现代化和人民服务,与生产劳动和社会实践结合的新方针,这体现了我国教育方针的与时俱进。新方针纳入"为人民服务",展现了我党的执政理念,并强调教育与社会实践的紧密结合,为新时期劳动实践的多样性和创新提供了广阔空间。这一方针被写入党的报告和教育法,为其提供了法治化保障。

随着信息社会和知识经济的不断发展,21世纪的劳动教育日益强调其技术维度的重要性。为了适应这一趋势,2001年我国推出了基础教育课程改革,其中的综合实践活动课程旨在全面培养学生的实践能力、探究精神以及创新思维,同时强化他们的社会责任感。该课程不仅广泛涵盖了信息技术教育、研究性学习、社区服务与社会实践以及劳动与技术教育等多个领域,还特别强调信息技术的融合与应用。此外,农村中学试行的"绿色证书"教育和城市中学开设的职业技术课程,都是对劳动教育外延的积极探索。然而,这种外延的拓展也在一定程度上模糊了劳动教育的实质内涵。综合实践活动课程在取代传统劳动教育的过程中,出现了课程地位下降、目标定位不明确等问题。此外,对综合实践活动课程本身的研究尚不深入，导致其在实施过程中缺乏统一的标准和坚实的理论基础。直到《中小学综合实践活动课程指导纲要》的颁布实施，这一问题才得到了一定程度的缓解和解决。

在注重技术维度的同时，劳动教育也须关注人本关怀。当代劳动教育旨在引导青少年树立正确的劳动观，理解和尊重各种劳动和劳动者，致力于构建一个公平、正义的社会，使所有劳动者都能参与发展并共享发展成果。尽管体力劳动者的文化素养、生活质量和社会地位不断提升，但体力劳动的重要性并未降低。

21世纪以来，为适应国际竞争及国内经济社会科技发展的需求，党和国家高度重视劳动教育，并重新定义了其内涵、任务与目标，着重培养学生的实践动手能力、创新精神和综合素质，同时注重与社会实践的结合。劳动教育不仅成为素质教育的重要组成部分，对促进学生全面发展、提升国家综合国力也发挥了重要作用。此外，劳动教育的学科定位和教学内容逐渐明确，以技术学习为核心的课程体系逐步建立，而动手实践、设计能力及劳动意识则成为教学的重点。为保障劳动教育的健康发展，党和国家还不断完善其教学体系。

三、新时代：教育与生产劳动和社会实践相结合

自党的十八大以来，习近平总书记明确提出了将"坚持社会公平正义，消除劳动者参与发展、分享发展成果的障碍，实现体面劳动与全面发展"作为重要施政目标。他深刻洞悉中国特色社会主义进入新时代后，我国社会主要矛盾已转化为人民日益增长的美好生活需要与不平衡不充分的发展之间的矛盾，并强调必须坚持以人民为中心的发展思想，不断推动人的全面发展和全体人民共同富裕。在继承马克思主义劳动观的基础上，习近平新时代中国特色社会主义思想进一步丰富了劳动理论，开创了劳动思想的新境界，形成了系统的劳动思想体系。这一理念在新时代背景下不仅紧扣时代脉搏，而且蕴含了深刻的多维内涵。具体而言，它着重强调了以实际劳动为国家繁荣之基的实践观念，将民族复兴作为劳动发展的长远目标，积极倡导尊重劳动、崇尚劳动的价值取向，并突出劳动教育在培育人们对劳动的热爱和敬重中的重要作用。这些观念相互关联、相辅相成，共同构成了推动党和人民事业持续发展的坚实思想基础和具体实践指南。

近年来，我国大中小学生的劳动教育受到严峻挑战，受重视程度大幅下降。这主要体现在学校劳动与技术课程被挤占、缺乏系统性和有效考核机制，甚至被作为惩罚手段；家庭教育中体力劳动和生产劳动被忽视，家长过分关注学业成绩；社会价值观中体力劳动和生产劳动地位边缘化，不劳而获思潮蔓延。这些问题共同导致了劳动教育的严重缺失。

在新时代背景下，为有效提升青少年的劳动素养和培育其积极的劳动态度，我国对劳动教育的重视程度日益加强。为此，教育部等相关部门联合发布了针对性的指导意见，并且对《教育法》和《高等教育法》进行了修订。这些法律修订明确强调高等教育必须与生产劳动和社会实践相结合，同时增强学生的社会责任感。这一系列举措不仅体现了我国教育立法和实践对新时代需求的敏锐响应，更彰显了国家对培养具备正确价值取向的劳动者的深切重视。

新中国成立以来，党的教育方针始终强调劳动教育的核心地位，但学校层面的实施仍显不足。马克思和陶行知等理论家均强调了劳动教育在人的全面发展中的重要作用。习近平总书记也重申了劳动教育与实践结合的重要性，以培养青少年的劳动尊重和热爱。在国家课程改革和创新实践中，科学研究引领了劳动教育的显著发展，为教育决策提供了支持，并推动了学科的规范化和科学化。劳动教育的目标是促进人的全面发展，其实施质量直接影响我国未来人才的综合素质。因此，加强劳动技术教学的保障体系建设，以更好地服务于社会主义事业至关重要。

第二节 劳动教育的国际镜鉴

我国拥有深厚的劳动教育传统，特别是自新中国成立以来，在实践中积累了丰富的经验。然而，随着新时代的到来，劳动形态和观念的深刻变革为劳动教育带来了新的机遇与挑战。为了提升劳动教育的专业品质和育人效果，我们必须立足于本国的实际经验，同时积极借鉴国际上的先进理念、有效模式、科学评价方法以及保障制度。通过对这些有益做法的总结与提炼，我们可以进一步推动我国劳动教育的创新与发展，更好地适应新时代的需求。

一、国际劳动教育的理念与保障

（一）国际劳动教育的理念

理念是行动的指南，其先进性直接关乎行动的有效性。陈旧的理念往往会导致实践偏离正确的轨道。因此，在分析各国劳动教育经验时，首要任务就是探寻各国在劳动教育领域所坚守的核心理念。这些理念主要体现在对劳动教育性质、目标、功能及地位的深刻认识上。通过深入剖析这些理念，我们可以更好地理解各国劳动教育的独特之处，从而为我国的劳动教育改革与发展提供有益的借鉴。

1. 关于劳动教育的性质

劳动教育的性质定位对其实践方向具有重要影响。当前，世界主要国家普遍将劳动教育视为普通教育而非职业教育，强调其通识性而非专业性。这一定位体现了对劳动教育全面性和基础性的重视，有助于引导学生在更广泛的领域中认识和理解劳动的价值与意义。

（1）作为普通教育的劳动教育

劳动教育通常被定位为面向所有学生的普通教育，与职业教育和成人教育相区别。世界上主要国家如古巴、印度等，都将劳动教育列为必修课程，强调其基础性和普遍性。俄罗斯也在近年来加强劳动教育的立法工作。定位为普通教育的劳动教育意味着面向所有适龄儿童，旨在培养其基础劳动能力和劳动价值观，内容具有基础性和可迁移性，为学生的终身发展奠定基础。

（2）作为通识教育的劳动教育

劳动教育主要作为通识教育存在，旨在培养学生基本的劳动素养，如正确的劳动观念、态度、精神和习惯，而非针对特定专业人才的培养。这一观点在多个国家的劳动教育目标中均有体现，如美国、英国、日本、俄罗斯和古巴等。以日本为例，其劳动教育目标包括培养学生未来职业所需的基本知识与技能、尊重劳动的态度以及选择适合自身才能的专业的能力，强调通识素养的培养。因此，劳动教育的重点在于提升所有学生普遍适用的劳动素养，而非局限于某一特定领域的专业技能培养。

2. 关于劳动教育的功能

功能主要体现事物的客观效用，对劳动教育功能的认知将在很大程度上决定其目标设定、内容筛选、成果评估等诸多层面。实际上，当前劳动教育领域存在的诸多问题与对其功能的不当理解密切相关。因此，深入探究世界主要国家对于劳动教育功能的认识，对于我国劳动教育的反思与改进具有重大意义。总体而言，世界主要国家关于劳动教育功能的认识主要聚焦于两大主题：一是劳动教育与人的发展，二是劳动教育与社会的变革。

（1）劳动教育立足于人的综合发展

劳动教育在人的综合素质发展中扮演着举足轻重的角色，其显著促进了人的多方面发展。从俄罗斯教育学界的视角来看，劳动被赋予了更深层次的意义，被视为人类与自然相互作用的重要桥梁。在劳动实践中，人们不仅致力于满足自身需求，同时也关注自然的需求，力求实现人与自然的和谐共生。通过劳动，个体能够培养积极主动的态度，不断追求自我完善，实现自我价值的提升。同时，劳动还能让个体深刻认识到自身存在和活动对社会的必要性和价值，从而增强社会责任感。此外，劳动对个体的生理健康也产生着积极影响，如促进肌肉和神经系统的发育。更为重要的是，劳动对个体的心理发展具有深远影响，能够塑造健全的人格和良好的心态。

在1964年的《关于在主体中学设置劳动课程的建议》中，德国便着重强调了劳动课的目标，旨在全面培育学生的智力、情感以及技能，而非单纯追求职业教育的"职业成熟"。这种综合性的教育方式有效融合了现代技术与经济知识，不仅有助于学生深入了解各职业的基本特征，同时也为其未来的职业选择奠定了坚实基础。通过这种教育方式，德国在劳动教育中实现了学生智力、身体和精神的全面发展。

芬兰在劳动教育方面同样注重学生的全面发展。芬兰教育部于2014年所颁布的国家课程中，明确倡导通过学科知识与现象教学的结合来培育学生的横贯能力。学校有效地将此种能力的培养融入与劳动教育紧密相关的学科及综合课程中，使劳动教育成为学生学习基本生活技能、增进社会理解、参与社会实践以及培养动手、设计和问题解决能力的关键环节。与传统的数学、物理等学科相比，劳动教育课程（如手工课）在综合性和应用性方面表现得更为突出，尤其在培养横贯能力方面展现出了显著的优势。

由此可见，劳动教育并非仅仅聚焦于学生某一单一能力如体力的培养，而是致力于构建一个综合育人体系。其核心目标旨在通过劳动实践全面提升学生的综合能力与素养。这为我们明确了方向，即劳动教育的实施应以学生的全面、综合发展为根本导向和归宿。因此，在定位劳动教育的功能时，我们应摒弃孤立的设计方案，转而将其与德、智、体、美等多方面的教育紧密融合，旨在培育出适应时代发展的全面发展新人。

（2）劳动教育指向社会的民主改造

劳动教育不仅对个体的综合发展具有重大意义，更在塑造公平、民主、正义的现代社会方面发挥着关键作用。可以认为，对待劳动的态度、劳动分工及其衍生的劳资关系，是衡量一个社会文明程度的重要指标。全球多个国家和地区的劳动教育，明显承担了社会民主改造的职能，其中印度便是这一实践的典型代表。通过劳动教育，印度不仅致力于提升个体的劳动技能和素养，更在深层次上推动社会的公平与正义，为构建更加民主的社会奠定了坚实基础。

印度是一个社会分化非常明显的等级制国家，不同等级的人在社会地位上具有明显的差异，其所享受的基本权利也存在诸多不同。社会的等级化反映在教育中就具体表现为，不同阶级的人所享受的教育存在天壤之别。总体而言，面向印度的青少年的教育主要有两类：一类是正规学校教育，一部分青少年在这类学校中接受所谓的文科教育。这些有文化的少数有闲阶级不从事体力劳动或生产劳动，但却掌握着社会的巨大财富，并且对劳动者秉持一种鄙视的态度。另一类教育则是普通劳苦大众的子女所接受的教育。这类青少年大多没有进入正规学校。然而，他们却是社会财富的主要创造者。

圣雄甘地致力于通过以手工劳动为核心的教育来消解社会等级分化，他深刻地阐明了劳动教育在推动社会民主化改造进程中的重要作用。自20世纪60年代起，印度教育委员会开始将劳动和社会服务视为教育的核心组成部分，突显了劳动实践在教育体系中的不可或缺地位。为了进一步解决过去教育中过于偏重理论、脱离实际的问题，1977年，印度政府成立了专门的检查委员会。该委员会提倡一种以"有益于社会的生产劳动"为导向的劳动教育理念，并确保其在课程体系中占据显著位置，从而实现了教育与劳动的有机结合。这一理念自此成为印度劳动教育的根本指导原则，为印度教育的发展注入了新的活力。

显然，印度的劳动教育从其初步设立之时起，便明确融入了实施社会民主改造的功能设计。换言之，印度的劳动教育蕴含着深厚的社会变革意味。这实质上向我们揭示了一个双重面向：劳动教育既致力于促进人的综合素质全面发展，同时又承载着不可或缺的社会改造使命。因此，在具体的劳动教育实践中，必须将这两者有机地结合起来,以实现教育的整体目标。必须指出的是,尽管劳动教育在社会民主改造中占据着举足轻重的地位,我们却不应过度渲染其功效。社会的民主化进程是一个复杂而多元的系统工程,需要来自各方的协同努力,而劳动教育仅是这一宏大图景中的一个关键要素。

3. 关于劳动教育的目标

目标是对活动预期结果质量的预设,既是行动的起点也是终点。目标在活动的顺利进行中扮演着至关重要的导向、规范和评价角色。一旦对目标的理解存在偏差,便可能对后续实践造成严重的负面影响。因此,准确理解劳动教育的目标,既是理论上的课题,也是实践中亟须关注的话题。总的来说,目前全球主要国家和地区在劳动教育目标的理解上有许多值得我们深入学习和借鉴的经验。

(1)个人价值与社会价值的有机融合

在教育目标的认识历程中,主要存在着两种截然不同的观点。一种被称为"社会本位观",其代表人物包括涂尔干、凯兴斯坦纳等,他们主张教育应致力于推动社会的发展。另一种观点则被称为"个人本位观",以卢梭为代表,强调教育的首要目标是促进个人的全面发展。尽管这两种观点在表面上似乎相互对立,但它们实际上都从不同的角度揭示了教育与社会、个人之间的内在联系,并在各自的历史和现实背景中具有一定的合理性。然而,我们需要注意的是,无论是片面强调社会本位观还是个人本位观,都是不全面的。在人类对教育目的的探索过程中,我们往往会在这两种观点之间摇摆不定,试图寻找一个平衡点。对于劳动教育而言,如何平衡社会本位和个人本位的关系更是一个重要的研究课题。在这方面,美国、俄罗斯、德国等国家的做法为我们提供了有益的借鉴。

美国的劳动教育目标涵盖了三个主要维度:首先,着重于培育学生成为有效家庭成员所需的劳动素养,这主要通过家庭的日常活动和学校中的选修课程如家政、手工、烹饪等来实现;其次,着眼于就业准备,通过生涯教育和职业入门课程,确保学生具备进入劳动市场的基本素养;最后,以培养公民情感为目标,通过志愿服务和服务学习活动增强学生的社会责任感。这三方面的目标共同促进了个人发展与社会需求的有机统一,其中家庭成员培养强调个人生活的积极意义,就业准备兼顾个人利益和社会价值,而公民培养则突出劳动教育的社会价值[1]。

---

[1] 谷贤林.美国学校如何开展劳动教育[J].人民教育,2018(21):77-80.

俄罗斯劳动教育的目标构想精巧地将个人发展与社会需求相融合。其核心目标聚焦于培养学生的自我服务能力，诸如维护个人卫生与工作环境之技能；通过技术培训，使学生熟练掌握各类技术及其实施方法；增强学生的家务劳动能力，包括扫地、洗衣、烹饪等日常家务；同时，还致力于培养学生的专业技能，涵盖烘焙、缝纫、木工等多个领域；此外，劳动教育还注重引导学生通过劳动实践回馈社会，例如参与学校的清洁工作等。这些目标既注重学生个体劳动素养的提升，又凸显了劳动教育的社会价值[①]。

德国各州在劳动教育目标和任务的表述上存在差异，但整体而言，目标可概括为：通过劳动、经济和技术教育，帮助小学高年级和中学生适应未来生活并认识世界；同时培养他们在职业、家政、经济和环保等领域的基本能力，使他们能够做出适合自己的职业选择，展现社会责任感，并具备处理个人生活、未来职业以及公共生活问题的能力。由此可见，德国劳动教育在目标设定上，充分体现了对个人发展与社会进步的双重关注。

综上所述，劳动教育的目标设定应致力于实现教育的个人价值与社会价值的和谐统一，以充分发挥其综合育人功能。这一目标不仅关注个体的全面成长与发展，又强调个体对社会的积极贡献与责任担当，彰显了劳动教育在培育时代新人和服务社会发展中的双重使命。

（2）将立足当下与面向未来相结合

目标通常指向尚未实现的事物，因而必然高于现实。在劳动教育领域，目标设定应具备未来导向性，这主要是因为劳动形态的持续变化和新型劳动的出现不断提出新的要求和挑战。因此，劳动教育的目标设定应同时基于当前社会发展的实际问题，并展现对历史发展的主动前瞻性。在这方面，德国的劳动教育堪称典范，其目标设定充分体现了现实性与前瞻性的有机结合。

劳动教育在德国具有深厚的历史底蕴。在早期阶段，德语中的劳动教育课程被称为"劳动学"。然而，随着德国的统一以及劳动教育内涵的不断深化和拓展，"劳动学"这一概念逐渐被"劳动－经济－技术课"或"经济－劳动－技术课"等新概念所取代。从历史演进的视角审视，德国的劳动教育目标始终紧密契合时代发展的需求，展现出鲜明的时代特色。纵观其发展历程，德国劳

---

① 欧柔薜. 俄罗斯劳动教育的发展历程、特色和经验[J]. 基础教育参考，2023，(03)：53-64.

动教育目标主要经历了四个重要的演变阶段①。

德国劳动教育1.0时代：其核心在于基础的职业劳动技能培训。18世纪60年代，随着第一次工业革命的兴起，德国的劳动教育深刻反映了该时期的劳动特色，即机器生产逐渐替代手工生产。在此背景下，劳动教育被正式纳入学校的教育体系，成为必修课程。其显著特点是对实践操作的高度重视，旨在培养能够适应机器生产要求的合格劳动者。基德曼于1773年创办的工业学校和巴西多在1774年创立的泛爱学校，是这一时期的代表性教育机构。这些学校所开设的劳动课程，主要围绕未来的职业需求进行设计，而非为升学做准备。因此，这一阶段的劳动教育更注重帮助学生掌握基础且实用的职业技能。

德国劳动教育2.0时代：综合技术课程应运而生。19世纪70年代，发电机和电动机的发明及广泛应用引领人类历史迈入了电气时代。这一时期，德国生产发展对劳动者的素质提出了更高要求，不仅需要具备较高的读写算能力，还要求具备操纵新型机器的技能。原有的木工、制图、手工制造、农事、园艺、纺织等劳动教育内容已不足以满足社会发展需求。因此，出现了以综合技术课程为代表的中小学劳动教育课程，旨在培养更好适应时代需求的新型劳动者。

德国劳动教育3.0时代：开展信息技术教育。自20世纪70年代起，伴随着工业自动化技术的崛起，新型劳动形态开始引领社会的发展潮流。工业自动化的迅猛发展主要归功于电子技术与信息技术的广泛应用与深度融合。为了适应这一社会生产劳动的新趋势，德国开始在劳动教育领域中积极融入信息技术教育的内容。在这一时期，德国中小学劳动教育的课程目标得到了全面的更新与提升。其整体目标可以概括为培养学生的四大核心能力：一是专业能力，旨在培养学生掌握扎实的专业知识和技能；二是方法论能力，着重锻炼学生的逻辑与批判思维、问题分析与解决能力；三是社交能力，强调在团队合作中培养学生的沟通与协作技巧；四是行动力，注重提升学生的实践操作能力和创新思维。这四种能力的综合培育，旨在使德国学生更好地适应工业自动化时代的发展需求。

德国劳动教育4.0时代：实施数字化劳动教育。目前，德国正在构建以信息物理系统（Cyber-Physical Systems，简称CPS）、智能机器人、大数据、虚

---

① 任平，贺阳. 连通学校与现代社会生活的桥梁：德国中小学劳动教育实施路径及启示[J]. 外国中小学教育，2019（8）：28-36.

拟工厂为核心的新型生产模式,这与过去基于机械化、流水线和自动化的生产模式有所不同。这种新的劳动形态极大地加速了德国行业结构的转型,信息技术和人工智能等新兴技术蓬勃发展,对掌握信息技术且具有创新能力的专业人才的需求日益增长。为应对此时代变革,2016年德国文教部长联席会议提出了《基于数字世界的教育》战略草案,为中小学劳动教育改革指明了方向。目前,德国各州中小学正积极为学生创造多元化接触数字产业的机会,例如通过校园公司和工厂实验室等实践平台,使学生能够亲身体验3D打印机、CNC数控机床等数字化生产设备的魅力。此种前沿的教育模式旨在培养学生的数字技能和创新能力,以适应新兴技术的需求。

经过对德国中小学劳动教育发展脉络的概要回顾,我们可以清晰地看到,其劳动教育的目标始终紧密地联系着社会生产劳动的现实状况及未来发展趋势。德国劳动教育在坚实地扎根于现实的基础之上,能够积极地根据时代变迁和社会生产的发展需求调整目标,从而确保了其前沿性和持久的生命力。

(3)知识、能力与价值观的一致

全球主要国家在劳动教育的目标设定上,既强调利用劳动教育来提升学生的自我服务能力,以满足时代和社会对劳动技能的紧迫需求,同时也注重在劳动教育的实践过程中,引导学生树立正确的劳动价值观,塑造积极的劳动态度,培养优秀的劳动品质,并养成良好的劳动习惯。

古巴政府高度重视劳动教育,致力于培养具备全面劳动素养的合格劳动者。其教育理念强调将儿童从劳动的旁观者转变为积极参与者,培养他们热爱劳动、尊重劳动者及珍视劳动成果的品质,并注重将劳动教育与爱国主义教育相融合,以增强国民的国家认同感和归属感。

俄罗斯的劳动教育不仅关注劳动知识的传授和劳动能力的提升,还注重塑造学生的劳动价值观。基于深入研究相关法律法规和国情咨文,俄罗斯教育科学院于2009年颁布了《俄罗斯公民精神道德发展与公民道德教育构想》,旨在培养具备高尚道德、责任感、创造力和首创精神的技能型公民,其中强调的"基本国家价值观"涵盖了爱国主义、社会团结、公民意识、家庭观念、劳动与创造精神等多个重要方面。具体内容详见下表①。

---

① 姜晓燕,赵伟.俄罗斯基础教育[M].上海:同济大学出版社,2015:165-166.

表 2-1 俄罗斯"基本国家价值观"的内容要点

所属范围	内容要点
爱国主义	对祖国、民族、家乡的爱
社会团结	个人和民族的自由，对人、国家制度和公民社会制度的信任，公正、仁慈、诚实和自尊
公民性	为祖国服务，法治国家，公民社会，法律和法制，多元文化世界，信仰自由
家庭	爱与忠诚，健康，富足，尊重父母，关心长幼，关心家族延续
劳动与创造	尊重劳动，创造，决心和毅力
科学	知识的价值，追求真理，世界的科学图景
传统的俄罗斯宗教	对于信仰、精神和人的宗教生活的认识，宗教世界观的价值，以跨宗教对话为基础形成的宽容
艺术和文学	美、和谐，人的精神世界，道德选择，生命的意义，审美的发展，伦理发展
大自然	进化，故土，受保护的大自然，地球，生态意识
人类	全世界的和平，文化和民族多样性，人类进步，国际合作

从表 2-1 中可以明确地看出，劳动与创造作为俄罗斯"基础国家价值观"的核心要素，对于促进人的全面发展具有举足轻重的作用。

德国的劳动教育在课程设计与实施层面，深刻映射出其传统的教化思想。在推行社会经济教化的进程中，劳动教育对于个体全面和谐发展起到了不可或缺的推动作用。该教育体系着重培育学生的社会责任感与经济素养，借助劳动实践这一有力手段，助力学生更好地融入社会并为社会做出积极贡献。同时，德国劳动教育坚持面向全体学生，致力于推动学生在各个领域的全面发展，并积极鼓励他们参与社会劳动生活。这一教育理念凸显了劳动教育在个体教化中的核心地位。

与德国等其他国家相比，印度在劳动教育目标上更侧重于培养学生对劳动的尊重以及服务社会的意识。深受印度独立运动领袖甘地政治理念的影响，劳动教育在印度被赋予了改变社会现象的重要使命，即扭转"尊贵者不劳动，劳动者不尊贵"的传统观念。甘地主张借助劳动教育的力量，消除社会阶级差异，进而实现人人平等和社会和谐的宏伟理想。因此，在印度的劳动教育体系中，除了关注学生职业能力和劳动技能的培养外，更加注重引导学生形成正确的劳动价值观，并培养他们的社会责任感。通过劳动教育的全面实施，印度旨在培养既具备专业技能，又拥有高尚劳动品德和社会责任感的公民[1]。

诸多国家在设定劳动教育目标时，普遍存在一种共识，即劳动教育的目的不应仅限于将学生训练成特定职业的劳动工具，而应更深层次地关注学生的价值观塑造。基于此认识，正确劳动价值观的培育被确立为劳动教育的核心目标。通过劳动教育，期望学生能够理解劳动的真正意义，尊重劳动，珍视劳动成果，并形成良好的劳动态度和习惯，从而为未来社会的发展做出积极贡献。

（二）劳动教育的保障

再好的教育理念如果缺少相应的制度保障，就很难在实践中得到有效落实。因此，构建科学合法的劳动教育保障制度是劳动教育从理念到实践的关键因素。观察各国劳动教育的成效，可以发现成功的关键在于有良好的制度作为支撑。总的来说，全球主要国家的劳动教育保障制度主要通过教育立法、资源建设和师资队伍培养等三个方面实现。这些措施为劳动教育的顺利实施提供了有力保障，确保了劳动教育的质量和效果。

1. 教育立法

几乎所有在劳动教育方面取得显著成效的国家，均采用了教育立法这一重要手段，以确保劳动教育在法律层面上的稳固地位，进而为其持续、健康的发展提供有力保障。

（1）关于劳动教育地位的立法

在确立劳动教育地位的立法层面，日本的做法呈现出显著的特征。日本在劳动教育立法领域的最显著特征，是将劳动的地位提升到宪法层面，充分肯定劳动的价值。这一做法在法律层面确认了劳动的重要性，并显著强调了劳动教育的必要性。

日本高度重视劳动教育，在其宪法和教育法律中明确规定了劳动作为国民基本权利与义务的地位，并将培养个人的价值观、能力、创造性以及自主自律精神设为教育目标。同时，强调教育与职业、生活的紧密联系，倡导尊重劳动的态度，并通过《学校教育法》具体落实在不同学段的教育实践中，旨在为社会发展培养具备基本知识和技能、尊重劳动的专业人才[2]。

---

[1] 杨明全. 印度劳动教育的政策演进与实践策略[J]. 北京教育学院学报, 2019, 33 (01): 23-28.

[2] 沈重. 日本学校教育法[J]. 国外法学, 1983 (3): 73-79.

除了日本，古巴同样在其宪法中凸显了劳动及劳动教育的至关重要性。古巴宪法明文规定，教育的基石在于"与生活、劳动和生产的紧密联系中学习"。

由此可见，具有强大约束力的法律规定能够确立劳动教育在法律层面的正当性与合法性，进而为劳动教育的全面深入开展提供坚实且高效的法律保障。

（2）关于劳动教育实施的立法

劳动教育的地位不仅需要通过法律进行明确，而且在其具体实施过程中，亦需相关法律法规提供坚实保障与有效支撑。

在2001年，巴西对《教育基本法》进行了修订。在此次修订中，法案的第一条第二款明确规定了学校教育需与社会实践、劳动以及现实生活紧密结合。同时，第二十八条进一步强调了在中小学阶段，特别是在农村地区学校中实施劳动教育的重要性，并提倡建立专门的"农业之家"学校，以便为中小学和职业学校的学生提供劳动教育的机会。此后，在2013年颁布的《基础教育课程大纲》中，巴西更进一步明确了中小学阶段劳动教育实践课程的具体要求，从而确保劳动教育在基础教育中的有效实施。

德国文教部长联席会议在1969年和1987年相继发布重要文件，强调了劳动教育对主体中学学生的必要性，并详细规定了劳动教育课程的任务与内容，包括技术、经济、社会和职业知识的传授。1987年的文件还将劳动教育推广至中学第一阶段的学生，为德国劳动教育的稳固基础与持续发展提供了有力的制度支撑。

由此可见，劳动教育的推进在多方面都需要得到加强和完善。首先，在宏观层面，明确劳动教育在法律体系中的地位至关重要，这关乎其合法性的根本。因此，必须通过法律手段，明确劳动教育的法律地位。其次，在具体操作层面，亟须制定并推出相应的实施细则和文件，这些文件将对实践工作者开展劳动教育活动提供更为明确和具体的指导。

2. 资源建设

劳动教育的顺利推进不仅需要有制度的坚实保障，同时也亟须得到资源的有效支撑。实际上，劳动教育所需的资源具有多元性和综合性的特点。因此，能否有效地整合和利用这些多方面的资源，将在很大程度上直接影响劳动教育的最终效果。鉴于此，世界各主要国家为促进本国劳动教育的发展，纷纷采取了相应的资源建设策略。

(1) 建设实践活动场地

劳动教育的成功实施显然离不开场地资源的重要支撑。在这一领域，巴西所采取的一系列实践措施为我们提供了深刻的启示。通过构建多样化的劳动教育实践活动场地，巴西为学生们创造了高质量的劳动参与平台，进而有力推动了劳动教育的深入发展和全面实施。

巴西利亚通过自然学堂和田园学校有效地实施劳动教育。自1996年成立以来，自然学堂已成为公立学校实践活动的固定基地，提供有组织的劳作体验，包括种植活动，并要求学生提交活动记录。此外，田园学校为一至九年级学生提供的劳动教育，既作为艺术与体育课的补充，也作为独立课程。这些机构通过提供实践活动，促进学生对劳动的理解和参与。

巴西的"农业之家"学校起源于法国的交替教学法，现已遍布各州。这类学校不仅让农村孩子保持对原野和劳动的热爱，也为城市学生提供田野劳动的机会。学生在此交替进行常规学习与农业劳动，包括实践活动和相关讲座，并须在结业前完成250小时的劳动实践任务，这种模式有效地强化了学生对农业劳动的理解和参与[①]。

(2) 利用民间组织资源

除了依靠国家政府的引领作用来建设劳动教育资源之外，社会各界亦能积极利用其独特优势整合并优化运用来自各行各业以及各民间组织中的宝贵劳动教育资源。通过这种跨界的资源整合与利用，可以有效提升劳动教育的质量和效果，进一步推动其全面发展。

在法国，存在众多民间组织，这些组织积极致力于为国内的青少年提供各种专门场所，以开展烹饪、装饰、手工艺、园艺等活动，并为相关活动设计实践操作方案，提供专业讲解。例如，"地球的伤痛"协会便与卢瓦尔河地区的各类学校展开了深度合作。他们针对3至10岁的儿童，提供了一系列以人和环境为主题的教育活动方案。该协会秉持的理念是，将缓解地球伤痛的使命赋予青少年。通过这些教育活动，青少年得以通过集体行动的方式，深入了解资源枯竭和气候变化所带来的危害，从而在日常生活中养成节约食物、节约用水的

---

① 秦毛毛，刘宝存. 巴西的劳动教育[Z]//北京师范大学国际与比较教育研究院. 世界主要国家"劳动教育"的政策与实践. 2018：61-64.

良好习惯。同时，他们还能学习到废物循环和废物堆肥的益处，并掌握如何回收和再利用家庭废弃物、电子废物等实用技能[①]。

3. 培养专业的教师队伍

劳动教育的有效实施，离不开一支高素质、专业化的教师队伍的支撑。换言之，教师在劳动教育中的专业能力和表现，直接关乎劳动教育的成效与质量。因此，深入探究世界主要国家在劳动教育师资建设方面的成功经验，对于推动我国当前劳动教育的发展与提升具有重要的参考价值。通过借鉴他山之石，我们可以更好地加强劳动教育师资队伍的建设，提高教师的专业素养和教学能力，从而为我国劳动教育的顺利实施提供有力保障。

（1）通过师范教育专门培养

德国、印度等国家深知劳动教育的重要性，因此在师范教育体系中特别注重劳动教育教师队伍的培养。这些国家设立了系统的劳动教育教师培养方案，旨在打造一支既具备高度专业性又拥有优秀素质的教师队伍。

德国对劳动教育教师的培养要求严格，教师必须经历长期系统的师范教育和持续的在职培训，培训内容规范且注重跨州和跨学科的一致性，旨在提升教师的专业技能、教学法及评估能力。同时，强调教师须具备理论与实践相结合的能力，以及设计多种教学模式满足不同学生需求的能力。此外，师范毕业生还须深刻理解学科的定位、理论和模型，并注重能力和学生导向的教学设计。文件还详细规定了劳动教育师范生的学习领域和具体要求，以确保教师具备全面的专业素养。

印度在高等教育阶段重视劳动教育教师培养的课程设计，通过规定教师培养内容的具体比例和倡导师范生参与社区劳动等社会活动，以加强高等院校与社会的紧密联系，建设专业化的劳动教育教师队伍。这一举措在1978年印度全国教师教育委员会发布的文件中得到了明确体现。

（2）民间协会提供平台

劳动教育师资队伍的培育，在依靠政府统筹规划与实施的同时，亦可广泛吸纳各方社会力量共同参与。

在法国，有诸如"动手做"协会等民间组织致力于提升中小学教师的科学

---

① 张梦琦. 法国的劳动教育[Z]// 北京师范大学国际与比较教育研究院. 世界主要国家"劳动教育"的政策与实践. 2018：41-44.

技术教学能力。这些组织通过线上线下的方式指导教师开展劳动教育，加强与培训者的合作，从而提高教师的教学水平。这种做法有助于引导学生探索外部世界、掌握科学知识，并通过动手实践深化劳动技术教育，促进学生对外部事物的理解和尊重①。

二、国际劳动教育的实践与评价

在推行劳动教育的过程中，世界主要国家不仅在理念和制度保障层面进行了诸多富有启迪性的有益尝试，同时在实践层面也累积了丰富的宝贵经验。具体来说，这些国家在开展劳动教育时主要采用了三种实践模式：一是设立专门的劳动教育课程；二是实施劳动教育的实践活动；三是实现劳动教育与其他教育领域的相互融合与贯通。

（一）开设劳动教育课程

课程是学校教育的重要组成部分，在劳动教育的实施中具有关键作用。各国在推进劳动教育时，或以专门的劳动教育课程系统地传授知识与技能，如俄罗斯、古巴等国。或将劳动教育元素融入其他课程，通过跨学科整合培养学生的劳动素养，如英国、法国等国。这种差异体现了各国在劳动教育课程设计上的不同理念和实践。

1. 开设专门的劳动教育课程

专门的劳动教育课程是学校为培养学生劳动素养而系统、独立设置的课程，旨在提升学生的劳动技能、劳动态度和劳动习惯，通过理论与实践相结合的方式，全面促进学生劳动素养的提升和发展。

俄罗斯联邦教育部于1993年颁布了《基础教育学校劳动技术教育大纲》，对中小学劳动技术教育的内容、目的和要求进行了明确规定，并通过将课程划分为必修和补充两类来确保教育的系统性和完整性，这一举措彰显了国家对劳动技术教育的高度重视②。具体如表2-2所示。

---

① 张梦琦. 法国的劳动教育[Z]//北京师范大学国际与比较教育研究院. 世界主要国家"劳动教育"的政策与实践. 2018: 41-44.

② 钟亚平，张国凤. 苏联—俄罗斯科技与教育发展[M]. 北京：人民教育出版社，2003: 282-283.

表 2-2　俄罗斯普通教育学校一至十一年级劳动技术课程内容

学段	必修课程	补充课程
小学	材料（天然材料、纸张、金属丝）加工技术；食品制作（食物操作规则、餐桌的布置）；房间管理（打扫房间、擦洗艺术劳动、家政（男）、家政（女用具、浇花）；情报信息技术（学习使用计算机）	艺术劳动、家政（男生）、家政（女生）、家庭男主人、家庭女主人、木材加工、缝纫、食品加工、金属加工工艺、电器安装、建筑修理、艺术设计、艺术装潢、植物栽培及加工工艺、畜牧业新产品的加工、建筑、机器人技术、日常生活技能、无线电技术、企业管理、汽车驾驶与修理、农场技术、家庭经济学、民间工艺与装饰品制作、专业培训课程及其他
初中	设备材料与机器零件加工、家政艺术、缝纫、食品制作、手工艺、设备维护修理、情报信息技术（计算机应用）、完成个人方案设计	
高中	家庭经济学、企业管理基础知识、生产和环境保护、社会劳动和自己选择职业、情报信息技术、材料的艺术加工、技术创作、完成个人方案设计	

从表 2-2 可以看出，俄罗斯普通教育学校的劳动技术课程设置全面，既重视培养学生的个人生活技能，特别是创造性思维和动手能力，又关注社会经济动态，以促进学生更好地适应社会环境的变化。

古巴教育部颁布的《劳动教育课程大纲》规定，小学五、六年级的劳动教育主要包括缝纫、木材与金属材料加工、烹饪和农业劳作四大领域的知识与技能，而初中阶段则进一步扩展了劳动教育的内容，涉及劳作基础、校园设施维护、木工、缝纫、电工、材料加工、农业劳作等七个方面的知识。大纲中详细列出了小学五、六年级的劳动教育内容如表 2-3 和表 2-4 所示。

表 2-3　古巴《劳动教育课程大纲》对小学五、六年级的规定

内容	小学五年级	小学六年级
缝纫	了解纺织品的基本特点；缝纫有拉锁的简单物品；修补旧衣服；缝纫简单衣物	懂得日常服饰搭配和衣物护理；学会缝纫有填充物、装饰物的较为复杂的物品；学会缝纫内衬；学会较为复杂的走线方式
木材、金属及其他材料加工	了解木材的属性、来源及应用；认识森林里的主要植被；了解木材的不同品种，正确区分天然木材、复合板和人造木材；了解木材在建筑领域的应用特点	在学习过五年级木材知识的基础上，扩充对木材相关知识的了解；了解金属相关知识；了解工业产品的制作流程；学会制作简单的由金属和电线组成的物品；对塑料产品进行了解；制作一两件以回收的塑料为原材料的物品；用金属和回收的塑料共同制作加工一件物品

内容	小学五年级	小学六年级
饮食和烹饪	了解烹饪的主要流程；了解作为人类主要营养来源的食物和水的特征；了解厨房的特点；学会制作果汁饮料；了解学校和家庭就餐礼仪的区别；学会用时令蔬菜制作沙拉；会做简单的凉菜；学会制作菜单	了解不同食物的储存方法；了解罐装食品的特点；学会制作简单的泡菜；学习正式场合就餐礼仪
农业劳作	了解蔬菜种植和菜园的基本特征；了解农业种植所需土壤条件、前期准备工作流程；了解各种蔬菜播种时节；了解肥料使用方法；了解播种、插苗、移植的方法	加深对蔬菜种植和菜园特征的了解；了解蔬菜对维持人体日常营养的重要性；认识观赏植物；了解植物的生长过程及特点；学习生态土壤学知识

表2-4 古巴《劳动教育课程大纲》对初中一、二、三年级的规定

内容	初中一年级	初中二年级	初中三年级
劳动基础	了解劳动流程以及劳动过程中的安全保护基础措施；培养劳动工作规划和组织能力		
校园设施维护	培养保护公共财产的校园意识；了解校园设施的特点以及维护方法；了解校园设施维护工作所需工具	了解学校门窗的特点、配件种类、易损坏部分以及维护方法；了解水表的工作原理，读取水表信息，计算和分析用水情况，提出节水方案	
材料加工	了解各种材料的属性、维护方法并将其分类；了解垃圾回收的重要性，学习可回收材料的特征并将其正确分类；学会各种材料的使用加工方法和清洁方法	了解金属材料的特征和性质；了解金属开采方法；了解古巴金属矿藏的基本情况及对经济发展的重要性；了解金属锻造过程、用途、保护方法，以及生产过程中的安全与卫生保护措施；进行简单切割、打磨和钻孔操作；制造具有简单结构的金属配件	根据材料特征，挑选并使用与之相匹配的工具对其进行测量、切割、打磨、连接、弯曲、钻孔等工艺操作；学会画正视图、侧视图和俯视图的方法

续表

内容	初中一年级	初中二年级	初中三年级
农业劳作	了解菜园和花园的基本特征；了解观赏植物和药用植物的品种和特征；了解花园灌溉、除草劳作和修剪的过程；了解观赏植物的栽培过程；掌握植被种植过程中的安全和卫生知识	参与学校菜园劳动，了解农业劳动给生活带来的益处；了解自然循环规律，以及自然元素的特点和用途；了解改善土壤质量的方法；了解农作物轮作方式；掌握识别常见家禽，以及与之相关的寄生虫和常见疾病知识	掌握菜园选址、设计以及使用面积计算知识；了解菜园主要病虫害类型，掌握使用杀虫剂的方法；了解果实采摘季节；照顾生活在菜园中的兔子，了解其饮食和繁殖特征，了解兔子的常见疾病以及预防知识
木工	了解常见木材的特征，根据木材硬度和属性进行分类；增强森林保护意识，了解护林造林的重要性；了解古巴主要的木材种类；了解木材加工流程与木工所需工具；可以进行木材切割、打磨、钻孔等基本操作；掌握使用钉子、螺丝等配件来连接木材的技能；了解不同胶水的特点以及用途；掌握正视图和侧视图画法		
缝纫	了解天然和合成织物的特征；可以根据布料的特点选择不同的加工方式及用途；掌握使用和护理缝纫工具的方法；了解缝纫工作的安全和卫生保障措施，以及安全标准	了解合成纤维的特点以及制造过程；可以缝制较为复杂的手工产品	了解工业纺织品生产流程；识别服装车间技术设备；了解装饰物缝制的基本方法；了解缝合布料的基本方法
电工	了解电在现代生活中的应用；了解电的产生及转换方式；了解可再生和不可再生电力获得的主要电工方式；学会读取电表，了解节能方法；了解最常见的电器设备；了解并联和串联电路的工作原理		

通过对俄罗斯和古巴劳动教育课程体系的深入剖析，我们不难发现，课程在两国的劳动教育中均扮演着举足轻重的角色，是开展劳动教育的重要途径。

2. 将劳动教育与其他课程相融合

某些国家在推行劳动教育时，并未设立专门的独立课程，而是选择将其内容有效地融入其他现有课程中。

以英国为例,该国主要通过三类课程来实施劳动教育,分别是家政课程、设计与技术课程以及艺术与设计课程。这三类课程在传授相关知识和技能的同时,也注重培养学生的劳动素养和实践能力。

(1)家政课程

家政课程作为英国劳动教育的重要途径,包括基础理论、家庭生活技能、食品研究与营养以及儿童教育四个主要方面,旨在提升学生的生活自理能力、饮食健康与营养知识以及育儿知识与技能,从而全面培养学生的劳动素养和实际操作能力。

(2)设计和技术课程

设计和技术课程旨在达成以下目标:首先,通过该课程的学习,学生能够累积技术性、实用性的专业知识,从而更好地应对日常生活中的各种任务;其次,培养学生对自己及他人所设计的产品进行批判性评估的能力;最后,引导学生理解营养学原则,并学习掌握烹饪技能。

(3)艺术与设计课程

艺术与设计课程致力于实现以下教学目标:首先,通过精心设计的课程内容和实践活动,学生能够熟练掌握绘画、雕塑等艺术领域的技艺及其设计原理;其次,培养学生运用艺术专业术语对创意作品进行深入分析的能力;最后,引导学生了解杰出艺术家及相应艺术形式的历史文化发展脉络,从而拓宽学生的艺术视野并提升其文化素养。

芬兰的劳动教育课程体系主要由手工课、家政课以及综合课程组成。其中,手工课程可细分为轻手工和重手工两种类型,其主要目标是培育学生的手工艺技能。家政课程则着重于提升学生的日常生活技能,并倡导实现可持续性的生活方式。而综合课程则着重强调实践性和社会性,以问题或现象为教学导向。这三类课程共同彰显了芬兰在劳动教育领域的深厚重视和全面布局[①]。

巴西和法国在劳动教育领域的实践各具特色。在巴西,幼儿园和中小学阶段的教育体系中,劳动教育被巧妙地融入多学科教学之中。通过开设手工课、家政课以及园艺课等课程,巴西的教育者们让学生在亲身实践中学习和掌握与

---

① 滕珺,王岩. 芬兰的劳动教育 [Z]// 北京师范大学国际与比较教育研究院. 世界主要国家"劳动教育"的政策与实践. 2018:22-30.

劳动相关的知识和技能。这种跨学科的教学方法不仅有助于提高学生的全面素质，还能在无形中使他们形成劳动观念和劳动习惯，从而实现教育的多元化和全面发展。

相比之下，法国在劳动教育方面则更加注重通过"理解世界和人类活动"相关课程来培养学生的劳动素养。法国的劳动教育强调学生对社会组织以及人类劳作多样性的理解，旨在通过教育活动激发学生的想象力、创造力和判断力。此外，法国还注重引导学生了解经济生产、分配和交换的主要方式，并强调学生在参与经济活动时应遵守相关规则和法律，从而成为具有社会责任感的公民。这种教育理念不仅有助于培养学生的个人素养，还能够为社会的和谐发展提供有力支持。

日本同样通过道德、生活与社会公民、家庭、技术与家庭、信息等多元化课程来实施劳动教育。值得一提的是，日本的"综合学习时间"也涵盖了众多与劳动教育息息相关的内容。

综上所述，世界各国普遍认识到学校各类课程中蕴藏着庞大的劳动教育资源。鉴于此，我国在进行学校劳动教育课程的整体设计时，应积极发掘并利用相关课程中的教育资源，以促进劳动教育的全面深入开展。

（二）开展劳动教育实践

劳动教育的有效实施，不仅需要依托课堂教学这一主要渠道，同时也必须借助实践锻炼这一重要环节。劳动教育在很大程度上强调"做中学"的教育理念，即通过实际操作来深化对理论知识的理解和应用。当前，世界各国在开展劳动教育时，都普遍重视实践活动的关键作用，并设计了一系列富有成效的劳动教育实践方案。

世界各国的劳动教育实践，从宏观角度来看，主要划分为校内劳动教育实践与校外劳动教育实践两大领域。校内劳动教育实践主要聚焦于学生在校园内的多元化劳动活动，例如清洁卫生、绿化美化环境、设备维修等。这类活动不仅有助于锤炼学生的劳动技能，更在潜移默化中培育其良好的劳动习惯。相较之下，校外劳动教育实践则更为强调学生在社会生产、生活中的真实劳动体验，如企业实习、参与社区服务、志愿者活动等。这些活动为学生提供了难得的深入了解社会生产方式和职业特性的机会，从而有效提升其实践能力，并强化其社会责任感。

1. 校内劳动教育实践

校内劳动教育实践的核心目标在于深度挖掘校园内的劳动教育资源，使学生在校园环境中就能接受到劳动锻炼，进而有效培育其劳动观念、劳动态度及劳动习惯。以俄罗斯莫斯科国立第一中学为例，该校巧妙地将劳动教育与校园生活融为一体。通过设立劳动岗位、开辟劳动实践区等创新方式，劳动被有机地融入学生的日常生活中，这不仅极大地增强了劳动与学生生活之间的紧密联系，也使学生在潜移默化中接受了劳动教育。为确保劳动教育的有效实施，该校还精心制订了全面的劳动教育和社会活动计划，从而为学生提供了更加系统、科学的劳动教育体验[1]。如表2-5所示。

表2-5　莫斯科国立第一中学劳动教育和社会活动计划内容要点

序号	活动	活动时间
1	学校安排的轮流值日活动	按学校计划
2	"培育室内植物"——移植、照看鲜花	9月和5月
3	"周围美景与清除垃圾"——打扫校园	每个季度末
4	采摘花朵	10月和5月
5	与特别需要关注的孩子进行交流，谈论对个人责任的自觉态度	一年中必要的时候
6	"劳动让人有魅力"——谈辛勤工作	10月

俄罗斯学校重视培养学生的自决能力，并针对不同学段设计了相应的劳动教育实践活动。学前教育阶段关注儿童感官发展；初等教育阶段允许学生每周选择一天进行劳动项目训练，以培养其兴趣和技能；高中阶段则设立教学车间或工作室，由专家指导学生进行科研、劳动和艺术创作。这种体系有助于学生在多样化劳动中提升自决能力和综合素质[2]。

莫斯科国立大学副教授M.A.巴拉班于1993年在叶卡捷琳堡第95中学创办了一所学园，旨在开发学生的最大潜力。学园提供各种开放式搭配的教室，如厨房、汽车修理房等，为学生实践研究设想创造了多样化的机会[3]。

除了俄罗斯，巴西的学校同样对校内劳动教育实践给予高度重视。在巴西

---

[1] 姜晓燕，赵伟. 俄罗斯基础教育[M]. 上海：同济大学出版社，2015：179.

[2] 肖甦，王义高. 俄罗斯教育变革探讨[M]. 广州：广东教育出版社，2008：136-137.

[3] 肖甦，王义高. 俄罗斯教育变革探讨[M]. 广州：广东教育出版社，2008：138-140.

的基础教育阶段，许多学校都在校园内开辟了土地，用于开展劳动教育活动。同时，众多的教学交流网站也积极倡导并指导教师如何在校内有效地实施劳动教育。例如，一些教师会引导学生开辟菜园，种植蔬菜和水果。待蔬果成熟后，学生们会亲自动手，将其制作成简单的食物，并在学校食堂进行供应。通过这种方式，学生们能够全程参与到从播种、灌溉、施肥、采摘到烹饪的整个劳作过程中，深刻体会到盘中餐的来之不易。此外，每年的9月21日是巴西的植树节，这一天也成为巴西中小学乃至幼儿园组织劳作活动的固定日期。在这一天，学生们会积极参与到植树活动中，通过亲手种植树木，进一步加深对劳动价值的理解和认识。

综上所述，这些国家在推行校内劳动教育实践的过程中，不仅注重将其与学校及学生的日常生活紧密相连，而且还致力于充分开发利用校内的各类劳动教育资源。通过这种方式，这些资源被有效地转化为学生在校园内接受劳动锻炼的重要平台。

2. 校外劳动教育实践

劳动教育是一个综合性的教育体系，其实施不仅需要学校层面的精心设计与组织，更离不开社会的广泛认同与鼎力支持。鉴于劳动教育所具备的系统性特征，校外劳动实践教育环节在诸多国家中均受到了高度重视。

（1）家庭劳动教育

世界各主要国家普遍认识到家庭在劳动教育中的重要作用。例如，在日本，从小学阶段开始，直至高中，都设有专门的"家庭"科目，旨在教授学生一系列家庭生活技能，包括烹饪、缝纫、家居整理、购物技巧以及各种家用工具的使用方法。

巴西的家庭劳动教育则与其家庭文化紧密结合。由于许多巴西家庭都拥有花园或菜地，学校因此鼓励学生利用这些资源，每周制作一道自家种植的蔬菜菜肴带到学校分享。这种做法旨在培养学生的实践技能，增强他们对食物价值的认识，并培养他们的分享精神。

德国的中小学教育同样强调家庭劳动的重要性，其内容涵盖家庭管理、财务规划、税务基础、日常消费、保险知识、烹饪技艺、园艺实践、卫生健康以及纺织技能等多个方面。特别是财务管理和日常消费的教育，有助于学生建立基本的财务意识，理解税收的基本概念，并养成良好的消费习惯。

（2）服务学习

在众多国家的教育实践中，学生的校外劳动实践已经拓展至广泛的社会领域。其中，美国的服务学习模式尤为引人注目。该模式巧妙地将社区服务与学术课程相融合，使学生在为社会做贡献的同时，不仅能够锻炼实践技能，更能够深化社会责任感。这种学习方式充分体现了教育与社会的紧密联系，以及实践在培养学生全面素质中的重要作用。

服务学习这一教育模式起源于20世纪60年代的美国，自那时起便受到了教育界和政府的高度关注与大力支持。通过立法手段，服务学习不仅获得了法律上的保障，还得到了资金上的援助，从而逐渐成为美国公民教育体系中不可或缺的一部分。各级学校广泛开展服务学习活动，其目的在于培养学生将理论知识与实际相结合的能力，同时强化他们的公民责任感。

（3）志愿服务活动

志愿服务被一些国家视为校外劳动教育实践的重要途径之一。以英国为例，该国对学生的志愿服务活动给予高度重视。英国学生参与社区及志愿服务的形式丰富多样（详见表2-6）。学校层面积极策划并实施各类社区服务计划，使学生在力所能及的范围内协助他人。此外，学生还被鼓励加入志愿者组织或慈善机构，参与其举办的服务项目，为社会贡献一己之力。这类社区志愿服务活动有助于学生深入了解社区面临的基本社会问题，锻炼人际交往与沟通能力，进而增强社会责任感和个人幸福感。

表 2-6　英国学生的社区志愿服务活动的内容及样例[①]

活动内容	样例
创新：解决实际问题	研究社区问题并设计解决方案，为有关人群提供服务，例如对残疾人的帮助；构建简单的数据库或信息技术解决方案，开发为社区服务的应用程序；通过宣传研究成果和增进交流提高社区人员对健康与环境问题的认识
创新：表演	学生组织合唱、戏剧表演等艺术活动，并在当地社区进行表演，积极参与当地社区的艺术活动
教育	学生利用学校的信息技术设施为当地社区居民，特别是可能缺乏基本信息技术技能的老年公民提供相关培训；学生辅导社区团体中居民各科目的学习，例如数学、语言等；学生担任社区课堂的助教

① 王璐. 英国的劳动教育 [Z] // 北京师范大学国际与比较教育研究院. 世界主要国家"劳动教育"的政策与实践. 2018：13-21.

续表

活动内容	样例
社会服务	协助家庭、医院、学校帮助有特殊需要的人员；协助动物福利中心
改善环境	学校成立环境俱乐部，以便监测物品浪费情况并组织回收活动，提出改善环境问题的建议；学生参与当地环境的保护工作
协同社会机构开展志愿服务	例如协助乐施会与人类家园（Oxfam and Habitat for Humanity）提供社区服务机会
学生主导的课外活动	参加模拟联合国等活动

表2-6所展示的活动内容清晰地揭示出，学生参与的各种校外劳动实践均带有鲜明的公益色彩和教育意义。这些活动不仅有益于学生个人的成长与发展，更在提升社会福利、促进社会公平正义方面发挥着不可或缺的作用。

（三）劳动教育与其他教育相结合

鉴于劳动教育与生涯教育、职业教育及创新创业教育间存在的紧密联系，多国在推进劳动教育时普遍采纳了一种综合性的跨领域策略，即将劳动教育与上述诸教育领域相融合。此举不仅有助于推动教育体系的全面优化升级，更能有效促进学生多元技能的培养与提升。通过实施该策略，学生可更全面地发展自身技能，为未来职业生涯奠定坚实基础。

1. 劳动教育与职业教育相结合

"职业天然地包含了劳动的因素。"基于此，融合劳动教育与职业教育对于双方的共同进步显得尤为关键。观察国际教育发展趋势，不难发现，如韩国、德国等国家已经在实践中深入强调劳动教育与职业教育的整合，这种做法有效地促进了教育系统的优化和劳动力市场的适应性。

韩国劳动教育的一个鲜明特色是与职业教育的紧密结合。根据《进路教育法》的规定，韩国中小学积极推行职业指导教育。具体而言，小学阶段便通过融入日常教学的非独立课程，激发学生对职业的兴趣；进入初中后，增设与职业教育相关的选修课程，并为学生提供劳动实践的机会，以加深他们对职业世界的了解；到了高中阶段，职业教育课程得到进一步扩展，旨在为学生未来的职业生涯奠定坚实基础。这一系列举措的核心目标是引导学生正确认识职业世界，树立积极的劳动价值观。

德国中小学高度重视职业实践教育，自 1964 年起便明确劳动教育的核心目标，即通过多样化实践形式让学生全面认识和准备各工作领域的基本实践活动，并理性评估自身适应能力。特别是实科中学阶段，学校为学生安排涵盖多领域的实习机会，助力学生明确职业兴趣和自身优势，做出更合适的职业选择。

2. 劳动教育与生涯教育相融通

考虑到生涯教育和劳动教育之间的深层次关联，不少国家都着重强调借助生涯教育的具体实践来有效落实劳动教育的理念和目标。

20 世纪 70 年代，美国面临大量高中毕业生无法升学且无基本劳动能力的挑战。为应对此问题，时任教育总署署长提出"生涯教育"计划，并获国会通过《生涯教育促进法》支持，为中小学实施该教育提供资金。生涯教育分三个阶段：职业了解（1~6 年级），引导学生认识职业、激发兴趣；职业探索（7~10 年级），提高要求，学生须了解职业分类、筛选方向并通过实践深化认知；职业选择（11~12 年级），聚焦深入研究和实际训练，提供三类课程供学生选择以满足不同发展需求[①]。

20 世纪 70 年代末，美国近半数的学区实施了生涯教育。尽管 80 年代因基础教育质量下滑而受到批评，但其为就业做准备的核心理念仍在美国教育体系中持续影响至今。随着科技的进步，生涯教育的课程内容也逐渐转向更多脑力劳动领域，如计算机维护、商业分析等。

近年来，日本在基础教育阶段对生涯教育予以了高度关注，旨在培养学生的劳动意识、职业观念以及生涯规划能力。根据日本《学习指导要领》的规定，高中阶段必须确保充足的班会活动时间，用以加强职业与劳动观念的教育，进而引导学生积极自主地规划未来。此外，日本还注重通过学校组织的各类活动，使学生亲身体验劳动的价值，并培养为社会做贡献的精神。在教育课程设置方面，特别设立了"综合学习时间"以及"产业与人"等课程，专注于职业选择与生涯规划方面的指导。为了进一步推进生涯教育的实施，文部科学省还积极促进各级学校与产业界的合作与交流。

劳动教育与生涯教育的结合成为国外教育新趋势，旨在通过与学生日常生活更密切的职业和生涯教育推动劳动教育，传递劳动是自我发展、自我实现的必由之路的理念。实际上，通过与学生日常生活更密切相关的职业和生涯教育

---

① 谷贤林. 美国学校如何开展劳动教育[J], 人民教育, 2018（21）：77-80.

来推动劳动教育，能够更有效地获得学生的认同，并促进他们对劳动教育的内在积极性。这种做法向学生传递了一个关键的劳动教育理念："劳动不是一种个体不得已而为之的外在的、异己的活动，而是每个人自我发展、自我实现的必由之路。"通过这一理念，学生得以认识到劳动的重要性，不仅将其作为生计的手段，也将其作为个人成长和实现自身潜能的关键路径。

生涯教育和劳动教育虽在面向职业和劳动实践上有共通性，但二者不能相互替代。生涯教育侧重于学生未来的就业准备，而劳动教育则兼顾技能提升和品质塑造。在生涯教育中融入劳动教育，既能发挥生涯教育的优势，也能补足其缺陷，实现教育资源的优化配置。

第三章

劳动教育的逻辑起点、劳动认知与工作世界

劳动被视为人类社会生存与持续发展的基础，同时也是个体维持生计和实现自我发展的关键途径。恩格斯深刻地指出，劳动构成了人类生活的首要基本条件。这一论断不仅揭示了劳动的本质属性，还进一步阐明了劳动在人类历史演进与社会生活构建中的核心地位与不可替代的作用。这一理念为构建劳动教育体系提供了坚实的理论支撑和明确的逻辑起点。

第一节 劳动本源与劳动价值

人类劳动的本质在于体力与智力的结合，这一特性随着生产力的发展和人们认识水平的提升而展现出更加复杂的形态。尽管在这一发展过程中，体力劳动和智力劳动逐渐呈现出分离的趋势，但它们仍然构成了一个不可分割的整体。这种分离实际上是劳动分工的不同表现形式，而非体现任何高低、贵贱的区别。在劳动过程中，体力劳动与智力劳动的相互依赖和紧密联系反映了人类劳动的复合性，强调了无论是体力还是智力劳动，都是人类社会发展不可或缺的重要组成部分。这一认识有助于深化我们对劳动本质和劳动在社会发展中作用的理解，为更全面地把握劳动的多维性提供了理论依据。

一、劳动的内涵

劳动，作为人类社会存在和发展的最基础条件，在人类形成过程中扮演了

决定性的角色。它是人类的本质特征，社会上所有的物质和精神财富都源自劳动。正是劳动的存在，人类的生活才得以成立和发展。这一点强调了劳动对于人类社会的根本重要性，无论是在物质生产上还是精神文化上，劳动都是不可或缺的核心要素。因此，可以断言，没有劳动，就没有人类的生活。

（一）劳动的概念

劳动，指人们利用特定的生产工具作用于劳动对象，以有目的地创造物质和精神财富的活动。它不仅是人类社会存在和发展的最基本条件，而且在人类形成的过程中发挥了决定性作用。这一定义揭示了劳动的复合性质，即它既是一种物质生产活动，又是精神财富的来源，同时强调了劳动在人类社会演进中的核心地位。劳动的本质特征和其在历史发展中的关键作用，构成了理解人类社会动力学的基石，表明劳动不仅推动了物质财富的累积，也促进了社会和文化的进步。

（二）劳动的分类

在现代劳动理论体系中，劳动因其复杂程度的不同被明确划分为两大类别：简单劳动与复杂劳动。所谓"简单劳动"，指的是在特定社会环境下，普通劳动者无需经过专门技能训练即可胜任的工作。而与之相对的"复杂劳动"，则对劳动者的专业技能和知识储备提出了更高要求，必须经过系统的学习和训练方能胜任。因此，可以认为复杂劳动在某种意义上是简单劳动的升级版或加强版。

体力劳动和脑力劳动：从劳动所依赖的主要运动器官出发，劳动又可被区分为体力劳动与脑力劳动。体力劳动主要依赖人体的肌肉和骨骼系统来完成工作任务，而大脑和其他生理系统则起辅助作用。相比之下，脑力劳动则侧重于大脑神经系统的运用，以思考、分析、创新等智力活动为主，其他生理系统则处于辅助地位。

在实际的人类劳动过程中，脑力劳动和体力劳动往往以不同的比例组合在一起，形成各种复合劳动形式。其中，脑力劳动占主导的复合劳动更强调智力投入和创新性，而体力劳动占主导的复合劳动则更注重身体力行和实际操作。

二、马克思主义劳动观

劳动观是人们在长期劳动实践中形成的对劳动的多维度认知，它深刻影响着劳动者的行为决策、人生观和世界观。正确的劳动观对个人和社会至关重要，有助于人们强化劳动意识，积极参与劳动实践，实现个人价值，并塑造积极健康的价值取向。马克思主义将劳动视为人类活动的核心和人类历史发展的基石，通过劳动本质论、劳动价值论和劳动解放论全面阐述了劳动在社会发展和个人实践中的根本地位。这一理论框架为后续研究和实践提供了深刻洞见，指导人们深入理解劳动的本质及重要作用。

（一）劳动本质论

关于"人的本质"这一哲学界的重要命题，马克思主义理论赋予了其独特的阐释：劳动被视为人的本质，并进而指出人的本质乃是社会关系的总和。

从生物演化的视角审视，恩格斯着重强调了劳动在推动人类从猿到人转变中的决定性作用。劳动工具的运用与创造，不仅显著区分了人类社会与猿群，更促进了人类直立行走和语言能力的进化。在《德意志意识形态》中，马克思和恩格斯进一步阐释了人类生活的维系依赖于通过劳动创造和生产物质生活资料的能力。劳动过程本身即体现了人对自然的能动作用，表现为人的本质力量与自然界之间的物质变换过程，彰显了人作为有意识的存在物对自然界的积极改造能力。

此外，马克思明确断言劳动是价值的唯一源泉，为自然产物赋予了经济价值。恩格斯亦强调，劳动与自然界共同构成了财富的源泉，且劳动不仅是创造物质财富的活动，更是人类生活的基本条件。恩格斯甚至提出"劳动创造了人本身"的论断，进一步升华了劳动在人类存在与发展中的重要意义。

更为重要的是，劳动还创造了社会关系，这些关系涵盖了人与自然、人与人以及人与主观意识之间的多维互动。这些社会关系共同构成了人类社会的基础，而社会作为劳动的产物，其发展与劳动的演进紧密相连。这些理论观点共同构建了关于人的本质及劳动在人类社会发展中作用的全面而深刻的阐释，凸显了劳动在人类社会存在和发展中的核心地位。

（二）劳动价值论

1.劳动价值论的形成与发展

劳动价值论在人类历史上的起源可追溯至古希腊、古罗马时期，而其作为理论体系的发展逻辑起点则是17世纪中叶至19世纪初的英国古典政治经济学。

在这一学派中，劳动价值论经历了从威廉·配第的初步提出，到亚当·斯密的系统阐释，再到大卫·李嘉图的进一步深化的发展脉络。作为古典经济学派的先驱，威廉·配第首次明确提出了"劳动创造价值"这一核心理念，将劳动视为价值的根本来源。然而，他在理论上未能精确区分价值与交换价值的不同属性。亚当·斯密，被誉为"经济学之父"，在继承配第劳动价值论的基础上，进行了更为系统的思考。他明确区分了使用价值和交换价值的概念，并深入探讨了二者之间的关系。此外，斯密还进一步区分了简单劳动和复杂劳动，为劳动价值论的深化和发展奠定了重要基础。大卫·李嘉图则在前人的基础上，对劳动价值论进行了进一步的拓展。他明确指出使用价值是交换价值存在的前提条件，并强调商品的价值取决于生产该商品所耗费的劳动时间。然而，李嘉图的理论也存在一定的局限性，他倾向于将劳动价值归结为社会最差条件下的劳动，这在一定程度上限制了其理论的普适性和解释力。

然而，这些理论未能从价值实体出发，无法解释商品与劳动的二重性及其关系。尽管如此，它们仍为马克思后来对劳动价值理论的反思与重构提供了重要的思想资源。

2. 马克思劳动价值论的主要内容

马克思主义劳动观，作为唯物史观的重要组成部分，在马克思的经典文献中得到了详尽的阐释，并为马克思主义思想体系奠定了坚实的基础。在《1844年经济学哲学手稿》《德意志意识形态》《资本论》等重要著作中，马克思系统地提出了"异化劳动""物质生产劳动""雇佣劳动""剩余劳动"以及"自主劳动"等一系列核心概念。这些概念不仅揭示了劳动在人类生存和社会发展中的核心地位和关键作用，而且构成了对劳动现象深入且系统的分析。

此外，恩格斯在其著作《劳动在从猿到人转变过程中的作用》中，进一步强调了劳动的重要性。他指出，劳动不仅是物质财富的源泉，更是人类生活得以维持的基本条件。更为重要的是，恩格斯强调劳动在人类的进化历程中起到了决定性的作用，甚至可以认为劳动是塑造和创造人类本身的关键因素。这一观点不仅丰富了马克思主义劳动观的内涵，而且为我们理解人类社会的发展和演变提供了重要的理论视角。

马克思的劳动价值论在批判继承古典经济学基础上，构建了系统科学的理论框架。他深入分析了商品的使用价值与价值，以及劳动的具体与抽象二重性，指出使用价值体现自然属性，价值反映社会属性，且取决于社会必要劳动时间。劳动生产率提升影响商品价值量。此外，马克思还揭示了价值规律，即商品等价交换，市场价格围绕价值波动。马克思主义劳动观与价值论强调劳动在推动社会历史发展中的根本作用，对理解"劳动与社会生产力、社会关系及社会形态发展之间的内在联系"，具有重要理论与实践价值，为经济学和社会学研究奠定理论基础。

（三）劳动解放论

劳动解放论，作为从劳动本质论和劳动价值论中深刻演绎出的科学社会主义精髓，揭示了劳动的发展进程在人类历史长河中推动自然与社会双重解放的动力机制。具体而言，劳动解放不仅标志着人类智力的持续提升，还体现在劳动工具的革新与经济形态的不断演进中；这一过程远非单纯的政治行为或政权更迭所能涵盖。更为重要的是，劳动者的解放程度被视作衡量社会文明进步的准绳与标杆。社会政治体系与制度模式的优劣，直接映射在对劳动及劳动解放程度的促进与倒退、保护与破坏之上。综上所述，劳动者的社会解放不仅是全人类的共同使命，更是所有社会制度必须恪守并致力实现的核心目标。

三、对马克思主义劳动价值论的学理认知

面对现代经济挑战，我们需深化并更新对马克思劳动价值论的理解，重新评估服务型劳动和脑力劳动在创造价值中的作用，以及审视价值创造与价值分配的关系。服务型劳动在现代经济中占有重要地位，应视为生产性劳动；脑力劳动随知识经济兴起而凸显，需重新评估并认可其贡献。同时，要妥善处理价值创造与价值分配的关系，以促进经济公平与提高经济效率。

劳动教育在社会主义教育中具重要地位，是维护教育社会主义性质的关键。回顾并领会马克思主义经典作家关于劳动及劳动教育的论述，对构建中国特色社会主义教育体系、推动劳动教育发展意义重大。这些论述基于历史唯物主义、政治经济学和教育学原理，为我们审视劳动教育的价值与本质提供理论基础，有助于我们精准把握其核心理念和要旨，推动其在当代社会的深入发展。

（一）历史唯物主义视域中的劳动价值观

在马克思的历史唯物主义理论体系中，劳动占据着举足轻重的地位，被视为解析人类历史演进的核心要素之一。马克思明确指出，人类历史的演进实质

上是以物质劳动为基础的历史过程，劳动在人类社会及其历史变迁中发挥着至关重要的作用。因此，要深入理解历史唯物主义，劳动是不可或缺的关键要素，同时也是该理论体系的根本出发点和落脚点之一。进一步而言，劳动范畴的辩证运动不仅构建了历史唯物主义的理论框架，而且在逻辑上围绕社会存在与社会意识、阶级与阶级斗争、国家与社会革命等重要原理次序展开。马克思正是通过劳动这一独特视角，深刻洞察并把握了现实世界的动态变化。换言之，通过探究劳动的发展脉络，历史唯物主义找到了理解整个人类历史的关键切入点，从而实现了自身理论体系与马克思劳动史观的有机融合。具体而言，在历史唯物主义的视角下，马克思对人类劳动的基本价值进行了深入而系统的剖析。他提出了三大主张，即劳动创造世界、劳动创造历史以及劳动塑造人本身。这三大主张不仅凸显了劳动在人类社会中的基础性地位，也为理解人类历史的演进提供了独特的理论视角。

首先，劳动被视为创造人类现实世界的基石。通过感性物质劳动即生产劳动，人类不仅满足了自身生活需求，而且不断塑造着社会生活的面貌，使世界从自在的自然转变为自为的人类世界。这一过程中，劳动的社会规定性得以揭示，实现了历史唯物主义对旧唯物主义的超越。

其次，劳动被视为人类历史形成和发展的核心。生产劳动作为维持生活的基本活动，构成了一切历史的基本条件，突显了劳动人民在历史创造中的主体地位。马克思通过这一观点批判了脱离生产劳动谈论历史的唯心主义，坚实地确立了劳动在历史唯物主义中的核心地位。

最后，劳动也被看作塑造人类自身的关键力量。通过劳动，人类不仅改造了外部自然，也同时重塑着自身的社会生活和本质。劳动不仅是生活的首要条件，更是人类存在的基石，在从人类起源到进化的过程中起到了决定性作用。在劳动中，人类展现了作为类存在物的本质特征，实现了自身的完善与发展。

（二）政治经济学语境中的劳动价值观

在马克思的理论体系中，劳动具有举足轻重的地位，既是理解历史唯物主义的逻辑起点，也是探究政治经济学核心的关键所在。在历史唯物主义视域下，劳动被赋予深刻的哲学意涵，着重从社会历史形态和存在论层面来把握其本质与价值。相较而言，政治经济学则更注重从具体经济命题出发来探讨劳动，如劳动主体的确立、价值创造过程以及按劳分配原则等。马克思将劳动视为其政治经济学体系的基石，通过对特定生产方式下的劳动者进行深入研究，致力于构建科学而全面的劳动价值理论。他关注的焦点主要集中在价值的创造、占有及分配方式上。在政治经济学领域，马克思的基本观点可以概括为：劳动是商品价值的唯一源泉，资本主义社会中的劳动剥削现象揭示了其本质特征，而按劳分配原则则是实现社会公平正义的重要途径。这些观点不仅深化了我们对劳动在社会经济发展中重要作用的理解，更凸显了其在推动社会公平正义方面的核心地位。因此，劳动在马克思理论体系中具有多维度的重要性和深刻内涵，为马克思政治经济学提供了坚实的理论基础。

首先，在《资本论》中，马克思明确提出了劳动是商品价值的唯一源泉这一重要观点。他通过深入剖析具体劳动和抽象劳动的区别与联系，揭示了商品作为使用价值与价值的统一体所蕴含的本质特征。马克思指出，抽象劳动作为商品生产中的社会平均必要劳动，是形成商品价值的根源所在。这一论断不仅凸显了劳动者在价值创造过程中的核心地位和作用，同时也为我们深入理解商品经济和市场经济的运行规律提供了坚实的理论基础。

其次，马克思揭示了劳动剥削是资本主义社会的本质。他通过分析剩余劳动和资本积累的过程，阐明了资本家对雇佣工人剩余劳动的无偿占有，即劳动剥削。这种剥削导致了资本主义社会阶级的对立和劳动者的异化。马克思的这一发现深刻揭露了资本主义社会的内在矛盾和不公。

最后，马克思提出了按劳分配原则，作为对未来社会分配制度的重要设想。在公有制为主导的社会中，他主张将劳动作为个人消费资料分配的唯一标准，以确保劳动者能够根据其劳动贡献获得相应份额的消费品。这一原则不仅体现了对劳动的尊重和对社会正义的不懈追求，同时也有力地否定了剥削制度下不劳而获的现象。马克思所倡导的公平合理的社会分配制度，作为其劳动价值理论的核心内容之一，对后世产生了极为深远的影响。

（三）教育学原理论述中的劳动价值观

在马克思和恩格斯的教育思想中，劳动及其价值观占据着举足轻重的地位，为马克思主义教育学的构建奠定了坚实的理论基础，并提供了方法论上的指引。马克思和恩格斯关于教育的诸多论述和见解，均紧密围绕劳动价值观展开，深刻阐明了劳动与教育之间的内在关联。从教育学的基本原理出发，马克思特别强调了劳动在塑造人的本质和促进人的全面发展中的关键作用，进而明确指出教育与生产劳动相结合是社会主义教育的根本原则。这一洞见不仅极大地丰富了教育学的理论体系，而且为教育实践提供了切实可行的指导。

首先，劳动被看作人的本质的实现。人通过生产劳动结成了社会关系，这种关系并非外在于人，而是内生于劳动之中。因此，人的生产劳动方式决定了他们的本质。马克思强调，要理解人的发展，就必须研究他们如何通过劳动生产生活资料，以及劳动关系如何塑造人。

其次，劳动对于实现人的全面发展具有关键作用。马克思和恩格斯观察到，社会分工导致人的片面发展，因此他们提出全面发展的目标，特别是劳动能力的全面发展。他们认为，只有提升人在各方面的劳动能力，人才能适应工种变化，创造更多劳动财富。这要求教育与生产劳动的深度融合，以促进人的全面而自由的发展。

最后，马克思着重强调了教育与生产劳动相结合的必要性。他指出，这种结合不仅与现代社会劳动形式的演变相契合，也是满足现代社会进步与发展的根本要求。在社会主义社会环境下，剥削制度的彻底废除为教育与生产劳动的深度结合提供了有利条件。因此，将教育与生产劳动紧密结合被视为推动社会深刻变革、显著提升社会生产力以及全面培养人才的关键途径。这一理念随后得到了列宁、毛泽东及邓小平等伟大领导人的进一步阐释与实践，逐渐确立为社会主义教育体系的核心原则和实施路径。

第二节 劳动分工与劳动组织

在现代社会中，绝大多数的劳动者都会涉足特定的职业领域，并承担相应的职业角色。然而，我们不得不思考这样几个问题：究竟何为职业？这些五花八门、各具特色的职业是如何产生的？又有哪些因素在影响着我们选择职业和职业生涯的变迁？为了解答这些问题，我们首先需要从与职业紧密相关的社会分工这一角度出发，进行深入探讨。

一、职业与社会分工

(一)社会分工

社会分工是职业分类的根本依据和基础。它直接决定着职业的多样化和专业化,其精细化程度与职业种类的丰富程度成正比。随着科技的进步、生产工具的革新和生产活动的社会化,社会分工变得更加细化,专业化程度显著提升,从而导致职业的细分愈加明确。

在人类社会的早期阶段,社会分工主要基于年龄和性别,呈现出简单的劳动分工模式。例如,成年男性通常负责狩猎、捕鱼、战斗和工具制造,而女性则负责采集活动和家务劳动,老年人则参与或指导工具和武器的制作,孩童辅助女性的劳动。由于劳动分工的原始性和简单性,此时期并未出现明确的职业概念。即使是成年男性,其工作性质也不固定,可能在不同日子里从事狩猎、捕鱼或伐木等多种工作。

随着生产力的不断提高,人类对自然的掌控能力逐渐加强,社会分工也随之日益细化。这一进程中,人们开始投身于更为稳定且专业化的社会劳动。在人类历史的长河中,三次重要的社会分工具有里程碑式的意义。首次分工见证了畜牧业从农业中的剥离,由此诞生了专门从事畜牧业的职业群体。此后,手工业和商业也相继独立,分别促成了第二次和第三次社会大分工的形成。至此,职业作为一种广泛存在的社会现象,开始在人类社会中扮演举足轻重的角色。

(二)职业

1. 职业的内涵

职业的形成与内涵深受社会分工演变的影响和制约。首先,职业是指劳动者能够稳定从事并作为其主要生计来源的工作。这里需要明确的是,并非所有工作都能被称作职业,只有当某项工作能够持续吸引劳动者,并成为其稳定的经济来源时,它才具备了职业的属性。其次,在社会分工体系中,职业代表着劳动者在某一特定环节上所长期固定从事的工作,并由此获得相应的职业角色。换言之,劳动者通过长期、稳定地从事某项工作,才能获得特定的职业身份。这种职业身份不仅体现了劳动者在社会分工中的地位和作用,也是其专业技能和职业素养的象征。

从不同视角审视，职业显现出其独特的意义。站在国家的角度，每一种职业都代表着一种社会分工，是国家运转不可或缺的重要组成部分；对于社会而言，职业则映射出劳动者在社会中所扮演的角色，展现了社会的多元与活力；而从个人的视角出发，职业则成为劳动者融入社会、履行职责并获取报酬的重要途径。通过职业，个人得以实现自我价值与社会价值的统一。

职业的基本特征包括社会分工、知识技能、财富创造、合理报酬和满足需求。通常一个职业涵盖多个工种，每个工种又包含多个岗位。职业岗位是职业存在的基础。从经济学角度研究职业，关键在于资源配置问题。通过工作分析和职业岗位研究，可以实现"人职匹配"，使职业分工更符合经济需求，提升社会经济运行的效率。

2. 产业、行业、职业的关系

产业、行业和职业三者既相互关联又各具特色，它们均为社会分工与生产力发展的结晶，共同揭示了社会经济结构的多维面貌。具体而言，产业立足于宏观视角，审视整个社会分工体系中生产力的布局状况，其构成囊括了众多行业，这些行业在产业内部相互交织、彼此依存，共同维系着产业的整体性与活力。行业则专注于微观层面，聚焦于特定产品的生产过程，揭示了以行业为单位的社会分工格局。行业内汇聚了众多企业与组织，它们通过协作与竞争共同推动行业向前发展，不断塑造着行业的面貌与未来。而职业则更为关注劳动者的具体工作种类，它映射了以人为单位的技术性社会分工。职业的选择与发展受个人兴趣、能力结构以及社会需求等多重因素制约，同时职业也深刻影响着个人的社会地位与经济收入，成为个人成长与社会进步的重要交汇点。

综上所述，产业、行业和职业虽然都反映了社会分工和社会生产力发展的情况，但它们在关注的层面、构成的要素以及影响个人和社会的程度上存在明显的差异。

随着社会的进步和新技术的发展，新产品和相应职业的涌现促进了新行业的形成。这些新行业在规模化发展后，与相关行业融合，进而构建或融入新的产业格局。产业与行业的划分以经济活动的同质性为基础，而职业则依据工作性质的同一性进行分类。这种分工体现了经济和社会活动的复杂性与多样性，并分别在生产活动领域和人力资源开发领域发挥着重要作用。

（三）职业地位与职业声望

1. 职业地位

职业地位是指各种职业在社会结构中所占据的客观位置，它体现了每种职业在社会中的功能、角色以及社会对其的认知和评价。在中国古代社会中，职业地位的划分遵循着"士农工商"的等级序列。其中"士"因其知识、文化和社会职责而享有崇高的地位，这恰恰契合了当时的社会观念："万般皆下品，惟有读书高。"相比之下，商人阶层在古代中国社会的职业地位则较为低下。这种职业地位的差异不仅反映了当时社会对不同职业的认知和价值取向，也揭示了社会结构的层级性和职业的分化。

在现代社会，职业间的社会地位差异依然存在，但呈现出更复杂的多样性。这些差异不仅体现在职业所拥有的社会资源上，而且体现在职业地位资源通常仅向从事该职业的人开放。例如，不同职业的收入水平、社会认可度、职业发展机会等方面可能有显著差异。这些因素共同塑造了职业的社会地位，并对劳动者的生活质量和社会影响力产生重要影响。因此，在分析和理解职业地位时，我们需要考虑到职业本身的特点及其在社会结构中的功能，以及这些因素如何影响个人的社会地位和发展机会。

2. 职业声望

职业社会地位常以职业声望的形式显现，体现了社会对不同职业地位高低的主观评价。职业声望对劳动者的职业选择产生显著影响，人们倾向于选择声望较高的职业，而回避声望较低的工作。

职业声望是社会成员对各类职业价值的主观评价，反映了对这些职业的整体看法。职业声望的高低受多种因素影响，主要有：

（1）职业的社会功能

职业的社会功能，是指某一特定职业在整体社会结构中所扮演的角色及其产生的效应，它深刻反映了该职业对于国家和社会发展的贡献与影响力。一般而言，若某一职业的社会作用愈发显著，那么该职业群体的社会地位及职业声望也会随之提升，得到社会更为广泛的认同与尊重。

（2）职业的社会报酬

职业的社会报酬，涵盖了从业者在政治、经济、文化等多个领域所能获得的权益、收益以及发展机遇。这些报酬的丰厚程度往往与职业声望成正比，即报酬越高,其职业在社会中的声誉和地位也相应提升。在评估一个职业的吸引力时,人们往往会考量该职业能带来的经济利益(如薪酬水平、福利待遇)、社会地位(如权力、影响力)以及职业发展潜力(如晋升机会)。收益越大、提供的机会越多的职业,通常被视为"优质职业",享有较高的社会认可度和职业声望。这种评估反映了社会对不同职业所提供的物质和精神回报的重视程度。

(3)职业的自然状况

职业的自然状况涵盖了职业的工作环境、劳动条件、安全系数、劳动强度及技术复杂程度等方面。这些因素共同构成了一个职业的基本工作特性,直接影响到职业的吸引力和从业者的工作满意度。工作环境的舒适性、劳动条件的合理性、较高的安全保障以及适宜的劳动强度和技术要求,通常会使得某一职业受到更高的评价。相反,若工作环境恶劣、劳动条件艰苦、安全系数低、劳动强度大或技术难度高,则可能导致职业吸引力下降。简而言之,职业的自然状况是评估职业质量和吸引力的重要维度之一,决定了从业者在该职业中的工作体验和职业发展的可能性。

(4)职业本身的要求

职业本身的要求,是指为了进入某一特定职业领域,个体所必须满足的一系列先决条件。这些条件涵盖多个方面,包括但不限于受教育程度、技能训练水平、实际工作经验的积累,以及个人所持有的各类专业资质和证书等。这些入职要求的设定,往往与该职业在社会中的声望和地位息息相关。通常来说,入职门槛越高、各项要求越为严格的职业,其在社会中所享有的声望和地位也相应越高。这背后的原因在于,高标准的入职要求不仅体现了该职业对于专业知识和技能的高度重视与追求,同时也彰显了该职业在选拔从业者时所秉持的严谨和精益求精的态度。

(5)职业对于家庭、人际交往的影响

在评估某一职业的社会声望时,人们不仅会关注其经济收益和社会地位,还会深入考量该职业对个体家庭生活和人际交往所产生的深远影响。具体而言,这一职业是否能够为个体带来稳定的婚姻关系、健康的恋爱环境、和谐的家庭氛围,以及积极正向的人际交往体验,都是评价其社会声望不可或缺的重要因素。

(6)单位的性质

劳动者的职业地位评价,不可避免地会受到其所在单位或劳动组织所有制性质的影响。在我国现行的经济体制下，企业按所有制性质可划分为央企、国企、集体企业、私企、外资企业以及合资企业等多种类型。这些不同所有制性质的企业，在不同历史时期对劳动者的吸引力存在显著差异，进而导致它们在职业声望评价体系中的相对位置发生变动。

除了上述因素外，职业声望的高低还受到众多其他因素的制约。从劳动者个体的视角出发，年龄、性别、个人兴趣、受教育程度等个人特质均会对其职业选择产生一定影响，进而对职业声望的感知和评价产生作用。同时，社会层面的诸多因素也不容小觑，政治文化背景、社会舆论导向以及风俗习惯等都在无形中塑造着人们的职业观念，从而对职业声望产生深刻影响。因此，在探讨职业声望问题时，需要综合考虑个体和社会两个层面的多种因素，从而更全面、深入地理解职业声望的形成和变迁机制。

二、职业流动

职业流动，作为社会流动的一种显著表现形式，指的是劳动者在社会职业结构中所处位置的更迭与变迁，即从某一社会地位的职业转向另一社会地位的职业。这一过程不仅体现了劳动者个人职业路径的多样性，更反映了社会职业结构的动态调整与变化。换言之，职业流动不仅仅是劳动者在不同职业间的简单转换，更深层次地，它揭示了社会资源、机会在不同职业群体中的分配与再分配，以及由此带来的社会阶层结构的变化。

（一）职业流动的类型

按照不同的标准，我们可以将职业流动分成不同的类型。

1.水平流动与垂直流动

在职业的流动性探讨中，我们常常会提及两个核心概念：水平流动与垂直流动。这两种流动方式在职业变迁和社会地位调整中扮演着截然不同的角色。

首先，职业的水平流动，可以理解为劳动者在职业领域内的一种横向移动。指劳动者在同一地位等级或声望等级的职业序列中，从一种职业到另一种职业的同级转换。这种流动方式的特点在于，劳动者在流动过程中，其职业声望和职业等级保持相对稳定，并未发生显著变化。相应地，其社会地位也基本维持原状，未出现明显的上升或下降。

与水平流动形成鲜明对比的是职业的垂直流动。这种流动方式涉及劳动者在不同地位等级或社会声望的职业系列间的移动，其结果往往伴随着社会地位的显著变化。垂直流动，又称为上下流动，包含了两个方向：一是向上职业流动，即劳动者通过职业变迁，成功地从社会地位较低的职业跃升至社会地位较高的职业；另一是向下职业流动，指的是劳动者从原本社会地位较高的职业滑落至社会地位较低的职业。这种流动方式直观地反映了社会地位的升降变化，是观察和理解社会阶层结构动态调整的重要窗口。

2. 代际流动与个体职业生涯流动

代际流动，作为社会学领域的一个重要概念，主要探讨的是两代人之间在职业上的变迁与连续性。简而言之，它关注的是子女是否会沿袭父母的职业层级，抑或是跨越至其他不同的职业层级。这种流动模式实质上揭示了亲子两代在职业层级方面的内在联系，即父母所从事的职业层级与其子女最终所达到的职业层级之间是否存在显著的相关性。

而个体的职业生涯流动，则是一个更为动态和多元的过程。它不仅涵盖了劳动者在整个工作生涯中职业地位的水平变动，还包括了垂直方向上的升降。事实上，在多数人的职业生涯中，经历多种职业、多种职业地位已成为常态。即便是在同一职业领域内，职业地位的变动也屡见不鲜。例如，一个初入职场的普通文员，通过不懈的努力和积累，逐步晋升为部门经理。在这个过程中，虽然其职业本身并未发生改变，但职业地位却得到了显著的提升。这种地位上的变化，同样是职业流动的一种重要体现。

3. 结构性流动与个别性流动

结构性流动，作为一种大规模的职业流动现象，深刻影响着社会职业结构的变化。这种流动通常与科学技术的不断进步和生产力的显著提高紧密相连。以改革开放以来为例，大量农民涌入城市，逐步转变为现代产业工人的主体，这一进程显著改变了社会的职业构成。此外，随着数字技术的普及和共享经济、平台经济、数字经济的迅猛发展，越来越多的劳动者投身于这些新兴领域，从而加速了整个社会职业结构的深刻变革。

相较于结构性流动在宏观层面对职业结构产生的深远影响，个别性流动往往更多地源于劳动者个人的特定因素，这些因素包括但不限于教育背景、技能水平以及职业偏好等。虽然这种流动会在一定程度上改变个别劳动者的职业地位，然而从整体来看，它对职业结构的影响并不十分显著。因此，在深入研究职业流动现象时，我们有必要明确区分结构性流动和个别性流动这两者的不同特点及其影响机制。简而言之，结构性流动主要体现了社会经济和科技发展的宏观趋势，而个别性流动则更多地聚焦于个体职业路径的微观调整与优化。

（二）职业流动的社会结构原因

职业流动的影响因素主要涵盖两大方面。一方面，劳动者个体因素起着至关重要的作用，这其中包括了劳动者的性别、年龄、兴趣爱好、人格特质以及身体状况等多重因素。这些因素在很大程度上决定了劳动者的职业选择和发展路径。另一方面，社会结构因素也不容忽视，它涉及社会经济、政治、文化等多个层面的复杂因素，这些因素相互交织，共同构成了影响职业流动的社会背景。主要包括：

1. 宏观的社会结构

社会结构的开放性或封闭性对职业流动有显著影响。在我国改革开放前，城乡之间存在的较为固定的二元社会结构，导致城乡职业流动渠道受限。然而，改革开放的实施使得这种城乡二元结构逐步松散，城乡间的职业流动性逐渐增强。这种变化表明，社会结构的变动直接关联着职业流动的频率和范围。随着社会结构的开放，职业流动的空间和可能性得到扩展，从而促进了人力资源的优化配置和社会经济的全面发展。因此，社会结构的转变在职业流动和社会流动方面扮演了关键角色，为劳动者提供了更多的职业发展机会和选择。

2. 产业结构的变化

产业结构的调整以及新兴产业的快速崛起，无疑会对职业领域产生显著的影响，引发职业流动。近年来，互联网技术的迅猛发展催生了平台经济与共享经济，它们呈现出强劲的发展势头。这一变化促使了一系列新兴职业的不断涌现，为劳动者提供了更加多元化的职业选择。然而，值得注意的是，传统上曾大量吸纳劳动力的建筑业和制造业，对于年轻劳动者的吸引力却逐渐减弱。这种趋势深刻反映了经济发展和科技进步对劳动市场结构的重塑作用，同时也揭示了社会劳动力分配和资源配置在面临技术创新和产业变迁时的动态调整过程。因此，随着经济结构的转型和新产业的崛起，劳动市场也在不断地进行适应性调整和更新。这种调整不仅为劳动者提供了更多样化的职业选择，也带来了新的发展机遇。同时，这也要求劳动者不断提升自身的技能和竞争力，以适应不断变化的市场需求和职业环境。

3. 人口变迁因素

人口增长率与人口结构对一个国家的职业流动产生着深远的影响。一般而言，当社会的出生率降低或死亡率上升时，人口的自然增长率会相应下降，这有可能引发劳动力市场供需关系的变化。在这样的背景下，劳动力资源的相对稀缺性可能会增加，进而为个人提供更多的向上流动机会。因此，在分析职业流动时，人口统计学因素占据着举足轻重的地位，不容忽视。

4. 受教育程度

在当代社会，教育已成为改变社会地位和阶层的关键因素。教育水平不仅作为区分职业收入和待遇的重要标准，还显著影响职业流动的方向和机遇，进而塑造个人职业流动的意愿。

此外，家庭背景、婚姻和生育模式，以及地域文化和风俗等社会因素同样会对职业流动产生影响。这些因素综合作用于个体，不仅决定了个人能够达到的教育水平，也影响了其在社会劳动力市场上的竞争力和职业选择。因此，教育与社会因素共同塑造了职业流动的格局，反映了社会流动的多元性和复杂性。

三、劳动者与人力资本开发

（一）劳动者与劳动力

1. 劳动者

劳动者是指在特定社会分工体系下，具备一定劳动能力、占据一定劳动岗位并遵守相应劳动规范的社会成员。他们通过有目的、相对持续的方式，从事生产或向他人提供具有价值的物品和服务。作为社会分工体系的重要组成部分，劳动者的劳动活动不仅受到该体系的约束，同时也构成了该体系的有机构成部分。要成为劳动者，个体必须具备一定的劳动能力。这包括达到一定的生理和心理成熟度，以及拥有相应的体力和智力水平。只有满足这些条件，个体才能胜任劳动者的角色，并在社会分工体系中发挥应有的作用。因此，劳动者的选择和培养对于社会分工体系的正常运转至关重要。此外，随着社会的发展和技术的进步，社会对劳动者的要求也在不断提高。除了基本的劳动能力和岗位技能外，现代劳动者还需要具备更广泛的知识、更强的学习能力和更高的综合素质。因此，个体需要不断提升自己的劳动能力和技能水平，以适应社会分工体系的变化和发展。

2. 劳动力

在马克思的经典著作《资本论》第一卷中，他对"劳动力"这一概念进行了精确界定，即"人的身体即活的人体中存在的，每当人生产某种使用价值时就运用的体力和智力的总和"。为了深入把握这一概念的内涵，我们需从以下几个方面进行剖析：首先，劳动力是人类所独有的特殊能力，它与自然界中其他生物的能力有着根本的区别，同时也不同于现代电脑所展示的人工智能。这一独特性体现在劳动力是专属于人类的，是人类智慧和创造力的体现。其次，劳动力特指在劳动过程中被运用和发挥的能力，它是生产使用价值时的关键要素。这意味着，在生产过程中，劳动力是必不可少的，它是将生产资料转化为具有使用价值的产品的关键因素。再次，劳动力存在于活的人体之中，是人体活力的一种体现。这表明，劳动力与人的生命活动紧密相连，是人体在劳动过程中所展现出的活力和能量。最后，劳动力是人们在劳动中同时运用的体力和智力的总和。这意味着，劳动力不仅包括身体上的力量，还包括智力上的能力，二者相互补充、缺一不可。在劳动过程中，体力和智力共同发挥作用，推动生产的进行。

在我国，"劳动力人口"这一概念具有明确的定义和丰富的内涵。它主要涵盖那些具备劳动能力且怀有就业意愿的劳动适龄人口。具体而言，这一群体不仅包括那些已经投身于社会劳动并从中获得相应劳动报酬或经营收入的在业人员，同时也将那些有工作需求但目前尚未获得职位的失业者纳入其中。这种详尽的划分不仅展现了我国对劳动力资源的高度重视，更凸显了精细化管理的理念在实践中的应用。

3. 劳动适龄人口

劳动适龄人口的界定在中国是以年龄为依据的，将16岁定为劳动年龄的起始点，并以法定退休年龄为上限。因此，16岁以下的参与劳动者被视作童工。然而，并不是所有劳动适龄人口都算作劳动力。在劳动经济学领域，未参与经济活动的人群，例如现役军人、在校学生、无报酬家务劳动者、丧失劳动能力的病残人员以及其他闲散人员，不被视为劳动力的一部分。值得注意的是，劳动年龄的上下限并非固定不变。随着生产的发展、文化教育水平的提升以及对劳动力质量要求的增加，劳动年龄的下限可能会逐渐后移。同时，随着人体力劳动的减少和寿命的延长，劳动年龄的上限也可能进行相应调整。

4. 失业的含义及度量

失业作为一种社会现象,是指那些具备劳动能力且有就业意愿的劳动者,在寻求工作过程中未能成功找到合适岗位的情况。其实质在于劳动者与生产资料之间的分离,导致他们无法将自身劳动力与生产资料有效结合,进而参与社会财富的创造过程,因此被剥夺了获取劳动报酬的权益。

对于失业者的界定,在统计时期内,通常指的是那些被认定为具备工作能力但处于无业状态,且在最近四周内积极寻求就业机会却未能成功的人群。然而,在现代市场经济国家中,失业的定义更为宽泛,不仅包括了上述人群,还进一步涵盖了因暂时性因素而被解雇、正在等待复工通知的劳动者,以及那些预计在未来30天内将到新岗位报到的待岗人员。

以美国为例,其失业者的范畴不仅囊括了16岁以上、非因制度性限制而导致的无业人员,还进一步包含了满足以下任一条件的劳动者:其一,在过去4周内有过求职行为;其二,因暂时性原因被解雇并正在等待重新就业的机会;其三,一直在寻找工作但因暂时性疾病而未能实现就业;其四,在30天之内即将到岗履职的待岗人员。

失业率是衡量失业状况的基本指标,反映失业人数在劳动力总数中所占的百分比。

$$失业率 = 失业人数 / (就业人数 + 失业人数) \times 100\%$$

(二)人力资本开发

1. 人力资本的含义及特点

人力资本是个体所拥有的能带来持久经济收益的能力、知识和技能,与物质资本相对。这种资本形态具有两个核心特征:其一,它是凝结在个体身上的,与个体的生理和心理特征密切相关;其二,它能够通过投资和教育等方式进行积累和提升,从而增加个体的经济价值。在经济学领域中,人力资本被视为一种重要的生产要素,对于促进经济增长和提高生产效率具有显著的作用。

从人力资本的定义及特性出发,我们可以得出这样的结论:与物质资本在静态环境下能够以货币形式精确计量不同,人力资本的价值体现在一个动态的过程中。具体来说,人力资本的价值需要在其实际使用过程中,通过对劳动者工作绩效的综合评价来逐步明确。造成这一差异的主要原因在于,劳动者在知识储备、技能水平、工作经验以及熟练程度等方面存在显著的个体差异,这些差异进一步导致他们在劳动过程中所展现出的生产能力参差不齐。正是这种异质性，构成了人力资本价值得以实现和准确评估的核心要素。

2. 人力资本投资的主要形式

人力资本的累积，尤其是其存量的增长，主要依赖于对人力资本的投资。这种投资涵盖了多种形式，包括但不限于各级正规教育体系的参与、职业技术的培训与提升、健康保健的投入以及劳动力的有效流动。这些投资方式共同构成了人力资本形成和增值的重要途径。

（1）教育投资的成本与收益

教育作为人力资本投资的核心，对于个体知识体系的构建和人力资本价值的提升具有不可替代的重要作用。它通过提升个体的普通教育层次，进而增加以学历为标志的人力资本积累，从而强化个体的经济社会价值。在探讨教育投资的主体时，我们可以从宏观与微观两个层面进行剖析。宏观层面的教育投资主要涉及国家、政府以及各类社会组织在国民教育体系中的整体性投入；而微观层面的教育投资则更多地关注家庭及个体在教育领域内的具体支出情况。下面从微观教育投资的视角切入，探究教育投资的成本结构与收益机制。

在教育投资的成本结构中，可以划分为直接成本与间接成本两大类别。直接成本，即实际的经济支出，以大学教育为例，涵盖了学费、教材费及其他与学习直接相关联的费用。需要特别指出的是，在计算直接成本时，并不将所有住宿和伙食费用纳入其中，因为这些费用即便在非大学状态下也会产生。然而，对于超出一般生活水准的额外支出，如因学习需求而增加的交通、住宿等费用，则应被归入直接成本的范畴。另一方面，间接成本，也被称为机会成本，它指的是个体在完成高中教育后若选择直接就业而非继续深造所能获得的收入。这一成本的计算揭示了教育投资决策过程中所放弃的潜在经济收益。

教育投资所产生的收益具备未来性与潜在性的特质。在微观视角下，这些收益主要积聚于家庭或个人层面，涵盖货币收入的增加、福利状况与工作环境的改善，以及生活质量的全面提升等方面。除此之外，教育投资还衍生出一系列非经济性质的收益，诸如社会地位的提升、职业发展空间的拓展以及精神生活的丰富化等。这些多元化的收益不仅凸显了教育投资的经济价值，更深刻地展现了其在提升个体全面素质与优化社会资源配置中的重要作用。

近年，众多大学生面临继续深造与就业的抉择。在日益激烈的就业市场竞争下,一部分学生选择升学以提高学历,期望增强市场竞争力;另一部分则认为市场经济更看重个人能力而非学历,主张早日步入社会。此抉择的核心在于衡量升学与工作的长期效益。经济学的"成本收益理论"为此提供了分析框架:升学的成本在于缺乏社会实践,但收益体现为系统化的解决问题能力;工作则以学历限制为成本,但能积累实践经验和人脉。因此,大学生需基于对自身能力、优缺点的客观认识和个体偏好,审慎选择是否升学,考虑时间的稀缺性和个人发展的长远利益。

(2)技术培训的成本与收益

职业技术培训投资是为获取和发展特定职业知识、技能而进行的个人支出,重在积累职业和专业技能方面的人力资本,这在"专业技术等级"中有所体现。通过分析培训规模和专业技术等级结构,可评估国家或地区在特定时期的人力资本规模,这不仅深化了对人力资本构成的理解,还为地区间人力资本水平的比较提供了方法论依据。

企业职业技术培训成本因培训性质、内容及种类的不同而异,主要包含三大方面:直接货币成本与物质条件支出,如支付培训者工资等费用;参训员工的学习压力导致的效率下降所产生的机会成本;利用机器和有经验员工进行培训时所产生的效率损失。这些成本共同构成了企业在职业技术培训方面的总体投入。

企业职业培训直接增强员工的劳动熟练度、技能和所需知识,给企业和员工均带来收益:一方面,提升员工的劳动绩效和生产率,助力企业增利和在市场竞争中占优势;另一方面,员工得以提升与劳动相关的福利待遇,并增强职业选择能力。这些成效共同反映了职业培训在提升个体和企业竞争力方面的重要作用。

(3)健康的成本与收益

投资于健康保健和体质提升是人力资本投资中的关键组成部分,它涉及营养摄入、服饰选择、居住环境、医疗保健服务、自我照护、体育锻炼及休闲娱乐等多个方面的费用支出。这类投资的效果可以通过健康时间或无疾病干扰的工作、消费及闲暇时间来量化衡量。其主要成效展现在人口预期寿命的显著延长和死亡率的持续下降上。

从国家层面而言,健康保健水平的高低对劳动力资源的数量和质量具有直接影响，从而对社会经济的整体发展产生深远影响。因此，许多国家已将医疗保健投资提升至国家基本政策的高度，这充分体现了其在国家发展战略中的重要地位。随着人民生活质量的不断提高，家庭和个人在健康保健方面的支出也逐渐成为其消费支出的重要组成部分。这一现象不仅展现了人们对健康生活方式的热切追求，也反映了人们对人力资本长期投资价值的深刻认同。

（4）劳动力流动的成本与收益

劳动力流动费用虽然不直接促成人力资本存量的形成或增长，却是实现人力资本价值增长和最优化的关键条件。从宏观角度看，劳动力的合理流动有助于优化人力资本配置，调节人力资本分布的稀缺性。而从微观层面来看，它使得个人能够以最高效率和最大收益方式利用自身的人力资本。因此，劳动力流动费用对于实现人力资本的价值最大化和增值具有不可或缺的重要性。

劳动力流动是劳动者因劳动市场条件差异，在地区、行业、岗位等间的自主迁移，旨在追求价值最大化，是人力资本投资的重要形式。流动类型多样，包括岗位、职业、地域间的流动。其必要条件有劳动力个人所有权、经济福利差异、就业自主权及劳动技巧的专门化。社会或地区满足这些条件时，劳动力流动性高；否则，流动性有限。

劳动力流动涉及的成本包括多个方面：交通和搬迁费用、流动过程中失去的收入、离开家庭及朋友造成的心理损失，以及在资历和养老金方面可能遭受的损失。

相对地，劳动力流动的收益则主要体现在流入地重新就业所带来的预期收入等方面。这种成本与收益的权衡是劳动力流动决策的核心，体现了劳动力在追求更好就业机会时所承担的经济和心理风险与潜在收益之间的平衡关系。

四、劳动组织与劳动权益

（一）劳动组织

劳动组织在狭义上被视为生产力的核心要素，它关乎如何合理地将劳动者——即生产力中的唯一主体——进行组织，以实现其效用的最大化。在生产过程中，劳动者作为主体，与作为客体的劳动资料和劳动对象相互作用。由于劳动者在生产力结构中的能动性和对其他生产要素的推动作用，有效组织劳动者形成协调整体对提升生产力至关重要。这凸显了劳动组织在生产力发展中的关键地位。

1. 现代的劳动组织

现代的劳动组织概念着重于其内在的组织性，将其视为一个融合了生产与管理功能的有机整体。在此视角下，劳动组织建立在合理劳动分工的基础之上，旨在确保安全生产和文明生产的双重前提下，促使所有成员和谐协作，高效利用人力资源、物质资源以及工作时间。这一系统以劳动者为核心，涵盖了劳动者、劳动资料以及劳动环境三大关键要素，它们相互依存，共同构成了一个有机的整体。

科学劳动组织则是指运用科学的方法和原理来组织生产活动，旨在实现人、机、环境三者之间的最优组合。这种组织方式不仅致力于提高企业劳动效率和经济效益，同时也关注劳动者的身心健康以及体力和智力的全面发展。科学劳动组织的实践包括优化劳动组织形式、调整轮班制度、改进劳动组合等多个方面，这些措施共同作用于提升企业的整体运营效能和员工的个人福祉。

2. 企业基层劳动组织——班组

（1）班组的地位和作用

企业这一组织的管理架构常分为三层：高层决策层、中层管理层以及基层操作层，其中班组在基层中扮演着核心角色。班组在企业中的功能与效益主要体现在以下四个方面：其一，作为最基础的生产单元，班组直接为企业创造经济效益，是降低成本、提高生产率的基石；其二，班组作为企业文化、规章制度和精神风貌的基层传达者，其管理水平直接影响到企业的整体活力；其三，班组是培养员工素质、提升人才能力的重要基地，其培训成效显著；其四，作为生产流程中的关键环节，班组间的有效沟通与协调对于解决现场问题、激发团队创新力具有不可替代的作用。这些方面共同彰显了班组在企业生产与管理中的核心地位。

（2）企业班组的特点

企业班组的特点可概括为结构小、管理全面、工作细致、任务具体、群众性强。具体来说，班组作为企业的最基层单位，具有最小的结构规模；其管理职能全面，涵盖生产、安全、质量、劳动纪律等多个方面；班组工作具体且需要耐心和细致；所有企业管理任务最终都需在班组层面得到实施；最后，班组由基层员工组成，其活动具有显著的群众性。这些特点共同构成了班组在企业中的重要作用和地位。

（二）劳动权益

1. 劳动安全

我国劳动安全与职业卫生的法律保障体系以《劳动法》《职业病防治法》和《安全生产法》等法规为基础，旨在确保劳动者人身与财产安全。这些法律明确规定了公民劳动权利与义务，国家有义务为公民提供劳动条件和保护。《劳动法》规定了劳动者的安全操作义务和拒绝权。《安全生产法》要求生产经营单位进行安全生产教育和培训。《职业病防治法》采取预防为主、防治结合原则，赋予劳动者多项职业卫生保护权益，包括教育培训、诊疗康复、工作环境危害知情及参与职业卫生管理等。

劳动者权益广泛，包括劳动参与、工作环境知情、违章拒绝、违规检举及紧急撤离等。为确保个人安全，劳动者应深谙这些法律赋予的权益，旨在预防生产安全事故，保障生命财产安全，促进经济社会健康发展。因此，全面了解事故及预防措施对劳动者至关重要，以确保作业安全。

2. 劳动保护

劳动保护是国家与单位为确保劳动者在劳动生产过程中的人身安全与健康而采取的一系列综合性措施，这些措施涵盖了立法、组织和技术等多个层面。通过依托国家法律法规的强制实施，推动技术革新以及实施科学化的管理手段，劳动保护旨在根除那些危及劳动者人身安全和健康的潜在风险与不良行为，进而有效预防职业事故的发生以及职业病的出现，从而全方位地使劳动者的安全与健康得到可靠的保障。

职业病是指在企业、事业单位以及个体经济组织中从事职业活动的劳动者，由于长期暴露于职业性有害因素（如粉尘、放射性物质、有毒有害物质等）之中而引发的疾病。这类疾病种类繁多，共计达到132种，其中包括尘肺病、噪声性耳聋、职业性中暑、一氧化碳中毒、苯所致白血病以及甲醛中毒等。这些疾病对劳动者的身体健康和生命安全构成了严重威胁，是职业健康领域需要重点关注的问题。

职业健康科学的核心目标在于有效预防职业病的发生。该领域通过系统地识别、评估、预测以及控制工作环境中潜在的职业性有害因素，深入探究这些因素对劳动者身体健康可能产生的负面影响。其旨在构建一道坚实的屏障，保护劳动者免受职业性有害因素的侵袭，确保工作环境充分满足劳动者身心健康的双重要求，并进一步提升其在职业发展中的整体健康水平与社会福利待遇。

在作业过程中，劳动者可能面临多种职业健康风险，如粉尘暴露、噪声污染、振动伤害、辐射危害、有毒物质中毒以及高温环境等。这些风险因素若长期存在且未得到有效控制，便可能诱发尘肺病、各类中毒以及职业性肿瘤等职业病。因此，对职业性有害因素的持续监测和科学管理至关重要。

第三节　劳动教育与工作世界

一、全球化 4.0 时代的到来

（一）全球化 4.0

当今时代，我们的生活和工作已不再限于单一城市、地区或国家，而是在经济全球化和世界一体化的背景下，不可避免地成为地球村的一部分，共同面对未来。自 15 世纪大航海时代以来，全球化一直推动着世界的融合与共同发展。如今，信息化和智能化技术加深了世界的互联互通，全球金融市场 24 小时运转，广泛的投融资、贸易往来、技术合作与文化交流进一步深化全球化。在所谓的"全球化 4.0"时代，商品生产地随劳动力价格区域差异而转移，资本和劳动在全球范围内流动，集聚或分散未来劳动力。即使个别国家建立贸易壁垒，也难以阻挡经济、技术一体化的浪潮，信息互联网对各个角落的渗透无人能控。

在全球化 4.0 的背景下，数据的共享性与数字化的显著特征为全球构建更公正、平等的秩序奠定了基石。然而，这也凸显了全球共同面临的挑战：如何确保数字创新与技术支柱的稳健安全，如何为新兴技术如人工智能和基因编辑等确立道德和价值观导向的原则，以及如何应对"工作"概念的演变及未来工作和人力资本的发展问题。

（二）人工智能时代的组织

在新的时代背景下，尽管个体的个性化和自由度得到了空前的彰显和扩张，然而作为社会成员的我们，依然与各类组织保持着错综复杂、千丝万缕的联系。这种联系在一定程度上表现为我们对组织的依赖或依附。因此，理解未来组织的核心特征并跟上时代的步伐，成为在职场竞争中取胜的必要准备。这一过程不仅涉及个人能力的提升，也包括对组织结构、功能和发展趋势的深入了解，以便我们更好地适应和融入未来的工作环境。

1. 组织生命体

在量子时代背景下，人们在对事物内在规律进行深入探索的同时，也在寻求适应时代的企业经营之道。类比于生命体的发展历程，企业等组织也呈现出从出生、繁荣到衰老、消亡的周期性规律。达尔文进化论中的"物竞天择，适者生存"原则在组织发展中同样适用。那些能够长期领先或历经百年仍显生机的组织，必然拥有独特的基因和强大的生命力。

在充满不确定性的现今及未来环境中，组织的生命力面临严峻挑战。学习能力，作为组织应变能力的核心，成为决定其存亡的关键。因此，持续变革是组织保持生命力的必由之路。无论过往如何辉煌，新挑战和机遇总是不断涌现。静止自满可能导致错失发展机会，甚至引发不可逆转的衰败。

具有生命力的组织必须时刻保持与环境的能量和信息交换，以保持组织内部生命细胞（即员工个体和班组）的活跃度和创新力。随着当代社会中个体价值的日益凸显和市场的快速变化，组织需要为个体提供更为广阔的价值实现平台和有效的引导。这就需要我们建立以共享价值为基础的新管理范式，将传统的"我"的观念转变为"我们"的共同体意识。通过这样的转变，组织能够更好地激发个体的潜能和创造力，从而实现自身的持续发展和创新。

2. 跨界互联

当前时代，企业面临未知竞争对手和跨界竞争的威胁，新技术和新产品快速发展增加了市场不确定性。跨界互联成为资源整合和市场竞争的新趋势，行业外竞争对手和组织边界的消融现象日益普遍。在技术巨头易跨行业门槛的背景下，跨界合作、市场拓展和技术共享成为组织的战略选择，同时也为劳动市场带来新的岗位和技能组合。因此，未来，组织需警惕跨界竞争的潜在威胁，并积极应对市场变革。这些观点得到了在线数据库中相关数据的支持，如各行业跨界竞争案例、新技术应用和市场变化趋势等。

当前社会发展趋势中，生态组织与跨界联合的边界逐渐模糊，合作更紧密，呈现出非群体化特征。企业为维持环境平衡，强化合作与共融意识，依托团体智慧共发展，推动全球一体化进程加速。同时，新技术快速发展对人工劳动力产生替代效应，如互联网金融改变金融生态、冲击传统银行经营逻辑，导致银行业务减少、网点关闭、ATM机闲置，以及银行传统角色消失、大规模裁员。此外，其他行业也面临智能化、技术更新和工艺变革的冲击。机器人和智能化正逐渐从实验室和制造业走向大众生活，替代越来越多的人类体力和脑力劳动。在即将到来的5G时代，智能化将如何挑战未来、机器人将成为工具还是主宰者，引发深刻思考。

我国政府已经意识到新技术工人转型的紧迫性，不仅投入巨资培训新技能工人，而且正在积极调整职业教育体系。通过新学徒制度和新工科设置，政府致力于培养适应未来智能时代的劳动者。当然，面对新的劳动环境和生存现状，劳动者自身的主动适应和积极调整也同样重要。总之，在智能化的趋势面前，人类必须坚持价值理性，不应为了获得更大的力量而放弃深层次的意义；同时，应通过制度和法令，确保技术在既定界限内为人类服务。

二、人工智能时代的劳动

在未来社会中，随着科技的不断发展，许多传统的人类劳动方式将逐渐被替代或发生深刻变革，这是不可逆转的历史趋势。与人类历史上任何一次技术革命所引发的劳动变革相同，这一进程也必然会伴随着阵痛和挑战。然而，通过不断地适应新的环境和技术条件，人类最终将能够重新定位劳动本身，并赋予其新的社会价值。这一过程中，劳动的转型和升级将成为推动社会发展的重要动力。

（一）劳动是人类的需要

马克思在其理论中早已深刻论述了劳动对于个人及人类社会的重要意义："劳动是人的第一需要，劳动创造了人本身，是人类生存和发展的基础，是推动历史前进的动力。"他指出，劳动不仅创造了财富、世界和文明，而且促进了人的成长和发展，成为人类美好生活的源泉。人类从劳动中诞生，在劳动中发展，缺乏劳动，人类将无法存在。因此，无论处于何种时代，人类总是需要劳动的，只是随着时代的演变，劳动的形式也在发生变化。

在未来社会中，尽管人类的智慧将创造出众多自动化或高智能化的机器人，但人的劳动依然是不可或缺的。这时候的劳动与传统劳动相比，将呈现几个显著的不同特点：首先，劳动将配合技术的发展，劳动者需要掌握更多的现代新知识和信息化技能；其次，劳动的创造性特征将更加突出；再次，劳动将体现出更加浓厚的人文情怀；最后，劳动技能的复合与交叉将成为一种趋势。当然，劳动形式和内容的变化，并不会改变劳动本质上是体力和智力的共同付出这一事实，只是未来的劳动环境将对人的整体素质提出更高的要求。

（二）人在未来劳动中的作用不可替代

在现实世界中，尽管一些机器人在特定领域确实已超越了人类的能力，但机器人并非完美无缺，与人类相比仍存在显著差距。机器人本质上是受控制的机械设备，其功能的实现依赖于编程人员和机器操控人员的持续改进和对程序中漏洞错误的不断修复。这一过程要求极其不寻常的意志力、知识能力和动手能力，而这些特质仅存在于灵活且具有更强学习能力、应变能力和思考力的人类中。

因此，即使在人工智能普遍应用的时代，人类的劳动仍然是必不可少的。此外，人工智能的效果和效率也需依赖人类的劳动。人机协同和智慧劳动的实质仍然依赖于人。人的灵活应变性和不可估量的潜在智慧是机器所无法匹敌的。人类社会的发展在任何时期都离不开人的劳动，劳动者的主导地位毋庸置疑，否则，将标志着人类社会的终结。

智能机器人，即便被赋予了高度智慧，其核心功能仍是解放人类劳动力，作为人类体力和脑力劳动的扩展与演变，专门用于替代人类执行高难度、危险、繁重或不适宜人类直接参与的工作。因此，人类与机器人之间并非敌对关系，而是相互补充、共同发展的新型伙伴关系。同时，鉴于人类作为地球上最具活力和智慧的生物，其主导地位在未来仍将得以保持。

（三）人的劳动形式的分化

1. 岗位极化

随着技术环境的不断革新，职业群体的划分日趋精细化，主要分化为操作性职业和智力性职业两大类，这两类职业分别对应着常规性和非常规性工作领域。在劳动分工中，岗位极化现象尤为明显，它基于技能和任务的差异进行划分，导致中等技能岗位逐渐减少或被先进技术所替代。与此同时，高技能岗位和低技能岗位的数量却呈现持续增长的趋势。这种岗位分布格局形成了中间层次压缩、高低两端扩张的特点。岗位极化的直接原因在于自动化技术对常规性、程序性任务的强大替代功能。此外，岗位极化现象也深刻反映了自动化和计算机化在劳动市场对操作性和部分智力性工作的替代效应，这种替代推动了技能需求向高低两端流动。在高技能领域，对技术的全面掌握和熟练应用成为核心要求；而低技能领域涉及一定程度的技术应用灵活性，工作内容并非单一重复。

2. 人机协同

在未来的劳动领域，机器（包括计算机与软件）与人类的并行将成为几乎所有领域的常态。在制造业中，工业机器人将扮演主要的"劳动者"角色，而人类则主要作为设计者、控制者和维修人员的身份参与其中。这种转变既体现了机器在高效、重复任务方面的优势，也凸显了人类在创新、设计和维护方面的独特价值。

与此同时，在服务产业中，人工智能将成为劳动者不可或缺的助手，承担各种精细或复杂的体力与智力劳动。人工智能的快速发展为人类带来了便利和效率的提升，但同时也引发了对于就业岗位的挤占和失业的问题。然而，需要明确的是，人工智能与人类并不是对立的关系，二者必然走向人机融合的趋势。

人工智能在重复、计算、速度和模仿能力方面具有显著优势，但却难以企及人类的个性化、趣味性、真实感以及由智慧大脑带来的随机应变的能力。这种变通性是人类与机器之间的最大能力差，也是我们在面对智能替代或浸润过程中需要重点关注和提升的能力。以变通去适应新的工作环境，以学习去拥抱新的技术变革，这既是人类与自然和技术共同进步的历史选择，也是我们在未来劳动界中保持竞争力的关键所在。

3. 劳动的专业性和技能性越发强悍

知名生涯研究专家吴芝仪在面对技术革命的大潮时，直言未来具有不可预测性，她认为"10年后的工作有八成还没有被发明出来"并非戏言。与此同时，国内劳动经济专家冯喜良也指出，未来劳动领域的分工将趋于更加精细化，劳动者主要依靠自身的专业技能来谋求更自由的劳动环境。在这样的背景下，随着技术和知识的不断涌现，每个专业领域都将变得更为深奥和复杂。因此，要想适应未来的劳动需求，个人必须拥有社会认可的专业长项，这包括对该领域前沿和系统知识体系的深入了解，以及掌握必备的专业技术技能。

4. 人类劳动更具有创造性、复合性和交叉性

在智能化时代背景下，知识、智慧与信息化的普及使得学习内容具有可复制性。然而，人类大脑因高度复杂性和独特性，展现出无限的创造性、多变性与灵活性，能够融合过去经验与知识，催生创新产品和策略。尽管计算机技术尝试解码大脑思维，但人脑开发利用率仍不足 4%，且作为有机生命体，人脑持续进步与变化，不断拓展功能与潜力。因此，在智能化盛行的当下，人类大脑仍是无法被取代的独特实体，推动着社会进步与发展。这一观点得到在线数据库相关数据的支持，如人脑研究进展、创新产品与策略案例等。

5. 劳动者的智力支出越来越多

随着机器人技术的深入发展，其将越来越多地承担起那些急难险重、重体力以及高难度的操作任务，尤其是涉及大量重复性和对精准度要求极高的工作。与此同时，人类的劳动模式正逐步向"减少体力消耗,增加智力投入"的方向转型，重心逐渐转向以创新和创造性产业为主导，旨在服务人类更为舒适的生活方式和持续推动更先进、智能化劳动工具的研发。得益于技术进步为社会带来的福祉，非生产性劳动、非物质生产劳动以及非重复性劳动在劳动结构中的比重将逐渐上升。展望未来，以智力活动为核心的劳动形式将愈发普及和多样化，智力劳动的重要性将日益凸显，成为人类劳动的新常态。

6. 人类劳动呈现更多的乐生性

劳动，作为一种生存的手段，在未来很长的一段时间内仍将继续存在。然而，这并不阻碍劳动中逐渐凸显出的"乐生性"特征——即劳动为劳动者带来的愉悦和幸福感。这种转变意味着，劳动不再总是充满痛苦、消耗和无奈。这种乐生性的产生，一方面源于劳动选择的自由度在不断提升，使得人们能够真正基于自身的兴趣、爱好和特长去选择适合自己的职业；另一方面，也得益于机器人和计算机技术的发展，它们已经能够承担起那些曾经令人痛苦的劳作岗位，从而极大地减轻了人类的劳动负担。因此，我们可以预见，在未来的劳动市场中，劳动的乐生性特征将愈发显著，为劳动者带来更加积极、愉悦的工作体验。

总而言之，未来的劳动世界必将经历对现有系统的全面重塑与洗牌，这一过程是不可避免的。在这一变革中，那些坚持传统、固步自封的组织和个人极易被时代所淘汰，唯有敢于突破、勇于创新的主体方能在激烈竞争中站稳脚跟。

展望未来，劳动的内涵将愈发丰富多彩，其形式亦将愈发灵活多变；劳动者的流动性将显著增强，自主、自由的劳动模式将逐渐成为主流。值得强调的是，劳动主体在机器体系中的作用不仅不会被削弱，反而会愈发凸显。那些拥有高智力、高技术的人才将主导劳动方式、劳动内容以及劳动工具的变革与创新。

三、未来劳动世界预测与应对

（一）未来劳动世界的职业变动预测

在人工智能、数字经济及经济全球化等多重冲击下，未来劳动市场会经历前所未有的变革。各国研究数据显示，相较于其他行业，农业生产部门所受影响相对较小。然而，制造业的劳动者则因人工智能的替代效应而大量流向服务业，特别是在美国，这一趋势在医疗保健和社会援助服务领域尤为显著。此外，这种变革对职业岗位的影响不仅限于数量和任务性质的变化，即岗位的替代和创造，更进一步导致了岗位极化以及人机合作的加速发展。

1. 那些即将被智能机器替代的职业

在探讨自动化技术对工作岗位的影响时，多份权威报告均指出了其潜在的替代风险。世界银行《2016年世界发展报告：数字红利》指出，发展中国家约三分之二的工作岗位面临着被自动化技术替代的风险。同时，麦肯锡全球研究院在《未来的工作：自动化、就业和生产力》报告中预测，到2055年，当前工作中超过一半的任务有望实现自动化。

深入分析这一趋势，我们发现那些具有高度重复性、低技术技能要求和程序化日常操作特点的工作岗位更容易受到自动化技术的冲击。相对而言，那些工作内容变化性大、重复性低且依赖于创新能力和灵活应变能力的职位则较不易被取代。此外，涉及较多情感投入的工作岗位也相对较安全。

麻省理工学院的迈克斯·泰格马克教授在《生命3.0：人工智能时代人类的进化与重生》一书中对此进行了深入研究。他强调，与人互动频繁、需要运用情商、涉及创造性思维和智能解决方案的职业，以及在不可预测环境下工作的岗位，将更具抵御自动化替代的能力。相反，那些高度重复、结构化和可预测的工作则可能在不久的将来被机器自动化所替代。

综上所述，面对自动化技术的快速发展，我们应更加关注工作岗位的性质和特点，以及如何提升人类的创新能力和适应性，以应对未来劳动力市场的挑战。

2. 基础的衣食住行等服务行业是最大的就业领域

尽管世界变幻无常,技术不断迭代更新,但人类作为生命体的基本需求依然稳固存在。支撑我们日常生活的衣食住行等传统产业,具有不可或缺的刚需属性,将是未来就业岗位的主要吸纳行业。在这些行业中,机器人等器械固然是得力助手,但仍无法完全取代人类的作用。

以吉列刀片为例,尽管已经存在了上百年,但它依然在我们的经济领域中占据着重要地位。因为这种针对男性剃须的"胡子工程"是一种无法回避的刚性需求。同样地,油盐酱醋等调味品行业也始终遵循着其本质属性,这些产品在人类餐桌上具有不可替代的地位。因此,企业在发展与竞争中只需更加明确市场细分,即可获得成功。沃尔玛连续五年蝉联500强榜首,这充分说明了传统生活必需品(服务)行业的强大市场号召力。然而,在未来,传统领域的岗位能力需求将发生巨大变化。机器人将大面积地替代重复性作业,剩余的岗位工作内容也将随之发生深刻变革。但无论如何变化,岗位职责中都将新增一项重要要求,那就是"通过创新创造带来良好的客户体验"。

创新分为颠覆式和维持性两类,前者旨在取代现有产品技术,后者则注重持续优化提升。科技发展需要这两类创新的共同推动,以满足人们对美好生活的追求。在广阔的传统消费品市场中,企业生存发展的关键在于能否持续满足消费者多元化需求,而这依赖于精细劳动与创新劳动的结合,为社会提供就业机会并推动进步。根据在线数据库相关数据,这种结合在市场中具有显著优势,是企业取得成功的重要因素。因此,企业应注重培养员工的创新意识和精细化工作能力,以提升竞争力并满足市场需求。

3. 崛起中的新产业成为新的就业需求市场

随着生产技术的持续革新和新消费需求的不断涌现,新产业和新业态呈现出广阔的市场发展潜力,进而成为吸纳就业的新领域。特别是人工智能的快速发展以及机器人的广泛应用,预计将催生出更多高端就业岗位。这些岗位可能涉及多个专业领域,包括但不限于工业数据科学、供应链协调、机器人协同、工业工程、模拟技术、系统设计、信息技术、三维辅助设计、现场服务工程以及销售与服务等。然而,这些新增就业岗位对从业者的专业素养和技能水平要求极高,因此,提升相关领域的专业教育和技能培训显得尤为重要。

在上述领域中,工业数据科学家将负责处理和分析大量数据,以优化生产流程和提高效率；机器人协调员将负责协调和管理机器人的工作，确保它们在生产线上顺畅运行；工业工程师将致力于优化生产系统的设计和运行；模拟专家将利用模拟技术来预测和评估新产品的性能；供应链协调岗位将负责协调和管理整个供应链的运作；系统设计师将负责设计和维护复杂的系统架构；信息技术人员将提供必要的技术支持，确保信息系统的稳定运行；3D 辅助设计师将利用 3D 技术辅助产品设计；现场服务工程师将负责提供现场技术支持和维护服务；销售与服务人员则将负责与客户沟通，提供产品和服务的咨询与支持。

这些岗位不仅要求从业者具备扎实的专业知识，还需要他们具备丰富的实践经验和解决问题的能力。因此，对于希望进入这些领域的人来说，不断学习和提升自己的专业技能是至关重要的。

4. 创意产业和服务产业创造新的就业机会

追求幸福生活是人类固有的本能。在未来社会中，随着温饱问题的逐步解决，人们必然会追求更高品质的生活。因此，文化创意、旅游、教育培训（此处特指非中小学学科培训）、文化服务等相关产业将拥有巨大的发展空间，进而催生出新的就业机会。

麦肯锡研究院在 2018 年发布的一组职业预测数据显示：在印度和中国，到 2030 年，教育工作者和医护人员的岗位需求增长幅度最大。此外，对于职业经理人、创意产业从业者、培训师、技术工程师、律师、科学家等专业人士的需求也将有超过 50% 的显著增长。

随着全球老龄化趋势的加剧，老年服务产业和老年用品产业呈现出蓬勃的发展态势。同时，健康意识的提高也促使大健康产业迅速崛起。这些产业不仅致力于满足老年人的生活需求，还将为社会创造大量新的就业机会，进而促进经济的持续增长。

5. 闲暇时间充裕带动就业结构调整

随着机器人和现代技术的广泛应用，社会生产力得到了显著提升，人们的闲暇时间也随之增多。这些自主时间将被更多地用于兴趣、劳动或学习，这将会成为一种普遍现象。在这种情境下，劳动不再仅仅是迫于生存或生活的需要，而是转变为一种自觉的追求。闲暇时间的增多将带动闲暇消费的增长，进而促进服务于这一领域的产业和行业的繁荣发展。这将创造更多新的就业岗位，为经济的持续增长注入活力。

可以预见的是，第三产业（即服务行业）在未来将迎来更加迅猛的发展，其在整体就业中的占比也将持续攀升。这一趋势不仅体现了社会经济结构的变化，也反映了人们对于生活品质和个人发展的更高追求。

6. 零工经济模式渐成重要的从业模式

在零工经济模式下，劳动者以自主雇佣的形式广泛参与劳动力市场，其职业范畴涵盖创客、自由撰稿人、艺术家及教育等特殊领域的人才。相较于传统全职工作及固定时间地点的用工模式，零工经济更加注重劳动者的自主性和独立性。得益于互联网的便捷性，自主用工模式逐渐兴起并成为一种趋势。

在零工经济中，劳动者的身份从被雇佣者转变为自我雇佣者，他们在工作过程和结果上享有更全面的自主权和控制权。这种转变不仅提升了劳动者的自由度，也激发了他们的创新力和工作积极性。零工经济下的劳动者通常以完成任务为单位获取报酬，这种基于结果的付酬方式往往能够带来更高的劳动质量、效率和满意度。

零工经济在全球范围内呈现持续增长态势，越来越多的劳动者选择这种灵活的工作模式。这不仅为劳动者提供了更多的就业机会和收入来源，也为社会带来了更多的创新和活力。

目前，零工经济主要可分为按需工作和众包工作两大类，这两类模式均依赖于互联网平台或中介公司来实现需求与供给的有效对接。这些多元化的模式不仅为劳动者提供了更广泛的就业选择，也为社会经济的发展注入了新的活力。在零工经济的推动下，劳动力市场的灵活性和多样性得到了进一步提升，同时也对传统的用工模式提出了挑战和新的思考。

（二）劳动者应对未来劳动的素质提升

在机械化生产时代，劳动者往往被视作机器生产系统中的一个组成部分，其技能逐渐被机器所替代，呈现出一种去技能化的趋势。然而，随着人工智能时代的到来，社会对劳动者的要求发生了显著变化，再技能化成为新的趋势。这意味着劳动者需要具备更多的创造能力、应变能力以及解决问题的能力等。

这种变化的原因在于，尽管机器人在某些方面表现出强大的能力，但在灵活应变方面仍然无法与人类相媲美。同时，在机器人时代，人类的情感与特殊技能仍然占据着不可替代的地位。机器人的不足之处需要人类来弥补，这也为人类在机器人时代发挥自身价值提供了新的机遇。

当然，未来的劳动岗位，无论是现有的还是新兴的，都将展现出更高的专业性，对从业者提出了全新的素质和能力要求。

1. 新素质要求

（1）拥有通用技术和常识

在未来的劳动力市场中，信息技术、数据技术、人工智能知识以及互联网知识将构成劳动者不可或缺的知识体系和技能基础。为了顺应时代发展的潮流，教育部对大学专业体系进行了重新规划，推出了融合多种时代技术元素的新工科和新文科，以期引导新知识体系的广泛传播和深入普及，从而为培养具备未来劳动力市场所需技能和知识的劳动者奠定坚实基础。

（2）随时随地随人随事学习

学习的能力并非单指对知识和技能的掌握，更深层次地，它是指对世界的认知和理解能力。在当今这个信息爆炸、科技迅猛发展的时代，信息和技能总是不断地更新换代，因此，任何学历、文凭或知识体系都无法为一个人的整个职业生涯提供足够的支撑。在这样的背景下，自主学习能力显得尤为重要，它已成为这个时代最具实用价值和最为需求的生存能力。

（3）具有创新意识和创新思维

作为未来劳动者的核心素质标准，创新与创造力的重要性不言而喻。这就要求我们必须保持旺盛的好奇心与丰富的想象力，勇于深入探究未知领域，并大胆尝试全新的方法和路径。同时，我们也应积极鼓励自己及他人以创造性的方式开展工作，从而营造出更加包容、开放的创新氛围。

（4）有效沟通和团队合作

随着技术的不断发展，社会劳动分工变得更加细致，专业性也日益增强。工作任务整体上越发复杂，需要跨领域的协作与共同商议，这变得极其必要且重要。即便在创意产业中，集体的头脑风暴和外部资源的协助也是不可或缺的。因此，良好的沟通能力、团队协作技巧和积极的主观心态，都是未来劳动者必备的素质。

（5）创造性解决问题能力

在未来的劳动力市场中，对于以智力和知识为基础的岗位能力需求将呈现更为广泛的趋势。那些既具备实际动手能力又拥有深入思考能力的劳动者将在创造性工作中更受欢迎。同时，劳动者若具备长远目标、战略性思维，能够独立分析问题、勇于进行批判性质疑,并针对未来不确定性提出有效解决方案,将更受组织的青睐和重视。这种趋势体现了未来劳动市场对劳动者综合素质和能力的更高要求,也为劳动者的职业发展提供了新的方向和挑战。

2. 大学生获得新素质的路径

针对当代大学生的劳动教育,中国劳动关系学院的刘向兵教授明确地提出了五大核心目标,分别是劳动价值观、劳动情感态度、劳动品德、劳动习惯以及劳动知识与技能。这些目标被视为塑造未来劳动者全新素质的重要组成部分,同时也为引导大学生成为合格劳动者提供了实践性的行动指南。要有效地培养大学生的这些新素质,必须探索和实施新的实践途径和方法。

(1)读书与行路

对大学生来说,阅读不仅是获取前人经验、战胜困难的精神力量和创新创造方法的捷径,也是一种学习和进步的方式。此外,走出校园去观察和思考世界、体验和品味生活同样重要。在阅读时要广博涉猎,而在实际行动中则需谨慎行事。大学生应以培养未来劳动所需的能力和道德理想为核心,通过阅读塑造正确的劳动价值观和增长劳动知识,通过实践培养劳动者的情怀和品德。

(2)实践与思考

跳出网络虚拟世界,亲身体验真实生活与社会的重要性不言而喻。动手能力的提升,唯有通过实践训练方能实现。亲自参与实际操作或努力尝试,是一种深入的学习方法,也是掌握劳动技能不可或缺的步骤。只有通过劳动实践,才能培养坚实的劳动习惯和深刻的劳动情感。

当代大学生应勤于思考,学会质疑,努力培养自己的创新思维和批判性思维。在这个互联网信息泛滥的时代,我们面临着各种碎片化信息的干扰,往往难以进入深度思考状态。因此,如何有效避免自身陷入信息海洋的泥沼,成为我们迫切需要解决的问题。同时,这里的思考还应包括对个人职业定位的深度思索。我们应尽早了解自己的兴趣所在和优势所在,明确目标和方向,并为实现自己的职业理想早做准备。在未来更加多元化的劳动世界中,劳动的形式和内容都将发生翻天覆地的变化。因此,我们在选择职业时必须具备足够的前瞻性和变通性,切忌为了眼前的短暂利益而放弃自己的兴趣与特长。选择是有成本的,我们必须三思而后行。当然,在我们还无法准确定义自己的职业时,努力提升自己的综合素质是最为明智的选择。这样,将来的择业问题也只是时间早晚的问题。

(3) 以匠人之心做事

工匠精神，乃一种深入细致的精神特质，体现了认真负责的工作态度与持续精进的职业追求。它不仅是价值观的彰显，更凝结了劳动者应有的职业道德。唯有从内心深处产生认同，方能在日常行动中时刻体现。以华为为例，其秉持的持续精进理念孕育了难以企及的创新技术；而德国产品之所以能享誉世界，成为品质的象征，亦源于其匠人精神中的精益求精。

随着现代社会的发展和生活品质的提升，人们对高品质体验的追求日益显著。在此背景下，劳动者应秉承工匠精神，以敬业、精益、专注、创新的态度对待工作，不断追求卓越和完美。工匠精神的核心理念在于对职业的敬畏、对产品的精雕细琢、对质量的精益求精，它强调内心的修炼和品德的提升，与功利主义截然不同。这种精神是现代社会实现高品质发展的重要保障，也是劳动者实现自我价值的重要途径。因此，我们应该大力弘扬工匠精神，推动全社会形成追求卓越、崇尚质量的良好氛围。

(4) 以开放之心赋能

在未来的世界中，万物万事将实现互联互通，这在赋予个体更大自由度的同时，也加深了彼此之间的依赖与共生关系。在这种环境下，每个人在为他人提供服务的同时，也在接受着他人的服务。因此，精致的利己主义行为将无处容身，它不仅会严重限制个人的发展空间，还可能导致个体丧失宝贵的就业机会和成长机遇。

封闭自守向来是落后的根源，要迎接未来就必须打破狭隘的思维界限，以开放的心态拥抱世界，放眼未来。在此过程中，我们应以提升实际能力和能量为核心目标，积极与外界进行多元交流，汲取各家之所长，融合各学科之精髓，不断加强自身的学习与锻炼。只有这样，我们才能更好地适应未来社会的需求，实现个人的全面发展。

(5) 以豁达之心修品

对国家和社会的责任，是青年必须重视的品质。只有以责任心真诚地对待人与事，并在过程中做出正确的选择，才能成为国家的栋梁之材。在数据信息无处不在的未来社会中，诚信记录将随时随地产生，因此，大学生应坚守本分，将诚信置于首要位置，通过诚实劳动获得稳定的回报，这也是必不可少的品德修养。同时，未来社会更加注重合作与协作，因此，悦己达人应成为我们为人处世的原则。

为了提升未来劳动者的综合素质，国家人力资源和社会保障部与教育部联合制订了多项人才培养计划。这些计划旨在引导各类高校优化教育资源分配，着重提升学生的综合素养、实用劳动能力以及现代科学知识水平，同时强调职业道德和价值观念的培育。人才是国家与组织发展的核心力量，而未来的劳动市场将是人才竞争的舞台。因此，大学生们作为未来的劳动者和国家建设者，必须在思想意识上做好准备，并积极探索、获取适应未来需求的知识和能力，以确保在未来的劳动市场中具备竞争力。

（三）新时代劳动者的社会化身份重塑

在未来的人工智能时代，技术进步可能导致部分工作岗位被自动化取代，从而引发失业风险。然而，被取代的劳动往往缺乏独立性、自主性和创造性，更适合机器执行。因此，人类应专注于具备这些特性的劳动，以实现个人潜力并推动社会进步。目前，人工智能和智慧机器的应用主要局限于可数字化和可编程的"规则性劳动"领域，而人类活动中仍存在大量无法数字化、不可编程的"非规则性劳动"。这种互补性预示着在智能时代，人类将摆脱单调、枯燥的工作，转向更具想象力、生命活力和代表性的工作，从而实现真正的解放和发展。因此，智能时代不仅不会导致无用阶级的产生，相反，这个时代的到来预示着人类真正解放的开始，人类将开始从事真正适合他们的工作和劳动，过上真正属于人类的生活。

1. 新时代劳动的社会化

劳动社会化，指的是伴随着生产力的不断提升，原本由个体生产者承担的劳动逐渐演变为社会化劳动，这一过程以劳动协作为纽带，以社会分工为基础。在此过程中，生产职能逐渐向着专业化和集中化的方向发展，以更好地满足社会的整体需求。劳动社会化的核心在于生产力的发展和社会化进程的推进，它是社会分工日益精细化的体现。其深层次目标在于实现真正意义上的社会化劳动，并促进人的本性在社会化过程中得以复归。在新时代背景下，劳动社会化的持续推进将对社会经济的进一步发展和现代化进程的加快产生深远的影响。

新时代劳动社会化的核心要义，主要涵盖以下三个层面。其一为生产资料使用的社会化，旨在通过多人共同利用生产资料的方式，达成资源的有效节约与优化配置，进而提升社会整体的生产效率。其二为劳动操作过程的社会化，这一过程依托于精细化的专业分工，使得劳动过程中的协作更为高效、配合更为紧密，从而推动生产力的不断提升。其三为劳动成果的社会化，此层面强调劳动成果应广泛满足社会的多元需求，以实现社会价值的最大化，进而促进社会整体的进步与发展。

大学生群体作为未来社会的中坚力量，应积极投身于各类社团活动和义务劳动中。通过参与这些活动，他们不仅能够提升自身的劳动技能和综合素质，更能够深入理解和适应劳动社会化的内在要求与发展趋势。因此，大学生们应当以此为契机，努力成为新时代合格的劳动者，为推动劳动社会化的进程贡献自己的力量。

2. 新时代劳动者的社会化

劳动者社会化是一个与工作、具体劳动岗位紧密相连的过程，它着重于个体作为劳动者身份的塑造。这一过程面向具体的工作环境，只有在实际的工作和劳动岗位中，个体才能完成从社会人到合格劳动者的转变。具体而言，劳动者社会化涉及个体对社会和时代文化的适应，对工作环境的融入、劳动技能的掌握和劳动纪律的遵守。通过这一过程，个体得以胜任其劳动岗位，成为符合社会要求的劳动者。

新时代劳动者社会化的核心内容涵盖三个方面：首先是通过系统的劳动培训，使劳动者掌握实际岗位所需的知识、技能，并提升对整体生产劳动的理解；其次是学习并遵守劳动规范，融入企业文化，以适应特定的工作环境；最后是适应工作场所的人际关系，完成从普通社会成员到企业员工的角色转变，发挥其应有的社会职能。

第四章

劳动教育的学科价值、学科性质和学科定位

第一节 劳动教育的学科价值

一、劳动教育的学科价值

劳动教育是全面发展教育体系中的核心环节，不仅有助于提升国民的道德素养、智力水平、身体素质和审美能力，更在塑造合格公民的基础劳动能力与正确劳动价值观方面发挥着不可替代的作用。为构建和谐的劳动关系，我国政策制定者已明确强调学校教育需系统完整地实施劳动教育，旨在培育学生的劳动价值观、伦理意识及权益认知，进而减少职场矛盾，增进社会和谐。因此，劳动教育在国民教育体系中与德智体美并重，共同促进人的全面发展。

（一）劳动教育是德育的组成部分

《辞海》将劳动教育阐释为德育的重要组成部分："劳动教育是德育的内容之一，是对学生进行热爱劳动和劳动人民、珍惜劳动成果、树立正确的劳动观点和劳动态度、通过日常生活培养劳动习惯和技能的教育活动。"[①]《中国大百科全书·教育》也将劳动教育视为德育的一环："使学生树立正确的劳动观点和劳动态度，热爱劳动和劳动人民，养成劳动习惯的教育，是德育的内容之

[①] 辞海编辑委员会. 辞海[M]. 上海：上海辞书出版社，1999：383-384.

一。"① 这两个定义都明确了劳动教育在德育体系中的重要地位,并着重于培养学生对劳动的全面认识和积极态度。不过,值得注意的是,这两个定义在阐述劳动教育的智育价值方面显得相对不足。

(二) 劳动教育是智育的组成部分

在《教师百科辞典》中,劳动教育就是"向受教者传播现代生产的基本知识和技能,培养他们具有正确的劳动观点、劳动习惯和热爱劳动人民、劳动成果的感情。劳动教育十分重视劳动过程中的智力因素,把平凡的劳动同创造性劳动结合起来,把简单的劳动与富有知识的劳动结合起来"②。而成有信在《教育学原理》一书中则更为简明扼要地指出,劳动教育的核心在于培养学生掌握现代工农业生产的基础知识和基本技能③。这两个定义共同强调了劳动教育在智育层面的重要性,即通过传授现代生产的基础知识和技能,提升社会劳动生产的智力水平,进而促进学生的全面发展。

(三) 劳动教育是德育和智育的综合体

《中国百科大辞典》对"劳动教育"与"技术教育"的概念进行了明确界定。其中,劳动教育主要以劳动实践为核心,致力于培育学生的劳动观念、劳动技能以及良好的劳动习惯,更偏重于德育的层面;相较之下,技术教育则更侧重于智育,着重于使学生掌握与生产相关的知识与技能。黄济先生进一步指出,劳动教育不仅关注学生的劳动技能培养,还同样重视思想品德的熏陶。徐长发也持类似观点,他强调劳动教育应涵盖劳动观念、劳动习惯、劳动情感、劳动精神以及技术知识等多个方面,构成一种全面育人的教育活动。这些定义与观点共同揭示了劳动教育在思想品德教育与知识技能教育上的双重属性,凸显了其在教育体系中的重要地位。

(四) 劳动教育是促进学生全面发展的实践载体

陈勇军对劳动教育的含义进行了深刻的阐释,他认为劳动教育是通过有目

---

① 《中国大百科全书》总编委会. 中国大百科全书:第二版 [M]. 北京:中国大百科全书出版社,2009:425.

② 《教师百科辞典》编委会. 教师百科辞典 [M]. 北京:社会科学文献出版社,1987:317.

③ 成有信. 教育学原理 [M]. 郑州:河南教育出版社,1993:390.

的、有计划、有组织的劳动实践活动，全面培养受教育者的多种素质的教育方式，它融合了德育、智育、体育和美育等多个方面，旨在提高学生的整体素质。这一观点强调了劳动教育在学生全面发展中的重要作用，并突出了劳动实践活动的核心地位[①]。与此同时，众多杰出的教育家也将劳动教育视为一种结合儿童生活和社会生产实际的"做中学"活动。例如，苏霍姆林斯基明确指出，劳动教育不仅是对年轻一代进行社会生产实际训练的重要手段，更是德育、智育和美育的重要组成部分。他所追求的理想劳动教育旨在让每个人在少年时期和青年早期就通过劳动全面、明显地发挥自己的自然天赋，体验精神创造的幸福。这一观点强调了社会生产实践在劳动教育中的核心地位，并主张通过这种方式全面渗透德育、智育和美育，以充分发掘儿童的天赋潜能[②]。陶行知对劳动教育也有独到见解，他将其视为"在劳力上劳心"的实践活动，并批评了中国教育过去只重视脑力劳动而忽视体力劳动的偏向。他认为劳动教育的目的在于促进学生手脑并用，增进自立能力，获得真知和了解劳动者的甘苦。这些观点进一步强调了劳动教育在促进学生全面发展中的重要作用，并突出了亲身参与劳动实践的价值[③]。在探讨劳动教育的目标时，这些伟大的教育家们更注重其对于个体发展的内在价值。他们认为劳动教育不仅应该激发学生的劳动热情、促进其认知的发展、提升其实践能力，还应该注重培养学生良好的个性品质。这些目标体现了劳动教育在促进学生德智体美劳全面发展方面的重要作用，也为我们今天的教育实践提供了宝贵的启示和借鉴。

经过深入分析前人对于劳动教育的定义，我们发现劳动教育既是一种教育内容，又是一种教育形式。作为教育内容，劳动教育旨在培养学生对劳动及劳动人民的深厚情感，树立正确的劳动观念与态度，并培养良好的劳动习惯与技能。然而，由于部分内容被德育和智育所涵盖，劳动教育在教育体系中的地位未能与德育、智育、体育、美育等相提并论。作为教育形式，劳动教育通过劳动实

---

① 陈勇军. 马克思主义"教育与生产劳动相结合"生产劳动的涵义[J]. 南京体育学院学报（社会科学版），1995（4）：43-45.

② 苏霍姆林斯基. 帕夫雷什中学[M]. 赵玮，王义高，蔡兴文，等译. 北京：教育科学出版社，2009：361.

③ 刘猛. 劳动教育：从陶行知到毛泽东[J]. 江苏教育学院学报（社会科学版），2003（2）：18-21，51.

践来全面发展学生的多方面素质。但仅将其视为教育形式，则易使其成为实现其他教育目标的手段，难以凸显其独特地位。因此，劳动教育在学校中的弱化与其性质及在国民教育体系中的地位不明确密切相关。为全面培养德智体美劳全面发展的教育体系，我们需明确劳动教育的性质和地位，以落实习近平总书记的要求。

二、劳动教育的目标与内容

（一）劳动教育的指导思想及基本原则

劳动教育作为中国特色社会主义教育制度的核心组成部分，对于培养社会主义建设者和接班人的劳动精神、价值取向以及技能素养具有举足轻重的作用。历史经验表明，我国各地区和学校一直将教育与生产劳动紧密结合，这种实践育人的模式已经取得了显著的成效。然而，近年来部分青少年中出现的"不想劳动、不会劳动、不珍惜劳动成果"的问题，凸显了劳动的独特育人价值在一定程度上被忽视的现状，同时劳动教育的地位也面临着被边缘化的风险。因此，全党全社会必须高度重视这一问题，并积极采取有效措施来加强劳动教育的实施，以充分发挥其在培养社会主义建设者和接班人中的重要作用。

1. 指导思想

为了全面贯彻党的教育方针，深入实施全国教育大会的核心理念，必须坚持以立德树人为根本任务，坚持习近平新时代中国特色社会主义思想的指引，积极培育并践行社会主义劳动观，将劳动教育有机地融入人才培养的全流程，贯通于大中小学各学段，贯穿家、校、社等各个方面。通过"五育融合"，并紧密结合经济社会的发展变革以及学生的实际生活，致力于探索具有中国特色的劳动教育模式。通过创新体制机制，注重教育的实效性，追求知行合一的教育目标，致力于促进学生科学的世界观、人生观和价值观的塑造。

2. 基本原则

坚持以育人为导向。坚定党的领导，以培养能够担当民族复兴大任的新时代青年为己任。为达目标，必须全面提升学生的整体素质，促进其全面而健康发展。在实施劳动教育时，我们应准确把握其核心价值取向，大力弘扬劳动精神，积极引导学生树立正确的劳动观，尊重并珍视劳动成果，同时深化对劳动人民的情感认同与尊重。

遵循教育教学规律。在遵循学生年龄特征的前提下，我们应着重于体力劳动的实践，同时兼顾手脑协调与安全适度的原则。通过强化学生的实践体验，使他们能够亲身参与劳动过程，从而提升教育的实效性与育人效果。

彰显时代特征。在科技迅猛发展和产业深刻变革的背景下，我们应密切关注劳动形态的新变化，以及技术支撑和社会服务领域的新趋势。为此，需要深入实施产教融合的策略，不断优化劳动教育的实施路径。同时，还应着力培养诚实守法的劳动意识，积极倡导科学精神的培育，并努力提升创造性劳动的能力。

注重综合实施。为强化劳动教育的实施与推进，政府应加大对劳动教育的统筹力度，并积极拓展多元化的劳动教育途径。在此过程中，应有效整合来自家庭、学校以及社会等各方面的优质资源。为了实现协同育人的良好效果，我们需要着力推动家庭劳动教育的规范化、常态化发展，确保学校劳动教育的系统性、标准化实施，同时促进社会劳动教育的多元化、个性化格局的形成。

坚持因地因时制宜。结合各地区及学校的实际情况，紧密结合当地的自然条件、经济状况及文化背景，深入挖掘行业企业、职业院校等潜在资源。在实施劳动教育时，应因地制宜，灵活选择适宜于工业或农业的教育方式，避免采取"一刀切"的做法，以确保劳动教育的多样性和实效性。

（二）劳动教育的目标及主要内容

1. 总体目标

培育社会主义建设者和接班人需全面提升学生劳动素养，包括树立尊重劳动、崇尚劳动的价值观念，掌握基本劳动知识和技能，继承勤俭节约、敬业奉献的传统并弘扬时代精神，养成良好劳动习惯与品质。这一系列要求共同构成了对社会主义建设者和接班人全面、深入的劳动教育体系。

2. 主要内容

在当代教育体系中，劳动教育的内容丰富而多元，主要涵盖了日常生活劳动、生产劳动以及服务性劳动的相关知识、技能与价值观的培养。在日常生活劳动教育方面，注重学生个人生活事务处理能力的培育，尤其在新时代校园爱国卫生运动的推动下，更加关注学生生活技能的提升和良好卫生习惯的养成，进而塑造学生的自立自强品格。在生产劳动教育层面，其核心目标在于引导学生直接参与工农业生产实践，切身体验物质财富的创造过程。在这一过程中，学生不仅能够洞悉从简单、原始劳动到复杂、创造性劳动的演变历程，学习使用各种工具并掌握相关技术，还能深刻感受劳动所创造的价值，增强对产品质量重要性的认识，从而领悟平凡劳动中所蕴含的伟大意义。至于服务性劳动教育，它鼓励学生运用所学知识和技能为社会及他人提供服务。通过服务性岗位的实习实践，学生不仅能够树立服务意识、提升服务技能，还能在参与公益劳动和志愿服务的过程中，深化对社会责任的认知和理解。这种综合性的劳动教育模式旨在全面培养学生的各项能力，为他们成长为社会有用之才奠定坚实基础。

第二节 劳动教育的学科性质

经过对劳动教育定义的深入剖析，以及对新时代劳动发展趋势与高校人才培养特性的综合考量，我们认为，新时代高校劳动教育是高等教育人才培养体系中的核心环节。其主旨在于迎合新时代劳动发展的多元需求，通过劳动思想观念的熏陶、技能的系统训练以及实践的深度锻炼，全方位提升大学生的劳动素养。终极目标在于引领大学生在劳动的深度参与中寻觅幸福感，激发他们的创新精神，并塑造出具备强烈社会责任感与实践能力的高级专业人才。这一定义从五个维度揭示了新时代高校劳动教育的本质属性与特征。

一、劳动教育是国民教育体系重要组成部分

劳动教育具有独特的综合育人价值，理应被提升为与德育、智育、体育、美育并驾齐驱的全方位人才培养体系的重要组成部分，旨在促进学生的全面发展。高等教育阶段，作为高素质劳动者培育的枢纽环节，同时也是青年学子步入职场前的终极训练阶段，其核心目标在于培养能够胜任各行各业需求的高级专门人才。鉴于此，高校劳动教育不仅需要在专业教育的基础上，进一步巩固和拓展劳动知识与技能的培养，更有必要构建一个独立的体系框架，以强化大学生的劳动价值观、情感态度、伦理责任以及权益意识等多元维度的劳动素养。

从实践效果出发，教育的有效执行依赖于完善、科学的课程体系和教学框架。当前，高校德育、智育、体育已分别建立系统的思政工作、专业教育和体育训

练体系。美育在《学校艺术教育工作规程》发布后也得到支持,高校艺术教育得以发展。但相比之下,劳动教育在课程体系上显得不足,缺乏统一大纲、明确课程设置、考核标准及资源保障。部分高校简单地将劳动教育融入专业学习,制约了其深入发展。因此,为推动高校劳动教育,需构建完善的课程体系和教学框架,明确标准,提供保障,并树立正确观念。

借鉴高校思政工作的成功实践,劳动教育也应结合"课程劳动教育"与"专业劳动教育"。除专业教育外,应设立专门的劳动教育课程,构建独立且融合的教育体系。这样能确保劳动教育在高校中的全面深入实施,提升学生劳动素养和综合能力。同时,建议参考在线文献数据库中的相关研究,不断完善和补充高校劳动教育的理论和实践内容,使论证更加充分和有力。

二、劳动教育反映新时代劳动发展的趋势

劳动作为一个具有历史深度的概念,其内涵随着时代的演进而不断丰富和发展。在新时代新经济的宏大背景下,随着人类对自然世界认知的不断深化、改造自然能力的持续增强,以及科学技术的迅猛发展,劳动领域呈现出诸多新的发展趋势。具体而言,劳动的内容日趋多元化,涵盖了更广泛的领域和更丰富的形式;劳动的形式也变得更加灵活多变,适应了快速变化的社会需求;与此同时,劳动者的流动性显著增强,跨地域、跨行业的劳动迁移成为常态。

随着时代的演进,劳动者的努力焦点逐渐从体力劳动转向智力劳动,体力上的耗费相对减少,而智力上的投入则显著上升。这种转变不仅极大地推动了劳动生产率的提升,为人们带来了更多的自由时间,而且深刻地重塑了劳动的本质和价值。在此过程中,劳动主体的地位和作用日益凸显,人才已然成为推动社会进步的核心力量。随之而来的是,全球范围内对人才的争夺也呈现出愈演愈烈的趋势。

这一转变可归因于科技进步和产业结构的调整,它要求劳动者具备更高的知识水平和技能素养。智力劳动在当今社会中的地位不断提升,成为推动经济发展和社会进步的关键因素。因此,重视人才的培养和发展,提升劳动者的综合素质,对于应对全球竞争和挑战具有重要意义。

同时,我们也应看到,这种转变对劳动者自身提出了更高的要求。劳动者需要不断学习新知识、掌握新技能,以适应不断变化的工作环境和市场需求。此外,劳动者还应具备良好的创新意识和团队协作能力,以在激烈的竞争中脱

颖而出。

综上所述，从体力劳动到智力劳动的转变是时代发展的必然趋势。我们应积极应对这一挑战，加强人才培养和教育投入，为劳动者提供更多的学习和发展机会。同时，劳动者自身也应不断提升综合素质和能力水平，以适应新时代的发展需求。

新时代背景下，高校劳动教育面临新的挑战和要求。为应对这些变革，高校需进行创新性改革，融入时代元素。具体策略包括：更新教育理念，以满足新经济时代对劳动者素质的需求；拓展教育领域，覆盖更广泛的劳动形式和过程；强化实践性教学，提升学生实操技能和问题解决能力；培育学生创新精神和终身学习能力，以适应快速变化的劳动市场和社会需求。通过这些措施，高校劳动教育将更有效地培养符合新时代要求的全面发展人才。

三、劳动教育具有交叉学科特点

在新时代高校劳动教育的体系中，劳动思想教育的德育功能被赋予了核心地位。这一功能主要体现在对大学生进行多维度的价值观塑造上，包括但不限于劳动价值观、劳动情感态度、劳动伦理责任以及劳动权益意识等方面的培育。这些要素共同构成了劳动思想教育的核心内容，旨在引导学生形成正确的劳动观念和态度。相对而言，劳动技能培育则更多地体现了劳动教育的智育价值。它不仅涵盖了大学各专业领域的理论学习和实习实训，还进一步延伸至产教融合等实践层面。这些方面的教育虽然也蕴含着劳动思想教育的意义，但其主要目标更在于提升学生的劳动技能水平，使他们具备从事各种劳动所需的基本素质和能力。

通过这样的划分，我们可以清晰地看到，劳动思想教育和劳动技能培育在高校劳动教育中各有侧重，共同构成了全面而系统的教育体系。

此外，劳动实践锻炼着重强调劳动教育的"体知"特点，通过广泛参与生产劳动和社会实践，旨在丰富学生的知识、锤炼其意志、增长其才干，并提升其综合素质和社会责任感。劳动思想教育、技能培育及实践锻炼这三大任务领域虽各有重点，但相互交织、相互促进，共同形成一个"三位一体"的有机整体。这体现了新时代高校劳动教育的核心理念：将"关于劳动的教育"与"通过劳动的教育"相结合，实现理论学习与实践训练的深度融合，以促进学生知行合一的全面发展。

四、劳动教育以劳动素养为培育目标

劳动教育在推动个体全面发展中扮演着举足轻重的角色。在当前的新时代背景下,高校劳动教育更应深入挖掘其在道德培育、智力增长、体质提升、审美教育以及创新能力培养等多方面的育人潜力。然而,我们必须认识到,劳动教育之所以能与德育、智育、体育和美育等教育形式相提并论,其根本在于它承载了独特的育人使命——专注于提升学生的劳动素养。高校劳动教育的三大核心任务,包括劳动思想教育、劳动技能培养以及劳动实践锻炼,都是紧密围绕这一中心目标来设计的,旨在通过全面提高大学生的劳动素养,为他们的全面发展奠定坚实的基础。

进一步而言,在大学的育人过程中,包括思想政治教育、专业教育、实习实训、就业指导、创新创业教育、产教融合、社会实践、志愿服务各个环节,尽管或多或少地包含了劳动教育的要素,但如果其主要关注点仅在于知识技能的学习、巩固与应用,或仅限于道德的培养,而未能真正聚焦于劳动素养的提升,那么在严格意义上,这些并不能被视为真正的劳动教育。因此,有学者提出:"普通的知识学习、科学实验、研学旅行和社会实践等活动,主要解决的是认识的深化和知行的统一问题;而单纯的职业技术教育,虽然侧重于技能的培养,但这两者都不应被纳入劳动教育的范畴。我们应当明确劳动教育的定义,以避免在实践中的泛化或窄化现象。"这一观点不仅合理,而且强调了劳动教育在高校育人体系中的独特性和重要性,呼吁我们对其进行更为明确和深入的探讨与实践。

五、劳动教育追求价值创造与价值引领的统一

新时代高校劳动教育的根本宗旨在于引领大学生通过劳动实践追寻幸福感、激发创新思维,进而为国家建设输送一批批具有强烈社会责任感、创新精神和实践能力的高素质专业人才。这一目标既凸显了新时代劳动教育本身的内在意义,又突显了其在社会发展和国家建设中的外在价值。

自新中国成立以来,我国劳动教育的历史发展始终以服务社会发展为主导。不同历史时期,劳动教育的转型都深受外部需求的深刻影响。二十世纪五六十年代,劳动教育主要解决中小学生就业问题,助力国家经济发展。六七十年代,劳动教育转向支撑阶级斗争和政治改造。八九十年代,为响应经济建设,强化

现代化建设所需的劳动技术教育。二十一世纪后，劳动教育再次受到重视，以推动国家创新和民族复兴为目标。这一历史脉络揭示了劳动教育与时代、社会需求的紧密联系，及其在应对挑战、服务国家大局中的积极作用。

以往我国的劳动教育未充分重视劳动对人身心及全面发展的意义，导致其缺乏内在生命力。新时代高校劳动教育应引导学生体验劳动创造的幸福感，激发其热情与兴趣，以实现培养有社会责任感、创新精神和实践能力的高级专门人才的目标。这既提升了大学生素养，又为国家发展提供了人才支撑。劳动教育兼具手段和目的双重属性，揭示教育的内在联系及五育关系，对五育整体价值有本质解释和承载能力，展现开放性、包容性和兼容性。实践表明，劳动能磨炼意志、发展人，智慧劳动增添审美情趣，创新源于劳动，因此劳动教育本质上也是创新教育。

第三节 劳动教育的学科定位

劳动教育与综合实践活动在概念层级和战略地位上存在显著差异，前者属于上位且是独立的学科课程概念，后者则更多被视为教学方式。劳动教育是实现五育融通融合的重要机制，其课程实施与综合实践活动内容相关，但需确保其课程地位与任务相匹配。劳动教育在新时代回归本位，其综合性和相对独立性凸显了其在教育体系中的重要特殊地位。

一、我国教育方针的历史演变

"五育并重"理论，即倡导德智体美劳全面发展的教育理念，源于教育家蔡元培的先见之明。然而，尽管蔡元培提出了这一全面教育理念，但在当时它并未被正式纳入教育制度的主体框架之内。随后的数十年间，中国的教育方针主要聚焦于德育、智育和体育的培养。

在1957年2月，毛泽东于《关于正确处理人民内部矛盾的问题》一文中，清晰地阐述了我国的教育方针。他强调，教育方针的核心在于使受教育者在德育、智育、体育等各个维度均能得到均衡而全面的发展，进而成为具备社会主义觉悟与文化素养的劳动者。这一方针不仅为我国后续的教育发展奠定了坚实的基础，而且为教育目标和方向提供了明确的指引。

随后，在1978年4月的全国教育工作会议上，邓小平再次重申了这一教育方针的重要性。他明确指出，教育质量的评价标准应与毛泽东所倡导的全面发展理念相一致，即要注重受教育者在德、智、体等多方面的全面成长，而非仅仅局限于某一方面的片面发展。这一论述进一步强化了全面发展理念在教育领域中的地位，为我国教育的长期健康发展提供了有力的理论支撑。

随着时代的推进与社会的变迁，1999年，中国的教育方针迎来了新的发展阶段，显著地将"美育"纳入其中。新的教育方针阐述为：教育必须为社会主义现代化建设服务，与生产劳动紧密结合，致力于培养在德智体美等诸多方面全面发展的社会主义事业建设者和接班人。值得注意的是，尽管"劳动教育"并未被明确单独列出，但在教育实践中，始终强调与生产劳动的紧密结合，旨在培育既具备理论知识又拥有实践能力的劳动者和建设者。

然而，尽管劳动教育在教育政策中并未被完全忽视，但长期以来，其地位却一直处于边缘化状态。劳动教育往往被视作德育、智育、体育和美育的附属品，缺乏应有的独立地位和重视程度。在实际操作过程中，劳动教育在学校层面常被弱化，家庭层面则趋于软化，社会层面更是被淡化，而在研究层面也往往被虚化。这些现象在实际中屡见不鲜，严重制约了劳动教育的有效实施和发展。

综上所述，自新中国成立以来，我国教育方针经历了三次具有里程碑意义的变革。1957年，毛泽东提出的"德智体"全面发展理念，奠定了新中国教育的基石。随后，在1999年，随着社会的全面发展，"美育"被正式纳入教育方针中，丰富了教育的内涵。而到了2018年，"劳动教育"地位的明确，标志着"德智体美劳"全面发展新格局的形成。这三次变革紧密地与社会经济发展的步伐相契合，旨在因应不同历史时期的挑战与需求。

教育方针的这一演进历程不仅展现了我国教育的时代性和前瞻性，更凸显了劳动教育在民族复兴伟业中的不可或缺的战略价值。劳动教育在培养学生实践能力、创新精神以及社会责任感等方面具有独特作用。因此，将劳动教育纳入教育方针，不仅是对传统教育理念的传承与发展，更是对未来社会人才培养模式的创新与探索。

二、劳动教育在我国教育体系中的学科地位

第一,劳动教育在中国特色社会主义教育制度中占据核心地位,对培育具有劳动精神、正确劳动价值观和劳动技能的社会主义建设者和接班人至关重要。劳动教育在个体层面能提升学生的实践、创新和责任意识,在社会层面则有助于培养适应社会主义现代化建设的高素质劳动者。党中央高度重视劳动教育,如2019年习近平总书记主持的中央全面深化改革委员会第十一次会议通过了加强劳动教育的意见,2020年中共中央、国务院正式颁布该文件,将劳动教育提升至国家教育战略高度,并明确其在新时代教育体系中的重要地位。这一决策为劳动教育的深入发展和培养全面发展的社会主义建设者和接班人提供了保障。

第二,劳动教育在个体成长过程中具有根基性和灵魂性的作用,为个人的全面发展奠定了坚实基础。具体而言,劳动作为人类文明的基石,构成了个体身心发展的基础。缺乏劳动,个体的成长与进步将失去依托,甚至可以说,脱离劳动的成长是虚幻的。此外,劳动不仅是知识建构与创新的源泉,还为所有学习活动提供了根本支撑。没有劳动作为基石,知识的建构与创新将难以发生,更无法持续。同时,劳动技能作为众多学习技能的原点,与学习活动紧密相连,二者与理论推演相互促进。因此,缺乏劳动的教育过程是不完整的。通过劳动教育,可以培育和塑造个体对世界的认知方式,激发其探索精神、创新能力和实践经验。这不仅有助于提升个体的观察、分析、判断、解释、评价、预测、想象及综合能力,还能够锻造在人工智能时代无法被替代的关键技能。因此,劳动教育在当代教育中具有不可替代的重要地位。

第三,劳动教育在德智体美劳全面发展的教育体系中占据核心地位,与其他四育紧密相连且各具特色。劳动教育不仅贯穿于教育的各个领域,而且体现了人才培养的综合性目标,是支撑其他四育的重要且相对独立的领域。同时,劳动教育并非孤立的教育形式,而是一种渗透性的教育理念,无时无处不在影响着人们的生活、学习和工作。因此,五育并重,形成了一个以德为导向、以智培养才能、以体强健身体、以美塑造心灵、以劳支撑梦想的完整教育体系,共同构成了"人的全面发展"的培养路径。

为推进具有中国特色的劳动科学之发展,应致力于系统构建并逐步完善劳动科学的理论与学科框架。在此过程中,需要重视整合跨学科的资源,深化对劳动问题的多维度探讨,以期推动相关学科及高等教育的协同进步。同时,应

该加大对劳动科学研究领域的投入力度，为学科建设、学术研究以及智库发展提供坚实支持，并着重强化国家层面对劳动教育课题的扶持。此外，需要注重劳动科学研究成果的广泛传播与普及工作，通过创新传播手段与方式，提升公众对劳动科学的认知和理解，以期运用科学理论和方法有效应对劳动领域的复杂挑战。

三、德智体美劳全面发展的教育方针的时代价值

《中共中央 国务院关于全面加强新时代大中小学劳动教育的意见》明确指出，需将劳动教育与德育、智育、体育、美育相互融合，并紧密结合经济社会的发展变革以及学生的实际生活情况，积极探索符合中国国情的劳动教育模式。习近平总书记进一步强调了教育工作的根本目的在于凝聚人心、完善人格、开发人力、培育人才和造福人民，并努力构建一个包含德智体美劳五个方面的全面培养体系，以优化人才培养结构。在这一综合教育体系中，"劳"不仅被确立为一个重要的培养目标，更被视为实现其他教育目标的关键途径。

将劳动教育作为独立要素纳入新时代的教育方针，进一步彰显了劳动教育在人才培养过程中的核心地位。中国，作为社会主义国家的代表，尊重劳动和劳动者不仅是其政权稳固的根基，也是其经济社会持续发展的动力源泉。然而，随着社会主义市场经济的繁荣发展、改革的持续深化以及科技的日新月异，生产方式、劳动组织形态和收入分配模式均发生了深刻变革。这些变革无疑极大地激发了劳动者的积极性和创造性，为社会进步注入了新的活力。但与此同时，社会上出现的轻视劳动的倾向以及青少年中劳动意识淡薄的问题也日益凸显、不容忽视。因此，强化劳动教育、重塑劳动价值观显得尤为重要。

强化劳动教育是培育青少年健全人格、促进其健康成长的重要途径。青少年作为国家的未来和希望，具有极高的可塑性，而教育的导向对人才培养至关重要。劳动教育的融入，有助于引导学生参与劳动实践，培育其健全人格，同时也为培养全面发展的社会主义建设者和接班人奠定了基础。德智体美劳全面发展的教育方针，不仅具有时代价值，更蕴含深远的政治与社会意义，为中国特色社会主义教育提供了核心要义和价值指引。

第五章

劳动素养的基本内涵、核心要素和培育模式

第一节 劳动素养的内涵及要素

一、劳动素养与职业素养

（一）几组概念的辨析

1. 工作、职业和事业

个体的职业生涯通常遵循一条由工作到职业，再发展至事业的轨迹。在这一职业发展路径上，多数人都积极投入，各有所成。部分人在各自的工作岗位上默默付出，不求名利，全心奉献于青春年华；另一些人则在自己的专业领域内不断探索创新，积极进取，逐渐成为该领域的专家；还有一部分人致力于追求自己的理想，关心国家和民众，对社会及历史产生显著影响。无论个体处于职业生涯的哪个阶段或层次，只要具备了相应的职业素养，明确了自己的目标，并持之以恒地为之奋斗，那么他们的长期愿望终将得以实现。

（1）工作

工作通常指的是从事体力或脑力劳动的活动，它是人们谋生的一种手段。每个人在步入社会之初，往往都是从寻找工作开始的，因为人们首先需要解决的是生存和安全问题。在这一阶段，上班族普遍关注的焦点包括：工作地点离

家近、工作量相对较少以及薪资待遇相对较高（即所谓的"三点期望"）。对于这部分人群而言，只要能够满足基本的生活需求即视为达成目标，他们往往缺乏长远规划、定期自我反省等职业发展方面的考量。

（2）职业

经过比较分析，我们认识到职业与工作有本质区别。职业不仅是谋生手段，更是个体职业成长与发展的重要途径。从职业生存到职业发展是质变过程，需要职业人深入自我反思与规划，确保职业与个人性格、气质、能力、价值观、兴趣及专业技能等高度匹配。具备职业发展意识是求职过程中的关键，有强烈职业发展意识的人会坚持寻找契合自己的职业并全身心投入，而缺乏此意识的人则容易满足现状，缺乏进一步追求和规划。因此，职业发展意识对于个体职业成长至关重要。

（3）事业

事业不仅涵盖了谋生与发展的问题，更增添了多重责任，这些责任包括对家庭的担当、对事业伙伴的承诺、对单位的忠诚、对社会的贡献，以及对国家和人民的使命。值得注意的是，事业并非人人可得。它满足的是人类最高层次的需求——社会认可与自我价值的终极实现。事业是职业人自主设定的人生目标和理想，为实现这些目标和理想，职业人愿意不惜一切努力和奋斗，甚至投入毕生的心血。

在探讨工作、职业与事业三者之间的关系时，我们可以发现它们之间存在着紧密的联系和逐步的升华。当我们将所从事的活动仅仅视为一种谋生的手段时，它便被定义为一份工作。然而，当我们不仅将所做的事情作为解决生计问题的途径，还将其视为未来职业发展的道路时，它就升华成为一份职业。更进一步地，如果我们所从事的工作不仅能够解决谋生和发展的问题，还承载了诸如对家庭、社会、国家等多重责任时，它便成为一项事业。这种转变体现了个人价值观念的升华和对社会责任的承担。

2. 素养、职业素养和劳动素养

（1）素养与素质

素养与素质在内涵上大致相同，二者在学术领域中常被互换使用。过去，在中小学阶段，我们更多地使用"素质"一词，而在大学阶段则更倾向于使用"素养"。不过，近年来这一区别逐渐模糊，二者有趋同的趋势。在具体应用时，素养与素质有广义和狭义之分。例如，在描述学习目标时，我们通常采用狭义的定义，将素养或素质与知识、能力相提并论。

同样地，职业素养与职业素质也可以被理解为具有相似的内涵。在广义上，或者说在更普遍的范畴内，二者都涵盖了职业知识、职业技能、职业意识、职业道德以及职业价值观等多个方面。

值得注意的是，国内许多学者在探讨职业能力时，常常将职业能力与职业技能混为一谈。实际上，这两者之间存在一定的差异，具体取决于语境的不同。借鉴欧美国家对职业能力体系的界定，我们认为职业行动能力包含了专业能力和核心（或基础、关键）能力。其中，核心能力，也被称为关键能力，进一步包括方法能力和社会能力两个维度。

（2）职业素养

职业素养是从业者在其职业活动中所必备的综合素质，它基于个体的生理和心理条件，并通过教育培训、职业实践以及自我提升等途径逐步形成。职业素养具有内在性和相对稳定性，对职业活动产生决定性影响。

从构成要素来看，职业素养可分为内化素养和外化素养两大类。内化素养是职业素养的核心，它包括个体的世界观、价值观、人生观等深层次要素，为职业行为提供内在指引。这些要素反映了个体对职业的理解和认同，是职业素养形成的基础。外化素养则主要体现在个体的基本技能方面，这些技能是通过学习和培训获得的，并在实践中不断得到提升和完善。外化素养是职业素养的外在表现，它直接关系到个体在职业活动中的表现和能力。

职业素养涵盖多个层面，包括职业道德、职业技能、职业意识、职业行为和职业态度情感价值观等。这些素质相互关联、相互影响，共同构成个体的职业素养。其中，职业道德是职业素养的重要组成部分，它规范了个体的职业行为，保证了职业活动的正常进行。职业技能是个体在职业活动中所必需的基本能力，它是个体完成职业任务、实现职业目标的基础。职业意识是个体对职业的认知和理解，它引导个体在职业活动中做出正确的判断和决策。职业行为是个体在职业活动中的具体表现，它是职业素养的外在体现。职业态度情感价值观则是个体对职业的情感体验和价值取向，它影响个体在职业活动中的积极性和创造性。

职业素养的构成犹如一座浮于水面的冰山，其形象地展现了职业素养的显性与隐性双重特性。显性职业素养，如同冰山露出水面的部分，主要由个体的行为习惯及专业知识技能所构成。这部分素养显而易见，是个体职业素养的外在彰显，可以通过各类学历证书、职业资格证书或专业考试等方式进行验证与证明。而隐性职业素养，则如同冰山隐藏于水下的部分，深藏着个体的动机、特质、态度及责任心等核心要素。这部分素养虽不易直接观测，但其在职业活动中的影响力却远超显性职业素养，具体体现在诚信道德、敬业精神、责任意识、法纪观念、竞争能力及团队精神等诸多方面。在职业实践中，隐性职业素养发挥着举足轻重的作用，为显性职业素养的形成与提升提供坚实的支撑。

关于职业化能力与素养的概念，它主要强调的是通过专门的学习和训练，使职业人具备特定职业所要求的能力和素质。这里的"化"字突出了过程性、性质或状态的转变，意味着从业者在职业化的过程中，需要经历一系列的学习、训练和实践，从而实现从普通人员到职业人的转变。职业化能力与素养和前面提到的职业能力与素养在内涵上是一致的，它们都强调了从业者在职业活动中所必须具备的能力和素质。

（3）劳动素养

劳动素养，是大学生以德智体美劳为载体，经过生活和教育活动形成的与劳动有关的人的素养，包含劳动认知、劳动能力、劳动态度、劳动品质4个维度。劳动素养是劳动教育的基本目标，包括职业道德、职业意识、职业精神、职业能力在内的通用职业素质是劳动素养在职业教育中的投射。

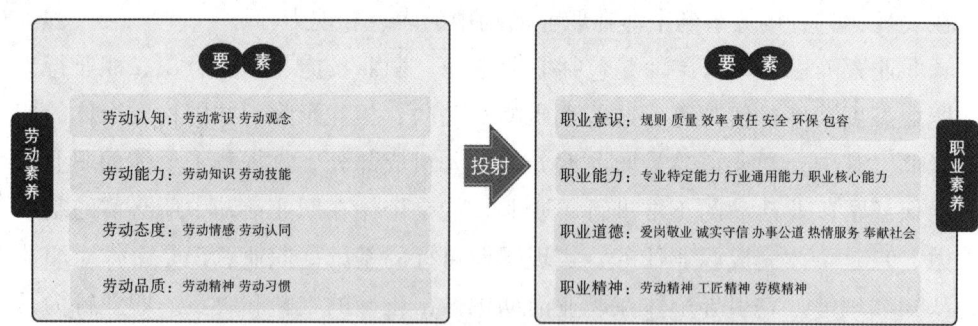

图5-1　职业素养是劳动素养在职业教育中的投射

五育融合，即德智体美劳五育并举，培育劳动精神、增强劳动能力、提升劳动素养，是高素质劳动者的培育路径，是实现全员全程全方位育人的生动实践。

二、劳动素养的核心要素

（一）劳动素养的核心要素

教育部颁布的《大中小学劳动教育指导纲要（试行）》详尽地列举了劳动教育的总体目标和内容，其中明确提出了劳动素养的四大核心要素：树立正确的劳动观念，具备必要的劳动能力，培育积极的劳动精神，以及养成良好的劳动习惯和品质。若从学术理论的角度出发，对这四大要素进行深入分析和梳理，我们可以将劳动素养的生成逻辑阐述为以下几个层面。

1. 劳动认知：劳动常识与劳动观念

劳动常识涵盖了劳动哲学的基础理论以及与劳动紧密相关的法律法规知识。在劳动观念方面，我们需深刻领悟劳动对于人类发展和社会进步的基石性作用。劳动不仅是塑造个体的重要手段，更是创造价值、累积财富以及构筑美好生活的核心要素。因此，我们应当对劳动怀有崇敬之情，对每一位辛勤付出的普通劳动者给予充分尊重，并坚定树立劳动最光荣、最崇高、最伟大、最美丽的思想观念。

2. 劳动能力：劳动知识与劳动技能

劳动知识主要指对劳动工具的原理、使用方法和劳动对象的认知与把握，对生产技术的理解与应用，对劳动过程的了解与管控，以及劳动安全与防护；而劳动技能方面，则要求个体能够熟练运用常见劳动工具，通过提升体力、智力和创造力，具备完成特定劳动任务所需的设计能力、操作技巧以及团队协作能力。

3. 劳动态度：劳动情感与劳动认同

这里的情感与认同是劳动教育在知识传授、能力培养基础上，同时进行的价值塑造，是劳动素养在情感、态度、价值观方面的集中体现。

4. 劳动品质：劳动精神与劳动习惯

劳动品质则是学习者经由较为长期且系统的生活劳动、服务劳动、职业劳动过程，养成的精神、习惯、品格。它是劳动者受用终身的适应力与发展力。

（二）劳动精神的主要内容

关于劳动精神，在《中共中央 国务院关于全面加强新时代大中小学劳动教育的意见》以及教育部所颁布的《大中小学劳动教育指导纲要（试行）》中，均有清晰且凝练的概述，即"培养勤俭、奋斗、创新、奉献的劳动精神"。这一描述从整体上揭示了劳动精神的核心要义。这个劳动精神内涵的基本描述带有整体性，它涵盖了习近平在全国劳动模范和先进工作者表彰大会上的讲话所阐发的"劳动精神、工匠精神、劳模精神"。

1. 劳动者精神

劳动精神是做一名合格劳动者应该有的精神追求，是实现人生理想、改变个人命运的基本精神。其基本内涵是："崇尚劳动、热爱劳动、辛勤劳动、诚实劳动。"劳动精神在工作中的行为表现是：热爱劳动，能够以劳动为荣，尊重劳动者，尊重劳动成果；诚实劳动，能够踏实做事，不自欺、不欺人；辛勤劳动，能够努力工作，成为一个有用的人，并通过创造性的劳动，成为有贡献的劳动者。

2. 工匠精神

工匠精神是成就优秀劳动者的必要条件。其基本内涵是："执着专注、精益求精、一丝不苟、追求卓越。"工匠精神在职场的行为表现是：具备专业专注精神，能够执着坚守，苦练本领，不断提高岗位技能水平；具备精益求精意识，能够坚持质量标准，注重细节，一丝不苟；具备追求卓越意识，能够对照先进标准，持续创新，自我超越，追求极致。

3. 劳模精神

劳模精神是一种崇高的职业境界，其基本内涵是："爱岗敬业、争创一流、艰苦奋斗、勇于创新、淡泊名利、甘于奉献。"劳模精神是所有劳动者都应积极追求和践行的目标。在职场中，具备劳模精神的劳动者全身心投入工作，力求卓越，为组织和社会做出显著贡献。他们勇敢面对挑战，积极探索创新，提升工作效率，并始终将集体利益放在首位，无私奉献。这种精神是所有劳动者应追求的目标，体现了高尚的职业品质和强烈的社会责任感。

三、职业素养的要素

（一）职业素养的模型

职业素养包含显性的职业能力（岗位特定能力和行业通用能力）与隐性的

能力素养（职业核心能力、职业精神、职业意识、职业道德）。

对职业素养结构体系的剖析如下：首先，从职业行为中我们观察到的是特定岗位上的一种显性展现，即岗位特定能力。深入探究后，我们还能发现一种带有行业特征的半显性表现，即行业通用能力。而当我们剥离到最本质层面时，便可揭示出所有职业活动中都不可或缺的核心要素，即职业核心能力。这一结构体系层层递进，从表象到本质，全面揭示了职业素养的构成要素。由职业素养结构的冰山理论模型（见图5-2）可知：

岗位特定能力——水面上，可见。

行业通用能力——水面界，若隐若现。

职业核心能力——水面下，不可见。

职业意识、道德、精神——最底层，深不可见。

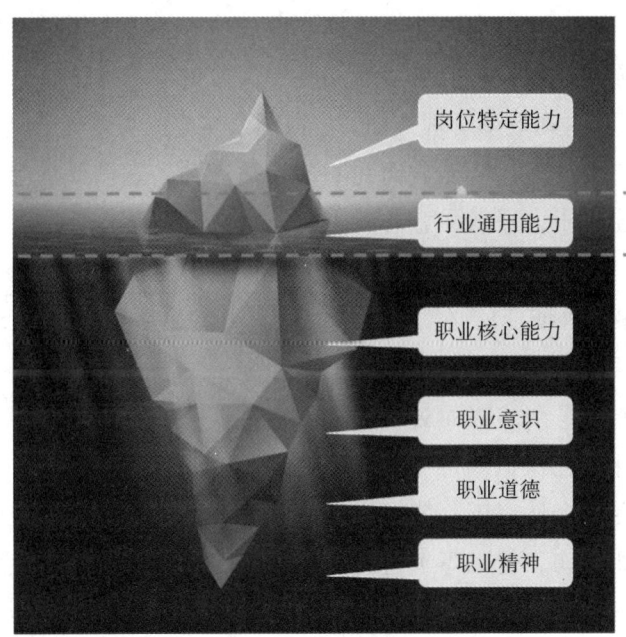

图 5-2 职业素养结构的冰山理论模型

（二）职业核心能力

职业核心能力是指职业活动中除了专业技能之外，所具备的跨岗位、跨行业的关键能力。这种能力能够适应社会的不断发展和变化，是实现个人可持续发展的核心因素。2019年人力资源和社会保障部通用职业素质专家委员会制定了《通用职业素质培训纲要》。在该纲要中，职业核心能力被划分为六个模块，分别是"有效沟通""团队合作""自我提高""信息处理""创新创造"以及"解决问题"。

其中，"自我提高""信息处理"和"创新创造"被归类为"职业方法能力"。这种能力主要基于个人，涵盖了自主学习、获取新知识新技能以及处理数字信息的能力，是劳动者实现基本发展的核心能力。而"有效沟通""团队合作"和"解决问题"则构成了"职业社会能力"。这种能力强调与他人交往、合作以及共同生活和工作的能力，是职业人士在社会环境中不可或缺的重要素质。

1. 自我提高与生涯发展力

自我提高能力主要涵盖自主学习、时间效率管理以及心理调适等多个方面。在自主学习方面，它要求个体能够根据职业岗位和个人发展的需要，自主制定科学的学习目标和计划，并能灵活运用各种高效的学习方法，从而不断提升自身的综合素质。在时间效率管理方面，它强调个体应能有效充分利用时间资源，合理安排工作，提高工作效能。而在心理调适方面，它则要求个体能够在自我认知、情绪调控、压力平衡、意志毅力以及社会交往等多个层面进行心理调适和情绪管理，以保持身心的平衡与健康，进而提升工作和生活的幸福度。这种能力不仅是从事各种职业所必需的，也是应对日常生活挑战的重要能力。

（1）情绪压力调适

心理调适能力是个体在面对职业和生活挑战时的重要素质，其标准包括：能够积极自我评估，认识到自身的优势和不足、兴趣和特长，并有目的地改善自己的弱点，促进个性完善；能够识别并理解自身的积极与消极情绪，对遭遇的负面情绪（如悲伤、忧虑等）进行有效调节，并采取适当的宣泄方法，以维持良好的心态；能够准确地识别和感受学习、工作和生活中的压力，理解压力的来源，并采取积极措施承受压力，寻求解决方案，有效缓解压力；具备自信心，勇于面对困难和挫折，正确处理学习、生活和工作中的难题；能主动与他人交往，享受交际的乐趣，具备良好的社交能力。

加强自我提高能力的提升是个人职业发展的关键，增强自我提高的能力，就是增强个人的职业发展力。

(2) 自主学习提高

在当今社会，学习能力被视为至关重要的首要能力。在职业生涯中，不论是继续深造于高等院校还是在职场中接受继续教育，自我学习和自主提升成为最基本的学习形式。这不仅是获得职业竞争力和适应职业发展的必需，而且也是人生学习的本质。

自主学习的能力标准包括：能够明确学习动机和目标，充分理解自主学习的重要性；能制订学习计划，明确行动要点和期限；能采用适合自己的学习方法，如在碎片化时间中系统整合知识；能根据学习目标确定学习内容、选择合适的学习方法，利用现代网络媒体技术进行学习；能自我评估学习内容，按步骤逐渐提升；通过行动要点的审核或考试，能自我陈述实现的目标，并展示学习过程和成果；能了解自己的学习优势，分析影响学习效果的因素，并进行自我反思，分享学习方法和成功经验，提出改进和提升的建议。

在信息化时代背景下，由于信息技术的发展，学习资源丰富、手段便捷，关键在于掌握有效的学习方法和手段。提升学习能力的重要一环是掌握高效的学习方法和技巧。

(3) 时间效能管理

职业核心能力中的自我提高在效率管理方面的标准，为我们提供了提升的目标和方向。具体而言，这些能力标准包括：明确时间管理的重要性；设定工作的阶段性目标，并能分析工作（或项目）实施的有利与限制条件，从而制定切实可行的实施方案，明确实施步骤和时间节点，以及可衡量的目标指标；能够区分工作的轻重缓急，合理分配时间和资源，排除外界干扰，确保计划的落实；能够及时进行阶段进度反馈，克服拖延习惯，根据实际情况调整方案，有效利用有利条件推动计划进展，确保按时完成任务；最后，能够对工作（或项目）的完成效果进行评估，并作出相应的结论。

时间的管理主要取决于个人掌控能力。有效管理自己的时间，在有限的时间内实现最大的学习效益和工作效率，是每个人获得成功的关键因素。

2.数字素养与时代适应力

数字素养是指个体基于职业活动的需求，利用多种方式和技术，有效收集、深度开发并广泛交流应用文字、图表、数字、音像等多元化信息资源的能力。这种能力不仅渗透于人们的日常生活之中，更成为从事各类职业所不可或缺的方法论基础。

目前,我们所实施的数字素养培训,正是基于文字、数据、音像等多媒体元素,利用信息技术、媒介传播以及信息交流等数字化工具,旨在提高个人在多变工作任务中的适应能力以及实际问题的解决能力。这种培训具有普遍的适用性,无论是何种工作岗位或哪一类人员,均能从中获得实际的助益。

从信息处理活动的流程来看,我们可以将其概括为三个核心环节:首先是信息的收集和选择,这一环节强调从纷繁复杂的信息源中筛选出有价值的内容;其次是信息的处理和开发,即通过对收集到的信息进行深度加工,提炼出有用的知识和信息;最后是信息的展示和应用,将处理后的信息以恰当的方式呈现出来,并应用于实际的工作和生活中。这三个环节相互衔接,共同构成了信息处理活动的完整链条。

(1)收集选择信息

收集选择信息的能力要求具体包括以下几个方面:首先,个体需要能够根据实际需求,从众多信息来源中挑选出合适且有效的信息渠道;其次,应能熟练运用网络检索、阅读、直接观察、询访等多种方法,广泛获取信息,并在此过程中具备辨别信息真伪的能力,能够通过定量检核等手段确保信息的准确性;此外,个体还需掌握通过测量、读取等方式获取相关数字信息的技能,能够理解和解读各种形式的数据,利用计算工具对数据进行处理,以获取新的数据信息,需对不同来源的数据信息进行有效筛选、分类和汇总,以提升信息整合的效率;最后,在确定信息用途的基础上,个体应能灵活运用下载、复制、裁剪、粘贴或插入文本、图像和数据等信息化手段,高效地完成信息的收集工作。

(2)整理开发信息

在当今多元世界中,我们每天都处在丰富多彩、复杂多变的环境中,与这个世界建立各种联系。日常生活中,我们基于特定的需求,接触并挑选不同的信息,作出判断和选择,这是日常重要工作之一——信息的整理与开发。

在整理开发信息的能力要求方面,我们需要能够对信息进行分类和筛选,理解资料所表达的观点,并归纳出信息的关键点。根据工作需求,应具备能够归纳汇总信息的能力,使用计算机创建目录、索引、文摘、简介等类型的信息。此外,还需要能够使用工具和软件对数据进行计算,处理较为复杂的数据,并发现错误信息及其原因。最后,应掌握使用特定格式对文本、数字、表格、图形信息进行编辑的技能，在计算机上以文本、图像和数字的形式扩展、生成信息并进行保存。

（3）展示应用信息

信息收集和整理的根本目的是满足工作需求，并在此基础上进行信息的展示和交流。随着技术的持续进步，信息传递方式日趋多样化，这不仅显著提升了信息传递的速度，还进一步优化了信息传递的水平和质量。

展示应用信息方面的能力要求包括：能够将整理好的信息通过口头、书面以及音频、视频等多媒体形式进行传递和交流，并能使用网络工具进行信息传递；能利用计算出的数据结果准确描述工作任务或现状，提出简单的判断和预测，并使用恰当的方法展示数据结果；能选择规范的方式和合适的版面布局来展示和组合信息；能根据任务和信息类型准确、清晰、重点突出地显示相关信息，并妥善保存信息；能遵守版权规定，维护信息安全，并表现出良好的信息素养。

3. 创新创造与职场竞争力

创新创造能力是在工作活动中，为了改变现状，借助创新思维和技术手段，能够提出改进或创新的方案，并且勇于实践和实施这些创新方案的能力。通过这种能力，个体能够创造出新的精神或物质产品，推动事物的持续发展。因此，创新创造能力是一种在各职业领域都极其需要的能力。

（1）提出创新方案

在提出创新方案这一阶段，所要求的能力包括：具备创新意识和创新思维，能够对现状进行客观分析，并针对发展趋势，准确指出新的需求和存在的不足之处；同时，要能够突破固有的思维障碍，灵活运用多种创新方法，提出具有创新性的建议；此外，还需要对可利用的资源和限制条件有清晰的认识，以便能够独立制定出具有创新性的方案。

（2）实施创新方案

创新是一个由思维转化为实践的过程，它需要明确的方案和计划作为指导。对于个人的创新活动而言，方案可以在心中构思；然而，对于团队的创新活动或复杂的创新行动而言，具体的方案则显得尤为重要，它能够确保团队成员的行动协调一致。此外，为了确保创新的成功，方案的设计必须经过严谨的论证和考量。

在实施创新方案这一阶段，所需的能力主要包括：能够明确创新方案的具体目标、实施方法、步骤安排、潜在难点以及应对策略；能够采纳他人的建议或坚持自己的观点，在比较多种方法的基础上，确定最佳的实施方案；同时，需要能够根据现有的资源和条件，有效地实施方案，从而创造出新的事物或成果。这些能力共同构成了成功实施创新方案所不可或缺的要素。

（3）评估创新效果

创新并非一成不变地沿着单一路径前行，亦非无节制地追求新奇与变革。在当下这个要求不断开拓创新的时代背景下，我们既要培养创新思维，更要注重创新实践的落地。然而，要确保创新的实效性，创新评估环节至关重要。只有通过严格评估的创新，才能证明其真正的价值。

在评估创新效果阶段，所需的核心能力主要包括：针对出现的问题采取适当措施进行调整以推动问题有效解决的能力；按照既定步骤对创新方案实施过程进行检查或测评以确保其按计划进行的能力；掌握正确评估方法、熟悉相关创新技术与政策，从而对创新方法及其成果进行准确全面评估的能力。这些能力共同构成了评估创新效果所必需的核心素养。

4. 有效沟通与职场发展力

有效沟通能力是指通过口语交谈、公开演讲、书面表达等多种方式，能够清晰、准确地传达观点、分享信息的能力。在学术、职业及日常生活中，这种能力都显得尤为重要。它不仅能够促进知识的有效传递，增进相互之间的理解，更能为个人和组织的发展提供有力支持。

（1）口语交流

口语交流能力的要求包括：积极的交流意识，能够敏锐地抓住交谈机会并围绕主题进行深入的对话；有效的倾听能力，能够准确理解对方的观点和意图，并作出恰当的回应；在正式场合中，能够清晰、简洁地阐述自己的见解，确保表达内容主题明确、条理清晰、措辞得当；同时，还应具备主持小型讨论的能力，能够引导讨论进程并作出总结；此外，还需掌握与不同群体（如上级、同事、客户等）的沟通技巧，并遵守职场礼仪，恰当运用肢体语言以增强表达效果；最后，应熟练运用现代信息技术和网络工具进行沟通，并能够灵活运用PPT、图表等多种辅助手段来清晰地阐述主题。

在口语交流中，不论是面对面的交流还是通过现代信息技术进行沟通，都需要我们进一步提升这一关键能力。它在职业发展中占据核心地位，是开启成功之门的关键。

（2）当众发言

在正式场合中，按照预定主题当众系统地阐述个人见解和看法的行为被称为演讲。在职业领域内，无论是部门会议中的工作部署、对某项工作的全面建议与思考、关于项目运营的分析说明，还是产品宣传等，均要求具备良好的当众演讲能力。

关于"当众发言"的能力标准，具体表现在以下几个方面：

在与人交往的过程中，能够就简单主题进行即兴的简短发言。这种发言要求有一定的准备性，可能是书面的、图表的或其他形式的预备工作。在较为正式的社交环境中，发言者须按照预定主题，条理清晰地表达自己的见解和看法。

同时，发言内容应主题鲜明、逻辑严谨、措辞得当，并辅以通俗易懂的实例，以确保听众能够准确理解发言的核心要点和层次结构。在表达方式上，应使用规范的语言、恰当的语音语调和手势姿态，使发言符合社交场合的要求并满足听众的期待。此外，发言者还应善于利用各种辅助手段，如图表和黑板等，以更直观地阐明发言主题。

（3）书面表达

写作是阅读的消化与应用，是在人际交流中不可或缺的重要表达方式。在书面表达中，我们需掌握以下技能：如何选择合适的文体，运用多种书面形式，充分利用和组织材料，运用基本的写作技巧，并采用合适的写作风格来增强文章的说服力，准确表达观点。

在书面交流中，例如撰写两篇较长的工作报告或论文（文中至少包含一幅图表或图片），所需能力包括：选择基本文体，根据工作任务选择或确定适合的应用文体，撰写较长文稿；采用各种书面形式，包括不同的文字编排方式以及示意图、略图或图像等，以突出文章内容；利用和组织材料，增强论据或推理内容，明确阐述文章要点；掌握基本写作技巧，通过起草、修改和重写，清晰表达主题，确保文稿层次分明、逻辑清晰、语言通顺、用词规范、标点准确、书写工整、版面符合要求；采用适当的写作风格，根据文章主题特点，选择恰当的风格以支持观点，提升文章的说服力。

5. 团队合作与工作协调力

团队合作能力在职业活动中占据着举足轻重的地位，它涵盖了协商合作目标、相互配合工作、调整合作方式以及不断优化合作关系等多个方面，是从事各种职业必备的社会能力。"团队合作"模块的活动要素有三个：协商合作目标、相互配合工作和改善合作效果。

（1）协商合作目标

在协商合作目标阶段，所需的能力主要包括：能够清晰地识别团队合作中各方的共同利益点，并对合作目标表示认同；能够充分展示个人在团队中的独特价值和优势，明确自己在团队中的角色定位；能够了解和有效利用团队现有的各种资源，积极参与制订合作计划；同时，还需要遵守团队合作的基本规则，并提出有效的措施来预防和解决团队内部可能出现的消耗和冲突。

在社会生活中，无论是作为个体加入新的团队，还是自主组建团队来完成某个项目或进行创业，合作的过程和应对策略都会对我们每一个职业人的合作协调能力提出严峻的挑战。因此，我们必须不断强化自己的合作精神，通过各种途径和方式提升自己的团队合作能力，以便更好地适应和应对各种复杂的团队环境和合作需求。

（2）相互配合工作

在相互配合工作阶段，所需的能力主要包括：能够清晰地划分和明确各自的责任范围，根据工作指令迅速进入工作状态并按计划执行；能够实时反馈工作进度，对遇到的障碍和困难做出及时处理，从而确保整体进度的顺利推进，避免延误和失误的发生；能够赢得上级的信任和同事的信赖，有效调整协同状态，充分发挥个人及团队的优势；同时，还需要具备理解差异、正确应对矛盾和冲突的能力，以宽容的态度弥补过失，促进团队的和谐与稳定。

我们深知，初心和使命的落实是关键，而要实现合作目标，实施过程中的协调合作更为重要。协调合作过程、共同努力、克服困难、化解冲突、团结一致向前推进任务完成，这种协调合作过程的能力正是我们需要重点把握的能力要素。通过提升这一能力要素，我们将能够更好地应对团队合作中的各种挑战，确保任务的顺利完成。

（3）改善合作效果

在改善合作效果阶段，所需的能力主要包括：能够全面分析合作过程中的积极与消极因素，提出针对性的改进措施以弥补不足，从而确保合作目标的实现；能够接受来自各方的批评与建议，对工作中的失误进行深刻反思并及时纠正；同时，还需要能够积极表达不同观点，对岗位设置及工作分工提出建设性意见。

合作的根本目的在于实现共同目标并获得理想效果。影响合作效果的因素众多，因此，如何充分利用合作的条件，持续进行改进和优化合作效果，是事业成功的关键步骤。这种持续改进的过程不仅是职业发展的重要阶梯，也为我们在职业道路上的进步提供了巨大的发展空间。

6. 解决问题与工作执行力

当面对问题时，如能准确把握问题的本质和关键点，那么解决问题就成功了一半。在问题解决的过程中，保持对目标的专注，聚焦核心问题，并采用科学合理的方法，就能有效地解决问题。解决问题能力包括三个主要的活动要素：提出解决问题方案；实施解决问题方案；检查评估结果。

（1）提出解决问题方案

在提出解决问题方案的阶段，所需的能力主要包括：具备敏锐的问题意识，能够准确识别问题所在，全面理解与问题相关的各种因素，并清晰描述问题的主要特征；同时，需要能够明确解决问题的目标，具体阐述目标的状态，并指出在解决问题过程中可能存在的条件限制；此外，还需要能够灵活运用多种方法，形成多样化的解题思路，并通过比较分析，确定一个最为有效的解决方案。

在日常生活中，我们每天都会遇到各种问题，无论问题大小，解决问题的能力是判断一个人是否具备真正能力的关键指标。在企业环境中，解决小问题的是基础人才，解决大问题的是高级人才，而在关键时刻能果断决策，处理复杂和变化多端的战略性问题的，则被视为杰出人才。这种能力在职业发展中具有极其重要的价值。

（2）实施解决问题方案

在实施解决问题方案的阶段，所需的能力主要包括：能够争取使方案获得相关方面的批准，并制订出较为详细的解决问题实施计划；同时，需要能够充分获取和利用所需的各种支持条件，以确保方案的顺利实施；此外，还需要能够高效利用各种资源，全面完成计划的各项任务。

事实上，任何问题的解决在方案形成后，都需要经历一个计划实施的过程。缺乏这一环节，再完美的方案也只会是纸上谈兵。因此，分析问题是前提，而落实解决方案才是根本。行动，才是解决问题的关键所在。

（3）检查评估结果

在检查评估结果的阶段中，所需的能力包括：能够实际检查问题解决的过程和最终结果,并准确执行检查工作;能具体总结问题解决的过程(包括每个步骤)并作出结论;能评估问题解决的效果,并能够说明问题解决的原因。

判断一个问题的解决是否成功,关键在于对问题解决后的结果进行细致的评估和鉴定。在此基础上,还需要总结经验教训,提出未来改进的方法和措施。这一过程不仅涉及结果的评价和分析,还包括对整个解决过程的深入理解,以及从中吸取的教训和改进的方向。

(三)职业基本意识

职业基本意识是从业者对所从事职业的基本理解与认知,并在此基础上形成的必要工作观念和应有的工作态度。作为职业素养的核心组成部分,它对于提升工作效率和质量发挥着至关重要的作用。一般来说,职业基本意识包括七个主要方面,分别是规则意识、质量意识、效率意识、责任意识、安全意识、环保意识和包容意识。这些方面相互关联、相互支撑,共同构成了从业者应具备的全面而系统的职业基本意识。

1. 规则意识

规则意识是指从业者在工作中遵守法律法规、行业规范、组织规章制度、岗位操作规程,具有规范管理、规矩自觉的观念和态度。规则意识在职场的行为表现是:

具备法治观念,能够积极尊法学法、自觉守法、遇事用法。

具备自律规矩意识,能够敬畏规则,遵守纪律与工作规程,服从组织,忠诚组织,规范办事,自我约束。

培养规则意识需要敬畏规则,遵章守纪。

第一,坚守法律法规这条人生的底线。

法律虽然给遵守者带来短期的不便,但从长远和整体角度看,却给社会及遵守者本人带来显著益处。因此,我们应积极了解并学习与自身利益密切相关的法律。在工作和生活中,我们不仅要自觉遵守法律,还要勇于与违法犯罪行为作斗争,共同维护法律秩序,为社会的和谐稳定贡献力量。

第二,自觉遵守行业规范与企业规章制度。

行业规范,作为特定领域内对技术要求、操作规程、职业操守的统一标准,既是对国家法律和政策的响应,也是行业内部自律的具体体现。这些规范贯穿于各个经济社会领域的企事业单位,成为维护组织运作和行业秩序的基石。在日常工作中，不仅要积极学习和深刻理解这些规范，还要将其内化为自觉行为，确保持久遵循。严格的纪律性和规矩意识不仅是提升工作效率和团队战斗力的关键，也是个人成长与团队融合的基础。因此，自觉遵守纪律和规章，形成良好的遵章守纪习惯，是每个成员融入组织、实现自我发展和集体成功的必经之路。

第三，自我约束，严谨自律。

自律是一种基于法律规则规范的自我约束行为，体现了高度的内控性自我管理。从广义层面理解，自律意味着在没有外界直接监督的情况下，个体能够主动要求自己，化被动为主动，自觉遵循法律法规，以其为准则来严格约束自身的言行举止，实现所谓的"慎独"。而从狭义角度来看，自律并非意味着被繁杂的规章制度所束缚，相反，它是通过个体的自我约束行为来创造一种有序的状态，从而争取到更大的自由空间。

第四，了解企业文化，提升岗位胜任能力。

企业文化是企业在特定环境下孕育而成的独特精神财富与物质形态的集合，涵盖了企业愿景、价值观、道德规范等诸多层面，其中价值观被视为企业文化的核心。作为一种"软规矩"，企业文化虽不具备法律意义上的强制性，但却在员工行为塑造中发挥着不可或缺的内在指导和约束作用。因此，对于新员工而言，在熟悉公司规章制度的基础上，更应当深入了解和积极融入企业文化，以提升自身的适应能力和岗位胜任力。

第五，学习职场礼仪规范，树立良好职业形象。

礼仪作为人际交往和社会互动中的行为规范，体现了互敬互爱的精神，既是个人内在修养的反映，也是优化个人形象、推动和谐交流的关键要素。礼仪涵盖了仪容、表情、举止、服饰以及谈吐等多个维度。细致入微的规范，有助于个人形象的精心塑造与维护，进而彰显出个人的良好教养与优雅风度。礼仪所遵循的原则主要包括尊重与真诚、宽容与自律、从俗与适度等，这些原则强调在交际过程中应尊重他人、以诚相待、宽以待人、严于律己，同时尊重地域文化差异并保持适度。深入了解和积极融入职场礼仪，能够提升个人的魅力和社交能力，是构建良好职业形象和文明职业气质的基石。

2. 质量意识

质量意识是从业者在生产、建设、服务、管理等工作过程中对产品或服务必须符合固有特性标准，满足要求的观念和态度。质量意识在职场的行为表现是：

具备质量第一理念,能够严格按质量标准做事,交付符合标准并满足要求的工作成果,能够主动采取预防与纠正措施,解决质量问题。具备客户至上的观念,努力满足客户需求。

培养质量意识的关键:提高工作质量。

第一,客户第一:确保质量的前提理念。

客户第一和质量至上是企业运营的核心原则,强调在所有情况下,产品质量和客户需求是最高决策标准,对所有工作和所有员工都具有决定性影响。这意味着任何行为和选择都必须优先考虑质量保障和客户满意度,确保这两个方面具有对企业活动的最终指导和否决权。

第二,过程控制:确保质量的抓手所在。

质量源于生产过程的严格控制而非仅依赖检验。各岗位员工需严格遵循操作要求,确保产品质量。因此,每位员工都应承担起质量责任,追求"第一次就做好"的零缺陷原则。这既提高了工作效率,降低了成本,又保证了产品品质,实现了客户满意和员工的成就感,达到了多赢的最佳效果。

第三,严格要求:拒绝"差不多"。

我们身边常见的"差不多"现象可能也在我们自身存在,这是一种潜在的自我放弃态度,会侵蚀个人的职业精神和工作热情。每一份工作方案、每一个工作环节、每一个产品零件都是个人品牌形象的体现,映射了我们的形象、性格和气质。因此,为了实现自我超越,展现最好的自己,我们必须坚决拒绝"差不多"的心态和行为,持续追求卓越与精益求精。

3. 效率意识

效率意识是从业者在工作中力求最小投入产出最大收益的观念和态度。效率意识在职场的行为表现是:具备计划意识,能够分清轻重缓急,有效管理时间,做事有条理,日清日结;具备多快好省的结果意识,能够积极改善工作方法,争取最佳工作成效。

培养效率意识的关键:提高工作效率。

第一,掌握技能,管理时间。

提高工作效率的基本途径包括:掌握岗位所需的基本知识和技能,即应知应会;通过熟练操作规程、规范及分解练习来提升技能,并结合观察学习他人经验和思考来提高自身操作水平;有效管理时间,通过科学分配时间和优先处理重要事务，遵循"二八原理"来确保高效完成任务。这些方法的实施有助于工作者在有限时间内实现更高的产出比，提升工作效能。

第二，掌握方法，做事有条理。

高效做事的三个顺序：一、先做对；二、速做成；三、再做好。

在接受领导分配的工作任务时，首要之务并非立即投入执行。实际上，在执行之前，还有一项至关重要的任务，那就是明确工作目标。这样做旨在确保我们从一开始就朝着正确的方向前进，从而避免走弯路或进行不必要的返工。简而言之，我们应该力求先"做对"事情，再追求速度和效果。

第三，用 PDCA 循环提高工作质量与效率。

PDCA 循环，即计划（Plan）、执行（Do）、检查（Check）、行动（Action）的循环，是一个广泛应用于全面质量管理和各类工作中的科学程序。它是一个连续的工作流程，即制订计划、实施行动、进行检查和修改、再次执行与落实，强调对执行结果的检验和总结，将经验和教训分类以进行标准化或共勉。PDCA 循环的核心在于持续的"行动"部分，确保通过反复迭代优化，解决问题并持续提升工作质量、效率和成果。

4. 责任意识

责任意识是指从业者对于自身所承担职责的认知和履行，即应尽力做好分内之事，并在未能妥善完成职责时勇于承担相应过失的观念和态度。责任意识在职场的行为表现：

具备履职尽责意识，能够清晰岗位职责，忠于职守，出现问题不推诿，敢于承担责任。具备执行意识，能够坚定服从，主动担当，完成工作任务。

培养责任意识的关键：自觉担当责任。

第一，积极主动负责任的态度。

自觉担当责任首先体现在积极主动、认真负责的工作态度上。这涉及全面而认真地履行职责、尽职尽责地完成任务，以及致力于实现最佳工作绩效。工作绩效的高低通常由三个核心要素决定，即知识、技能和态度。这三者共同构成个人的职业素质基础，是实现职业成功和个人发展的基石。

第二，高效执行，结果第一。

在职场中，评判一个人的价值及责任感，主要依据其执行力及最终达成的执行效果。高效执行意味着在面对组织分配的任务时，能够无条件地接受并坚决完成；同时，在遵循规章制度的前提下，不寻求变通，不降低标准，始终保持言行一致，信守承诺，确保行动必有结果。

第三，勇挑重担，忠诚无悔。

在职业领域中，体现最高境界的责任担当主要表现为在面对重大挑战和困难时，勇敢地承担重任，忠诚且无悔地完成工作任务。具体而言，在遭遇工作中的难题和考验时，职业人应勇于迎难而上，扛起责任，克服困难，毫不退缩，不计个人得失，积极主动地承担责任，这是检验其责任感的关键时刻。同时，当面临工作职责时，应忠于职守，坚守岗位，无怨无悔，默默奉献，这便是对一个职业人忠诚、敬业和奉献精神的最佳诠释。

5. 安全意识

安全意识是从业者在工作过程中预防威胁、危害生命与健康，预防财产损失事故发生的观念与态度。安全意识在职场的行为表现是：

具备珍惜生命、珍惜财产意识，能坚持安全第一，严格遵守安全生产的规章规程。具备积极防范的忧患意识，能够自检互检，自我保护并保护他人，积极防范财产损失。

培养安全意识的关键：坚持安全第一。

第一，认知、认同、践行安全管理法规和制度。

提升安全意识的关键在于每位员工都必须重视学习和切实遵循安全法规、制度和操作规程，实现从知晓到执行，再到精通的过程，确保安全措施得到严格执行。这包括深入学习和遵守安全生产法律法规，认识法律赋予的权利与义务，加强安全意识的感性与理性认知。同时，还要认真学习并执行企业安全生产管理制度，理解安全规章和操作规程的重要性，从而以对个人、家庭、企业和国家负责的态度，积极预防安全事故的发生。

第二，坚持安全生产的基本方针与主要原则。

在安全生产领域，我们必须坚定不移地执行"安全第一，预防为主"的原则，确保安全始终凌驾于生产之上。所有生产活动都必须在确保安全无虞的前提下有序进行。同时，对于违章指挥、违章操作以及违反劳动纪律的"三违"行为，我们必须采取零容忍态度，坚决予以杜绝。为实现"四不伤害"——即不伤害自己、不伤害他人、不被他人伤害、保护他人不受伤害——的目标，我们需持续努力。此外，习惯性违章是安全生产的一大隐患，其产生原因复杂多样，包括安全意识教育不足、岗位培训缺失、作业环境限制等。然而，主观因素在其中占据主导地位,因此,生产作业人员必须高度警觉,从思想根源上加强防范,以确保安全生产万无一失。

6. 环保意识

环保意识是从业者在工作中重视环境保护与资源节约,并自觉调节自我行为的观念与态度。环保意识在职场的行为表现是:具备节能降耗意识,能够有效使用能源;具备绿色低碳意识,能够简约适度,绿色办公;具备环境保护与生态文明意识,能够从我做起,减少污染。

培养环保意识的关键:绿色低碳。

第一,强化降能降耗意识。

强化能源节约利用意识,积极采取创新措施以降低能耗指标,确保工作各环节符合节能标准要求,是有效、合理利用能源的重要途径。同时,进一步弘扬主人翁精神,增强资源忧患意识,通过个人在日常生活中的节约行为,如节约水电、减少用纸等,以实际行动践行节能降耗的理念,共同为资源节约和环境保护贡献力量。

第二,强化绿色低碳意识。

为强化绿色工作意识和生态文明观念,我们应积极倡导简约适度、绿色低碳的工作与生活方式。确立"绿水青山就是金山银山"的核心理念,自觉遵守《公民生态环境行为规范十条》,从个人层面出发,致力于节约能源资源、推行绿色消费与低碳出行方式。通过实施垃圾分类、减少污染产生,我们可以共同保护自然生态,积极参与环保实践与监督举报活动,为共建美丽中国和提升全社会的生态环境保护意识贡献一份力量。

7. 包容意识

包容意识是从业者在工作中尊重差异、求同存异、协同共进的观念和态度。包容意识在职场的行为表现是:具备和而不同意识,与不同性格、不同文化背景的人共事时,能够尊重个性与文化差异,包容共处;具备协同共进的理念,与不同地域、民族、国家的人沟通共事时,能够有本民族的文化自信和对异文化的理解,不卑不亢,求同存异,为共同的发展目标合作工作。

培养包容意识的关键:友善包容,求同存异。

第一,与己友善包容,善为小善。

友善之道,始于自我,唯有先与己为善,方能推己及人,进而善待他人与自然。

心存善念至关重要，如国人所言："心存善念，福虽未至，祸已远离。"对于个体而言，这意味着趋福避祸；而对于社会而言，这是正能量的弘扬。此外，珍惜现有之物亦不可或缺，包括我们当前所拥有的以及和平安定的环境。唯有珍惜，方能引发内心的共鸣，进而付诸行动，最终收获付出的喜悦。珍惜不仅是一种美德，更是积善之人所必备的能力。最后，乐善好施亦是友善之举的重要体现。当他人生活困顿、遭遇挑战或不幸时，我们应主动伸出援手，无论是言语上的慰藉还是物质上的援助，都能扶人之困，济人之难。

第二，与人友善包容，不为小恶。

友善待人并不仅限于物质上的援助或实质性的帮助，一个充满善意的目光、一个会心的微笑，或是一句温暖的问候，同样能够成为传递友善与温暖的有效途径。在人际交往的过程中，自我反省显得尤为重要。我们应当多从自身出发，深刻审视自己的言行举止，设身处地地站在他人的角度思考问题，减少对他人的无端指责，避免无谓的闲言碎语。通过不断的自我反省与修正，我们能够更好地履行自己的社会角色，塑造良好的个人形象，并维护自己的尊严与价值。此外，拥有豁达的胸襟同样至关重要。面对生活中的种种挫折与不如意，我们应当调整自己的心态，保持宽容与大度的心态，明辨是非曲直，不斤斤计较个人的得失。这种豁达的态度不仅能够让我们更好地应对生活的挑战，还有助于我们与他人建立和谐的人际关系。最后，洁身自好是每个人应当恪守的原则。我们应当言行一致，表里如一，避免在背后议论他人的是非曲直。我们应当管住自己的言行举止，时刻保持清醒的头脑和高尚的品德。只有这样，我们才能够真正做到洁身自好，保持个人的清白与尊严。

第三，与平台友善包容，感恩贡献。

企业和组织是我们生存与发展的基石，对于其赋予的平台与机遇，我们应心怀感恩。以感恩的心态投入工作，能够激发我们全力以赴、锐意进取的精神，为实现个人目标而不懈努力。在为企业创造价值和效益的过程中，我们不仅能够提升企业整体业绩，同时也能够获得个人能力的显著提升。当个人的荣辱与企业的兴衰紧密相连，感恩之情内化为一种习惯，对企业的忠诚升华为一种责任感时，我们的工作热情将被点燃，事业也将因此更具成就感和满足感。心怀感恩的员工具备多种优秀品质：他们忠诚负责，对工作充满敬意和责任心；他们积极主动，勇于担当，不推诿、不扯皮；他们追求卓越，对自我有高要求，力求在工作中精益求精；他们境界高远，能够站在更宽广的视角看待工作，为企业的长远发展出谋划策；他们善于处理人际关系，与同事和谐相处，共同营造积极向上的工作氛围；他们享受工作的乐趣，以乐观的心态面对工作中的挑战和困难。

第四，与天地友善包容，善莫大焉。

人立于世，必须怀有对生命和自然的敬畏之心。中国哲学强调天、地、人三者的和谐共生与相互交融。要实现与天地的友善包容，我们应效法水的品性。水以其善利万物而不争、海纳百川的特性，成为传统文化中友善包容的典范。传统优秀文化中蕴含的众多保护自然、珍视生命、维护和谐的朴素思想，不仅为我们现今保护生态环境、野生动物、水源和空气等行为和政策提供了思想基础，也构成了我们恪守的自然法则。

（四）职业道德

《大学》有云："格物、致知、诚意、正心、修身、齐家、治国、平天下。"职业道德，作为职业活动中不可或缺的一部分，是指符合职业要求的心理意识、行为准则和行为规范。具体而言，它涵盖了"爱岗敬业""诚实守信""办事公道""热情服务"以及"奉献社会"这五个方面。这些要素共同构成了职业道德的核心内容，指导着职业人员在工作中应秉持的态度和行为。

1. 爱岗敬业

"爱岗敬业"这一概念涵盖了"爱岗"与"敬业"两个层面。其中，"爱岗"指的是对自身工作岗位的深厚热爱，它体现了个体对职业的热情与投入；而"敬业"则是一种对工作持有恭敬且严肃态度的体现，它要求个体在工作中保持专注、尽职尽责。两者相辅相成，共同构成了"爱岗敬业"这一职业道德的重要基石。"爱岗敬业"在职场的行为表现是：能珍惜就业机会，热爱本职工作；能尊重工作规范，忠实履行工作职责，认真踏实完成工作任务；能不断学习，提升能力，胜任岗位要求。

敬业精神是实现职业成就和个人价值的关键。在职业生涯中，每一个岗位不仅是生存和发展的基石，更是展现个人能力和价值的舞台。成功的职业生涯和意义深远的人生目标的实现，在很大程度上取决于个人的工作态度和敬业精神。勤勉和对工作的尊重能在看似平凡的职业中铸就非凡成就，使职业人通过其职业实践体现人生的意义和价值。

爱岗敬业的精髓在于：态度、情感和素养。

第一，忠于职守的工作态度。

敬业者对其所从事的职业抱有深厚的献身精神，他们将全身心投入其中，以实现人生价值为核心追求。这类人具备强烈的责任感，对职责有着清晰的认识，勤勉工作且无怨无悔。这种敬业态度使得工作从一种外在的强制行为转变为内在的自觉行为。无论工作岗位的地位高低，只要我们能以勤勤恳恳、尽职尽责的态度去追求卓越，便能在不同领域中取得杰出成就。正如马丁·路德·金所言，任何工作都值得我们以最高的热情和专业标准去努力完成，这样的敬业精神必将赢得广泛的认可和尊重。

第二，干一行爱一行的职业情感。

职业热爱与敬业精神的关系，历来受到广泛关注。有观点认为，"爱而不敬，非真爱也；敬而不爱，非真敬也"，这深刻揭示了职业热爱与敬业精神之间的紧密联系。职业热爱被视为敬业精神的内在动力，同时也是激发个体工作热情和奋进精神的关键因素。高尔基的言论进一步印证了这一点，他强调天才的发展源于对事业的热爱。这种热爱不仅是对工作成果的追求，更是对工作过程的投入和享受。雷锋则以"做一颗永不生锈的螺丝钉"来形象表达他对工作的坚守与热爱。具有这种情怀的人将工作视为生命的一部分，孕育出快乐和幸福的源泉。

第三，勤业、精业的业务素养。

敬业与精业乃职业成就之双翼。敬业关乎个体之心态与投入，而精业则着眼于技能与专业素养之磨砺。即便一个人具备卓越的能力和素质，若缺乏敬业精神、不愿付出努力，便难以取得成就；同样，纯粹的敬业精神在缺乏相应的认识水平和技术能力时，也难以达成卓越成就。在科技迅速发展的现代社会，终身学习、不断提升专业素养和业务水平变得尤为重要。瑞士制表匠对每个零件和工序的专注和精细，正是精业的"工匠精神"的体现。如今，各行各业都有标兵和模范，他们不仅体现了爱岗敬业的精神，也展现了勤业、精业的高标准。通过刻苦钻研、勇于创新，他们提升了自身技术水平，解决了重大技术难题，创造了优异成绩，为自己的岗位做出了显著贡献，并将敬业精神提升到新的境界。

2. 诚实守信

诚实守信涵盖了诚实与守信两大维度。诚实意指真诚无欺，其表现为言语真实、行事踏实、为人诚恳，即所言所行均出自本心，不虚伪、不做作。而守信则强调信守承诺，恪守信用，即对于所承诺之事，无论大小均能忠实履行，不背信弃义。因此，诚实守信不仅是个人品德的体现，更是社会交往中不可或缺的重要原则。诚实守信在职场的行为表现是：能够言行一致，表里如一，为人真诚老实；能够遵守合约，信守承诺，做事言而有信。

诚信是人类社会道德规范的核心，如孔子所言"人而无信，不知其可也"，强调诚信对个人和社会稳定的基础性作用。它不仅是个体社会化的初步原则（体现在不说谎、守承诺等基本行为上），也是个人成长和进步的根基。在市场经济领域，诚信更是被赋予了特殊的意义。市场经济的本质在于信任与信用交易，而诚信则是这一交易体系得以顺畅运行的关键要素。它不仅是交易成功的前提条件，更是市场健康发展的核心驱动力。诚信的存在有效降低了交易成本，促进了市场秩序的合理化，增强了经济活动的可预期性，进而提升了整体经济效率。在互联网环境中，信息的传播速度与范围空前扩大，诚信的价值也被放大。一个缺乏诚信的企业或个人将难以在网络空间中立足，而具备高度诚信的企业或个人则将赢得广泛的信任与支持，从而在激烈的市场竞争中脱颖而出。

诚实守信的精髓在于：诚实、真诚和恪守。

第一，诚实劳动。

诚信不仅仅是遵守约定和履行合同的问题，它更深层次地体现了劳动创造中的态度和品德。在认识世界、改造自然和社会的实践活动中，诚信要求我们必须尊重客观事实，杜绝任何形式的虚假和欺诈行为，不得投机取巧或偷懒耍滑。假如说劳动是创造世界的基石，那么，唯有建立在诚信基石上的勤勉劳作，方能塑造一个旨在提升人类生活品质并增进幸福感的美好世界。

第二，真诚待人对己。

诚信是社会交往中至关重要的品质，它要求人们在交往过程中必须保持真实、不欺骗他人，同时也要对自己坦诚，不自欺欺人。诚信体现了一个人的内心忠诚、真实无欺以及信守承诺的态度和品格。只有秉持着真实的原则去为人处世，才能形成优良的工作作风和社会风气。同时，只有坚守约定、履行承诺，才能使人们内心感到踏实和安心，彼此间建立起深厚的信任，从而带来幸福感。因此，诚信不仅仅是一种道德规范，更是构建和谐社会、促进人类文明进步的重要基石。

第三，恪守诺言和约定。

诚信原则要求个体恪守所做出的承诺和签署的契约，坚决抵制任何形式的违约和背信行为。此处的承诺和约定具有多层含义：它们既可以是由个人自愿承担并产生的特定权利与义务，也可以是源自国家法律、法规、政策、规章制度等强制性规定的普遍权利与义务，同时，还涵盖了那些被社会广泛接受并遵循的传统习惯。在诚信的框架下，这些承诺和约定都具有不可侵犯的严肃性，要求人们无条件地遵守和执行。

3. 办事公道

办事公道是在办事情、处理问题时，坚持正义，站在公正立场，平等待人，公平办事。办事公道在职场的行为表现是：能公平办事，平等待人，一视同仁；能坚持正义，坚持原则，实事求是。

公平公正在新时代中国特色社会主义中占据核心地位，它不仅是社会主义核心价值观的体现和构建和谐社会的基石，也是管理者行使权力的基本要求。同时，公道待人是处世的基本原则，对于个人发展和社会和谐至关重要。为实现社会的长期稳定和持续发展，我们必须坚守公平公正，努力营造一个平等、公正、和谐的社会环境。

办事公道就是平等待人、实事求是、公平公正。

第一，为人处世"勿谄富，勿骄贫"。

《弟子规》中的"勿谄富，勿骄贫"强调真诚、平等地对待所有人，尊重每个人的独立人格，不因财富或社会地位差异而有所偏颇。这与《礼记·曲礼上》所述的"自卑而尊人"相呼应，都倡导平等尊重的待人之道。在职业和社会交往中，平等相待、相互尊重不仅是基本的人际交往原则，也是评价职业道德和社会公正的重要标准。

第二，坚持真理，坚持原则。

职业工作者应坚守真理，即坚持对客观事物及其规律的正确认知，并以此为行事准则。在职业实践中，应明辨是非，坚定政治立场，自觉抵制不良思想文化；保持信念坚定，树立正确的价值观，锤炼个人意志品质。同时，必须实事求是地处理问题，坚守正义，不惧权势；确保公平公正地执行职责，遵循规章制度，一视同仁。此外，做人应光明磊落，坦诚正直，以此彰显职业道德和人格魅力。

第三，企业管理公平公正。

企业管理者公平公正对待员工能激发其工作积极性，维护公司秩序，并提升管理者形象。为实现这一目标，管理者应建立公平的薪酬体系，确保报酬相对公平；制定合理的处罚制度，以鼓励员工审慎行为；完善组织沟通体系，提高员工参与度和公平感；建立畅通的申诉制度，及时解决员工问题；同时，设立有效监督制度，保障制度执行公正。

4. 热情服务

热情服务是指能够无条件地尊重所有服务对象，并以积极主动的态度，友善亲切地提供服务。热情服务在职场的行为表现是：能够尊重所有服务对象，无论其身份、地位如何，都能以友善、亲切的态度相待；能够站在服务对象的角度换位思考，主动了解他们的需求和期望，并不断提升服务质量以满足他们的要求；能在遭受冷遇和委屈时仍然微笑面对，主动调节自己，坚持服务质量。

在市场竞争日益激烈的背景下，服务已升华为企业的核心竞争力，其内涵远超越传统的微笑和关怀，涵盖了对员工本职工作的高标准要求及从顾客角度出发的深层次思考。仅满足基本职责已不足以界定优秀员工，唯有将顾客利益置于首位，方能彰显其卓越。

热情服务就是满足客户需求，提升服务质量。

第一，满足顾客的最大需求。

在消费决策中，顾客会权衡预期的产品和服务利益（顾客总价值）与所需投入的时间、精力、体力及货币（顾客总成本），以选择性价比最优的产品。因此，服务提供商应提升产品、服务、人员和形象价值，同时降低货币、时间、精力和体力成本，以满足顾客多元需求并优化其整体消费体验。

第二，持续提升服务质量。

优质服务不仅包含规范化服务以满足顾客基本需求，更追求超常服务以创造顾客满意、惊喜和感动的境界。这要求服务人员以积极热情的态度，提供合乎标准的服务，同时用心挖掘并满足顾客的个性化需求，甚至不惜牺牲部分利益，以超越顾客期望的方式用情服务，从而真正打动顾客。

5. 奉献社会

奉献社会是树立"人人为我，我为人人"的职业心态，在自己的工作岗位上，通过兢兢业业的工作，自觉地为企业、为社会做贡献。奉献社会在职场的行为表现是：能在工作中体现社会责任感，以踏实的工作为社会贡献自己的力量；能感恩企业，忠诚组织，主动担当，认真做好本职工作，为企业做出贡献。

奉献社会的核心在于妥善协调个人、集体与国家利益之间的关系，以保障个人利益的合法性和正当性，同时避免对集体和国家利益造成损害。在这个框架下，每个人应依据社会分工，恪尽职守、勤勉敬业，这既是对自身利益的实现，更是对国家和社会的积极贡献。通过个人的不懈努力和奉献，可以推动社会的整体进步和繁荣。

奉献社会就是知行合一，真诚奉献，主动担当。

第一，理想崇高，知行合一。

职业理想融合了职业的社会定位与发展趋势的客观认知，以及职业人对于职业发展的主观期望和判断。奉献社会的职业道德规范体现了通过贡献社会来实现个人职业理想的理念，要求职业人结合职业特点，不断探索和拓展贡献社会的方式与技术，实现知行合一。

第二，尽职尽责，真诚奉献。

奉献社会体现了崇高的精神境界和价值追求，贯穿于平凡的日常工作中。职业人应以尽职尽责、爱岗敬业的态度，充分发挥岗位职能，通过踏实工作为社会贡献力量，从而在平凡中创造非凡业绩。

第三，忠诚组织，主动担当。

忠诚要求从业人员对工作和任务尽心尽力，追求最佳效果，同时表现出勤奋、创新和奉献精神。作为职业人，应将自身视为企业不可分割的一部分，与企业共担荣辱。忠诚并不意味着一生服务于一家企业，而是在任何岗位上，都应恪守职责，对得起企业的信任和委托，这体现了职业人的道德和良心。

第二节　劳动素养培育的模式与方法

劳动素养的培育，需要以立德树人为导向，以五育融合为载体，立足人的全面发展，发挥协同育人效应，把培养高素质劳动者作为学校教育的核心目标。

为了能够适应人工智能时代对工作世界的要求，职业院校在培养学生岗位专业能力的同时，应该着力培养其职业核心能力，着力提升其职业道德、职业意识、职业精神等劳动基本素养。不少院校积极开展以问题为导向的课题研究，寻找原因与对策，探索以行为为导向的教学实践，提高学生的通用职业素质。

一、从理性回归感性，贯彻"一回三找"培养理念

回归感性：对劳动素养标准进行解读时，要回归生活或职业劳动现场，通过访谈、问卷、观察，切实掌握学生的知识经验、学习能力、实际思想，确立教学的知识目标、能力目标、素质目标，"做学生锤炼品格的引路人，做学生学习知识的引路人，做学生创新思维的引路人，做学生奉献祖国的引路人"。

找感觉：在真实的工作或生活场景中解构培训标准；依据写在纸上的能力目标进行目标识别。把抽象的培养标准，感性地对应到高素质劳动者的行为表现及素质外化上。

找载体：劳动素养重构是回到劳动中去。在重构能力素质时以实践活动为导向，以项目为载体；找到一个载体去表现能力；通过一个行为去引导行为。

找证据：在教学实践评价时注重过程性证据，让能力再现在学员的身上，完成复制。能力重构的逻辑推理路径：现场—活动—行为—表现—能力。在参与、体验、感悟中提升劳动素养。

建立劳动素养全过程育人路径。通过显性课程的引导，德智体美劳五育融合，协同育人，发挥教师"点拨"的主导作用；通过隐性课程的熏陶，以真实场景为基础，实现生涯访谈榜样引领、社会活动切实体验、技能竞赛能力提高、实训实习素质融通，发挥学生"悟道"的主体作用。

二、以问题为导向，以能力为本位的 POWER 五步训练法

POWER 五步训练法，即问题（ Problem ）—组织（ Organize ）—行动（ Work ）—

评估（Evaluate）—反思（Reflect），是在借鉴并改进李怀康提出的 ODPAE 五步训练法 [目标（Object）—示范（Demonstration）—准备（Prepare）—行动（Action）—评估（Evaluate）] 以及梅里尔的教学五要素（"聚焦解决问题""激活原有知识""展示论证新知""尝试应用练习"和"融会贯通掌握"）的基础上构建而成的。该方法通过整合这些理论与实践要素，旨在形成一套更加系统、高效且适应性强的训练体系。

P——问题导向：通过学习者已经或可能遇到的实际问题，呈现归纳出知识点和能力点。通过这些感同身受的问题，增强学习者的亲近感、代入感；面对问题挑战，学习者产生学习兴趣；一个个现实问题的解决，消减学习者的畏难情绪。

O——组织论证：涵盖了"激活原有知识"与"展示论证新知"两大要素。在教学过程中，教师需要积极调动学生已有的相关知识和经验，紧密围绕教学目标展开教学活动，并提供恰当的学习指导。同时，善用各种教学媒体，以促进学生对新知识的理解和掌握。在展示论证阶段，教师应明确阐述所需学习的内容，并通过回忆、提供和明晰等方式，确保学生掌握必要的知识和理论，且这些知识和理论应以满足学习需求为度。此外，教师还应紧扣训练目标，有效指导学生解决学习过程中遇到的问题。

W——行动实践：活动是实践行为目标的载体。为有效训练学生，我们采用了任务驱动、案例分析、小组讨论等多元化的教学方法。其中，设计项目活动被视为至关重要的环节。通过精心设计的项目活动，学生能够找到一个具体的行为参照，进而用自己的实际行动去实现设定的行为目标。这种实践方式是技能培训的基石，而项目设计则成为课程开发和教学组织中的核心任务。

E——评估有效：行为目标是考核的依据。在考核过程中，首要原则是以行为目标为依据，而非单纯依赖考试分数，更应注重学生的实际行为表现。此外，考核应以工作现场为基础，以学生的实际业绩为有力证明，这些已完成的实际业绩构成了考核的重要参考。同时，过程考核应被视为主要形式，因为培训本质上是一个活动的过程，学生的行为能力也主要是在活动过程中得以展现。因此，过程考核能最有效地反映学生职业素养的真实水平和培训的有效性。

R——反思改进：不仅仅是对已经历的失败事件的错误和问题进行回顾

思考，更是对既往经历的所有事件的回顾总结，同时也包括对未来进步的思考。反思环节，是在对当下学习训练效果进行评估自测的基础上，对过往经历的反思和总结、悟道，以及对未来精进努力的思考指引。

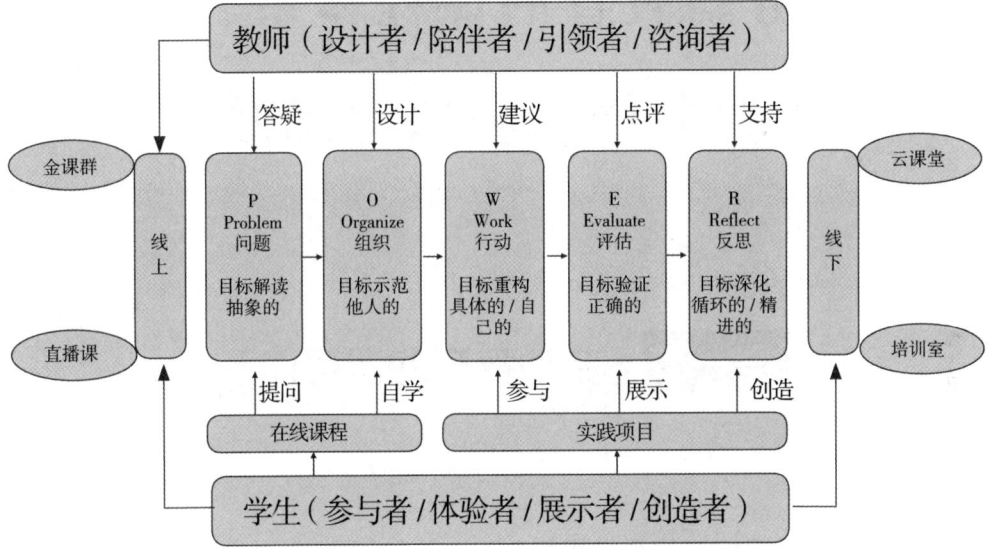

图 5-3　以问题为导向，以能力为本位的 POWER 五步训练法

第六章

劳动教育的课程体系、教学体系和课程思政

第一节 劳动教育的课程体系

一、劳动素养培育的系统思维

在新时代背景下,全面加强劳动教育和构建劳动教育体系,是一项具有战略意义、长远视角和复杂特性的社会系统性工程。各级各类学校需深入理解并贯彻全国教育大会的精神,从整体战略高度出发,注重问题导向,开展全面的调研和论证,制定实际可行的方案,并采取切实有效的措施。这一过程旨在通过统筹推进的方式,努力打造一个涵盖德智体美劳各方面全面发展教育体系,以此形成一个高标准的人才培养体系。

(一)系统化:劳动素养培育的制度设计

为了构建更加健全的人才培养体系,教育法律法规的系统化显得尤为重要。目前,《教育法》与《高等教育法》的总则已经对"培养全面发展的社会主义建设者和接班人"进行了德智体美等多方面的详细规定。然而,为了进一步完善这一体系,我们有必要对这两部法律及相关政策法规进行及时修订,将劳动教育明确纳入其中。这样一来,我们便能在立法层面上为人才培养体系的完善奠定坚实基础,同时为全面加强劳动教育提供有力的法律支撑。此外,根据全

国教育大会的精神,我国适时地推出了《中共中央 国务院关于全面加强新时代大中小学劳动教育的意见》。该文件详细阐明了加强劳动教育的核心目标、基本原则、关键环节及相应的保障机制。这为劳动教育的全面实施提供了有力的制度保障,也为推动我国教育事业的全面发展注入了新的动力。

政策制定的系统化对于教育事业这一国家与党的重大战略至关重要。政府各部门应协同合作,制定全面加强劳动教育的政策与实施方案,为其提供全方位支持。由于教育与社会其他子系统紧密相连,因此劳动教育作为其重要组成部分,与多个领域相关。为确保劳动教育的实施与成效,需加强其成果保障机制的建设,以推动其持续发展并为社会进步做出贡献。通过综合考量与协同作用,可构建更全面的保障机制。

(二)一体化:劳动素养培育的普职融通

为确保劳动教育在人才培养体系中的连贯性与递进性,教育部、共青团中央及全国少工委于2015年7月20日联合颁布了《关于加强中小学劳动教育的意见》(教基一〔2015〕4号)。该文件详细阐明了中小学劳动教育的核心目标、基本原则、关键环节及保障机制,为各级教育行政部门提供了明确的指导。在此基础上,教育行政部门应深入把握职业教育和高等教育的发展规律,紧密结合大学生的身心特点和成长需求,精心制定一套系统完备、针对性强的大学生劳动教育实施方案。如此,方能确保劳动教育在中小学与高等教育阶段之间的顺畅过渡与有效衔接,实现劳动教育的全程育人和全方位育人。

为实现劳动教育内容在各教育阶段的有效贯通,我们需对基础教育阶段与职业、高等教育阶段的劳动教育对接方式进行深入研究。此外,积极寻求职业教育与高等教育在劳动教育层面的顺畅衔接策略也至关重要,以确保不同教育阶段的劳动教育能够平稳过渡、紧密连接。通过这样的努力,我们可以构建一个既突出重点又相互支持的全面劳动教育体系。

同时,劳动教育在实施过程中应充分考虑不同教育类型的差异性。在基础教育阶段,劳动教育的重点应放在提升学生对劳动的基本认知和潜能开发上;而在职业教育阶段,则应着重于培养具有专业性和技能性的劳动技能。在高等教育阶段,劳动教育应与专业人才培养紧密结合,进一步强化研究型或应用型人才的培养目标。尽管如此,不论处于哪个教育阶段,劳动教育的核心任务始终在于引导学生树立正确的劳动价值观,并培育其深厚的劳动情怀,以塑造全面发展的个体。

（三）跨学科：劳动素养培育的五育融合

基于新时代劳动教育的意见和指导纲要，我们应以劳动素养的核心要义为指引，针对大中小学劳动教育中存在的问题，系统构建适应新时代的劳动教育内容框架。具体而言，我们需要将劳动教育巧妙地融入专业人才培养方案以及中小学的课程规划之中，通过全面优化课程设置，确保劳动教育与其他教育内容之间的紧密联系与互补。在此基础上，致力于构建一个五育融合、知行合一的劳动教育课程体系，这一体系不仅注重综合性、实践性、开放性与针对性的有机统一，更以目的的一致性、内容的连贯性和路径的互鉴性为基石，旨在全面提升学生的劳动素养，培养全面发展的时代新人。

（四）多主体：劳动素养培育的多元协同

家庭在劳动教育中扮演着启蒙者的角色。个体的成长与发展往往始于家庭环境，其中所培养的基本生活习惯与价值观念会对个人产生深远的影响。因此，我们应积极将尊重劳动、崇尚劳动的美好品质融入家风建设之中，使其成为塑造"优良家风""良好门风"的关键要素。同时，我们需坚决抵制"依赖家庭背景""啃老"等消极社会现象，努力营造健康向上、积极进取的家庭氛围，为个体的全面发展奠定坚实基础。

学校作为劳动教育的主要场所，应积极推动劳动教育与专业教育、产教融合、思政教育、社会实践、创新创业以及校园文化活动等多个领域的深度融合。这种融合旨在系统地培养学生的劳动技能，帮助他们深刻理解劳动的价值和意义，有效激发学生的内在劳动潜能，并帮助他们克服对劳动的畏难情绪。同时，学校还应大力弘扬劳模精神，通过树立榜样、引导示范，激励学生勤勉向学、积极投身于劳动实践中。这将有助于全面提升学生的自身素质，实现精神追求与自我价值的有机统一。此外，学校还应建立完善的劳动教育课程体系，将劳动教育纳入教学计划，确保劳动教育的系统性和连续性。通过课堂教学、实践操作、社会服务等多种形式，让学生在实际劳动中体验劳动的价值和意义，培养他们的劳动意识和劳动习惯。

社会是劳动教育不可或缺的重要场域。通过增强社会实践的广度和深度、进行精准有效的舆论引导、提升高技能人才的社会认同和政治参与度，以及营造崇尚劳动、尊重技能的社会氛围等多重措施，我们共同致力于构建一个积极健康、正向激励的社会环境。同时，对于社会中存在的不良风气，我们应予以批判和抵制，以确保家庭、学校和社会在劳动教育内容上形成有机统一，形成学校、家庭、社会共同参与的劳动教育格局，为学生的全面发展提供有力支持。

二、劳动教育课程设置的原则和方法

（一）劳动教育课程建设的宗旨

劳动素养的培育是贯穿个人一生的一个过程，其核心在于培养劳动观念、能力和精神。每个人从小开始就在不同的环境中，如家庭、学校和社会，培养自己的劳动素养。然而，由于生活经验、参与方式和认知差异，人们在劳动素养方面存在显著差异。教育的目的是提高学习者对劳动价值的认同，并在已有基础上提升劳动认知、能力、态度和品质，使之能够系统地理解和发展自己的劳动素养，从而提高适应职业工作的综合职业素质。与传统知识或理论教学不同，劳动素养的教学更注重实际劳动能力和精神的培养，而非仅仅教授与劳动相关的知识和理论。

因此，劳动教育的核心理念在于以真实的活动为中心——这些活动既包括生活世界中的日常劳动，也涵盖职业世界中的专业劳动——旨在培养学生的职业能力。通过采用职业活动（含模拟职业活动）作为教学手段，以及实施以任务驱动为主要学习方式的实践过程，学习者在特定知识与理论的导引下，能够提升适应现实生活或工作环境所必需的实践技能和综合素质。这种教育方式不仅有助于学生的个人成长，也为他们未来的职业生涯奠定了坚实的基础。

（二）劳动教育课程设置的原则

在目前专业技能培养受重视、综合素质培养空间受限、课时紧张的教育环境中，如何有效实施劳动教育课程建设，成为我们首要面临的挑战。劳动教育课程的构建需考虑到劳动素养培育，既不能完全依赖于课堂教学，也不能仅靠课堂之外的活动，而应通过多元化的教育，途径进行长期培养。鉴于此，结合劳动教育的特性和当前的教学实际，我们建议劳动教育课程设置应遵循以下原则：

（1）坚持历练与点拨提高相结合

劳动素养不仅仅是一种技术能力，它更是一种融合了劳动精神、工作态度以及价值观的综合素质体现。因此，养成教育被视为培育劳动素养的核心策略，而实际劳动经历则构成了获取劳动素养的主要途径。学校、家庭以及社会共同构成了培育学生个人体验和劳动素养的重要场域。在学校环境中，创建有利于学生养成教育的环境至关重要。课堂教学、社团活动、主题教育活动、社会实践及教学实习等，都是培养学生劳动素养的重要资源。高效利用这些资源对于劳动素养的培养具有显著意义。此外，组织与职业生涯需求相关的专题课程教学活动，进行引导和强化练习，对于学生的快速成长也极为关键。这些专题性的教学课程，通过系统训练和指导，能够弥补学习者独自摸索的不足，减少失败率，助力学习者快速成功。特别是职业院校的学生，由于其学习自觉性、动力和自信心较弱，加之个人悟性和在校学习时间的限制，因此，校内阶段对其进行必要的人生经验引导和系统能力训练显得尤为重要。综合来看，注重学生的养成教育并通过精准的教学引导，能够有效帮助学生迅速适应未来的生活和工作需求。

（2）专题性的显性课程与渗透性的隐性课程相结合

在学校教育环境中，显性课程通过专题形式呈现，包括劳动教育的必修与选修课程、公共必修与选修课程，以及就业指导和创新创业教育中的劳动素养模块。但由于劳动素养培育的特殊性，还需将其融入专业技能教学、第二课堂、主题教育、社会实践及实习实训等隐性课程中。在专业技能传授中，教师应注重培养学生的职业意识、职业道德、劳动精神和创新创业能力。实践证明，行动导向教学法能有效促进学生这些能力的发展，需要教师有明确的教育认识和意识，在教学中进行有针对性的引导。同时，在第二课堂和实践活动中，应将劳动素养作为重要目标，并作为隐性课程实施，配以素质学分提高学生关注度。教育工作者如专任教师、辅导员和班主任等也应肩负起培育劳动素养的责任，并进行规范管理。通过这些措施，可以更全面地提升学生的劳动素养。

（三）劳动教育课程设置的方法

在教学实践中，根据这些原则来设置显性的课程，有效的方法如下：

（1）设置"1+X"组合模块的课程，融必修与选修于一体

这里的"1"主要是劳动通识课程。其中，劳动本源与劳动价值模块主要包括劳动的本质、劳动创造世界、做新时代的劳动者三个主题，通过学习引导大学生树立科学的劳动观、确立劳动创造人、劳动创造财富、劳动创造美好生活

的价值认同，积极培养吃苦耐劳、埋头实干的劳动精神，并学会在劳动实践中培养发现问题、分析问题以及创造性地解决问题的能力。这一目标不仅在于提升体力劳动的智力含量，更在于塑造能够担当时代大任的时代新人。劳动分工与劳动组织模块包括劳动者和人力资源开发、社会分工和劳动组织、人工智能时代的劳动三部分。希望学生通过系统学习，可以多维度了解社会分工、劳动组织、劳动就业、未来工作世界等问题，促进劳动认知和适应未来工作能力的提升。劳动法规与劳动权益模块共分为劳动关系与劳动法规、劳动合同及权利保障、劳动安全与劳动保护三部分。希望学生通过学习明确自身在劳动关系中的权利与义务，有效维护个人权益，成为知法、守法、懂法的合格公民。这一模块的学习不仅为学生未来步入职场奠定坚实基础，也将助力他们更加自信地迎接职场挑战。劳动基本素养模块主要包括培育劳动精神、传承工匠精神、弘扬劳模精神三个主题内容。劳动精神是合格劳动者的精神追求，是实现个人梦想和改变命运的动力源泉。工匠精神是成就优秀劳动者的必要条件。劳模精神是所有劳动者都应该学习和追求的一种境界。

"X"指劳动拓展课程。鉴于人的劳动素养是多方面长期学习与实践的结果，且个体潜能存在显著差异，每个人的劳动素养发展轨迹各异。在同一班级内，学生间的能力差异往往远大于知识差异。因此，劳动教育课程在设置上应遵循个性化原则，增加选修课程的比重，以便学生根据个人发展需求自由选择学习内容。在中小学阶段，可通过综合课外活动、劳动技术教育、科学素养提升及社会实践活动等多种形式实施；而在高等教育和中等教育的高年级阶段，则应以职业生涯发展为导向，采用模块化课程体系进行系统性培训，以促进学生的全面发展。

（2）结合职业体验、专业发展和就业需要，强化劳动素养

进入初中阶段后，学生应有机会接触到更为多样化的劳动项目与传统工艺，如金工、木工、电工、陶艺、布艺等。通过尝试进行简单的家用器具、家具和电器的修理，学生能够初步掌握相关技术，并获得宝贵的职业体验。这种体验不仅有助于培养学生的生涯规划意识，还能激发他们的学习兴趣与职业探索欲望。到了高中阶段，劳动教育应与通用技术课程实现深度融合。学校应提供多样化的劳动项目供学生自主选择，这些项目应涵盖工业、农业、现代服务业以及中华传统文化特色领域。通过完整的实践过程，学生能够提升创新能力，锤

炼吃苦耐劳、精益求精的品质，并进一步增强生涯规划意识与能力。这样的教育模式有助于培养出既具备扎实劳动技能，又拥有广阔视野和创新思维的高素质人才。

在职业院校的教育环境中，学生应积极把握实习实训的宝贵机遇，深入参与真实的生产和服务性劳动实践。通过此种实践方式，学生不仅能够显著提升对职业的认同感与劳动的自豪感，更能有效激发自身的创新能力。同时，这也将培养他们的探索精神、工匠精神和敬业态度，使他们坚信"三百六十行，行行出状元"的道理，认识到劳动无分贵贱，任何职业都值得尊重并且都有可能取得卓越的成就。

在普通高等学校的教育环境中，学生亦应深刻理解生产劳动锻炼的重要性，并积极参与其中。通过投身于实习实训、专业服务以及创新创业活动等多元化实践平台，学生能够紧密关注新知识、新技术、新工艺在实际应用领域的最新动态与发展趋势。这种参与式学习的方式不仅有助于提升学生在实践中发现问题、分析问题的能力，更能锻炼其创造性解决问题的能力，从而催生出具有实际应用价值和创新性的成果。这一教育理念的落实，对于学生综合素质的全面提升以及未来职业生涯的成功发展都具有不可忽视的深远影响。

此外，系统的职业指导和就业创业课程也是提升学生综合竞争力不可或缺的一环。通过这些课程的学习，学生能够更全面地了解职业世界，为自己的未来规划和发展奠定坚实的基础。

三、劳动教育课程体系的建构

（一）劳动教育课程体系的建构思路

1. 劳动教育课程群

（1）独立开设劳动教育必修课

为切实加强劳动教育的实施力度，各级教育机构应将劳动教育确立为不可或缺的必修课程，以确保其在学校教育体系中的核心与基础地位。在中小学教育阶段，劳动教育课程应得到足够的重视，每周至少应安排1课时的教学时间。课程内容的设计应全面而富有层次，包括活动策划、技能指导、实践操作以及成果总结与交流等关键环节。同时，为提升教学效果，劳动教育课程应与通用技术、地方特色课程以及校本课程等相关内容进行深度融合与协调，共同形成教育的强大合力。

对于职业院校而言，由于其教育目标的特殊性，劳动教育的实施更应具有针对性和实效性。因此，建议开设不少于16学时的劳动专题教育必修课，以确保学生在校期间能够接受系统的劳动教育。课程内容的设置应聚焦于劳动精神、劳模精神、工匠精神的深度培育，同时涵盖劳动组织、劳动安全以及劳动法规等关键领域的教学内容。通过这样全面而深入的教学安排，旨在全面提升学生的劳动素养，培育其成为具备高度劳动意识和卓越劳动能力的优秀人才。

在普通高等学校的教育阶段，为确保劳动教育的有效实施，应将其有机地融入专业人才培养方案，并明确其依托的课程体系。具体而言，可以采取两种主要方式：一是在现有课程中增设劳动教育专题模块，以强化劳动教育的渗透与融合；二是开设专门的劳动专题教育必修课程，以确保劳动教育在本科阶段得到系统而全面的实施。对于劳动专题教育必修课程，建议学时数不少于32个。这样的学时安排旨在保证学生能够充分接触并深入理解劳动教育的核心内容，从而为其未来的职业发展奠定坚实的劳动素养基础。在课程内容的设计上，应着重强调马克思主义劳动观，这有助于学生树立正确的劳动价值观和世界观。同时，还应普及与学生职业发展密切相关的通用劳动科学知识，以拓宽学生的劳动视野和认知。此外，实践体验环节在劳动教育中具有不可替代的作用。因此，应合理安排实践体验环节，促进学生将理论知识与实践操作相结合。这种结合不仅能够加深学生对劳动知识的理解，还能有效提升其劳动技能和实际操作能力。通过这样全面的课程设计，旨在全面提升学生的劳动素养和综合能力，为其未来的职业发展和社会责任担当奠定坚实的基础。

（2）在学科专业中有机渗透劳动教育

在中小学阶段，为全面提升学生的劳动素养，应将马克思主义劳动观的核心内容有针对性地融入道德与法治、语文、历史和艺术等学科教学中。具体而言，这些学科可深入阐释"劳动创造人本身、劳动创造历史、劳动创造世界、劳动无贵贱之分"等理念，以引导学生深刻理解劳动的本质与价值，形成正确的劳动观念。同时，在教学内容的选择上，应注重选取讴歌劳动模范和普通劳动者杰出贡献的优秀文本材料，以及弘扬勤劳、节俭、艰苦奋斗等中华民族优良传统的内容。通过这些具体而生动的教学案例，加强对学生在辛勤劳动、诚实劳动、合法劳动等方面的教育和引导，培养他们的劳动精神和劳动习惯。此外，数学、科学、地理、技术和体育与健康等学科在教学过程中也应注重培养学生的科学劳动态度、规范操作意识、效率优先观念以及创新精神。这些学科可通过实际案例和实践活动，引导学生理解科学劳动的重要性，掌握规范操作的基本技能，培养追求效率和创新的劳动精神。例如，在科学实验中，强调实验操作的规范性和实验数据的真实性，培养学生的科学态度和求实精神；在体育项目中，注重培养学生的团队合作精神和竞争意识，提升他们的身心素质。通过这样跨学科的劳动教育，可以全面提升学生的劳动素养，为其未来的全面发展奠定坚实基础。这种教育方式不仅有助于培养学生的劳动技能和习惯，更能引导他们形成正确的劳动价值观和世界观，成为具有社会责任感和创新精神的劳动者。

在职业院校的教育体系中，劳动教育应全面融入公共基础课程，并着重强化马克思主义劳动观、劳动安全及劳动法规等方面的教学内容。同时，在专业课程教学中，除了注重职业劳动知识和技能的传授，还应积极培育学生的敬业精神，引导他们牢固树立爱岗敬业、专注执着的职业理念。此外，还应注重学生吃苦耐劳、团结协作以及严谨细致等工作态度的锤炼，以全面提升学生的职业素养和综合能力，为其未来职业发展奠定坚实基础。为确保劳动教育的有效实施，职业院校应结合实际情况，制订具体的融入计划和教学策略。首先，在公共基础课程中，应明确劳动教育的教学目标和内容，注重理论与实践相结合，通过案例分析、情景模拟等教学方法，帮助学生深入理解马克思主义劳动观，掌握劳动安全和劳动法规等相关知识。其次，在专业课程教学中，应挖掘职业劳动中的育人元素，将劳动教育与专业教学有机融合，使学生在学习职业劳动知识和技能的同时，培养敬业精神和职业素养。最后，职业院校还应加强与企业、行业的合作，开展实践教学、工学结合等教育模式，让学生在真实的职业环境中体验劳动、感悟劳动，进一步锤炼其工作态度和职业素养。通过以上措施的实施，职业院校可以构建完善的劳动教育体系，为学生的全面发展提供有力保障。同时，这也有助于培养一支高素质、高技能的劳动者队伍，为推动经济社会的发展做出积极贡献。

在普通高等学校的教育体系中，劳动教育应被视为一种核心教育理念，并被有机地融入专业教育和创新创业教育中。为实现这一目标，可通过深化产教融合、加强劳动锻炼要求等具体措施，与行业骨干企业、高新技术企业及中小微企业建立紧密协同合作关系，共同推动人才培养模式的改革与创新。在专业类课程的设置中,应注重理论与实践的结合,采用服务学习、实习实训、科学实验、社会实践、毕业设计等多元化的实践形式,为学生提供丰富多样的劳动实践活动。这些活动不仅有助于提升学生的专业技能,还能培养其劳动品质和实践能力。同时,教育机构和教师应密切关注相关劳动形态的发展趋势,以便及时调整教学内容和方法,确保教育的前瞻性和针对性。此外,在公共必修课程体系中,应突出马克思主义劳动观教育的核心地位,加强学生对劳动相关法律法规与政策的理解和掌握。这不仅有助于提升学生的劳动素养,还能为其未来的职业发展奠定坚实的法律基础。通过这样的教育体系设计,我们可以全面提升学生的劳动素养和综合素质,为其未来的全面发展奠定坚实基础。

2. 劳动教育实践域

(1) 在课外校外活动中安排劳动实践

为提升劳动教育的实效性,需将其与学生个人、校园及社会生活紧密结合,以丰富学生的劳动体验、增强学生的劳动能力,并深化其对劳动价值的认知。在中小学阶段,应明确课外活动和家庭劳动时间,确保足够的劳动实践机会。而职业院校和普通高校,则应将劳动事项和时间纳入学生日常管理体系,全面贯彻落实劳动教育。

此外,大中小学每年应设立"劳动周",通过专题讲座、主题演讲、劳动技能竞赛、劳动实践和成果展示等形式深入实施劳动教育。小学劳动活动以校内为主,高年级可适当安排校外劳动;中学、职业院校和普通高校应结合学校实际和地域特色,科学设计校内外劳动项目。这些活动可在学年内或寒暑假进行,以集体劳动为主,由学校具体组织。高校还可考虑设置"劳动月",以更集中地落实"劳动周"目标,确保劳动教育的连贯性和有效性。

以上措施有助于全面提升学生的劳动素养,培养其正确的劳动价值观和良好的劳动习惯。同时,通过劳动教育的全面实施,还能促进学生全面发展,为其未来的职业生涯和社会责任担当奠定坚实基础。

(2) 在校园文化建设中融入劳动文化

学校应当将劳动习惯和品质教育作为校园文化建设的重要组成部分。具体而言,可以通过制定劳动公约、劳动常规以及劳动任务单等方式,将劳动理念融入学校的日常生活中,并结合特定节日开展主题鲜明的劳动教育活动,以增强师生的劳动意识。

此外，学校还可以积极组织劳模讲堂、工匠进校园等丰富多彩的活动，展示劳动成果，传播劳动模范的先进事迹，从而激发师生对劳动的热爱和尊重，激励他们积极践行劳动精神，努力成为新时代的奋斗者。

这些举措不仅有助于培养师生的劳动习惯和良好品质，更能营造出一种崇尚劳动、尊重劳动、热爱劳动的校园文化氛围。这种文化氛围的形成，将进一步推动学校劳动教育的深入开展，为培养德智体美劳全面发展的社会主义建设者和接班人奠定坚实基础。

（二）中小学劳动教育课程体系

1. 劳动教育目标[①]

（1）形成基本的劳动意识，树立正确的劳动观念

形成对劳动与人类生活、社会发展、个人成长之间关系的正确认识，懂得人人都要劳动、劳动创造财富、劳动创造美好生活等基本道理；体验劳动的艰辛和快乐，形成劳动效率意识、劳动质量意识；具有热爱劳动、热爱劳动人民、尊重普通劳动者的积极情感；树立劳动最光荣、劳动最崇高、劳动最伟大、劳动最美丽的观念。

（2）发展初步的筹划思维，形成必备的劳动能力

能从目标和任务出发，系统分析可利用的劳动资源和约束条件，制定具体的劳动方案，发展初步的筹划思维，发展基本的设计能力；能使用常用工具与基本设备，采用一定的技术、工艺与方法，完成劳动任务，形成基本的动手能力；能综合运用多学科知识和多方面经验解决劳动中出现的问题，发展创造性劳动的能力；在劳动过程中学会自我管理、团队合作。

（3）养成良好的劳动习惯，塑造基本的劳动品质

能自觉自愿地劳动，养成安全规范、有始有终的劳动习惯；体悟劳动成果的来之不易，珍惜劳动成果；能辛勤劳动、诚实劳动、协作劳动和创造性劳动，养成吃苦耐劳、持之以恒、责任担当的品质。

（4）培育积极的劳动精神，弘扬劳模精神和工匠精神

通过持续的劳动实践，培养勤俭、奋斗、创新、奉献的劳动精神；具有继承中华民族勤俭节约、敬业奉献优良传统的积极愿望；弘扬爱岗敬业、甘于奉

---

① 中华人民共和国教育部. 义务教育劳动课程标准[M]. 北京：北京师范大学出版社，2022.

献的劳模精神以及精益求精、追求卓越的工匠精神；具有不畏艰辛、锐意进取、为社会发展与国家建设奉献力量的奋斗精神。

2. 劳动素养要求[①]

劳动素养要求是对学生在完成阶段性劳动课程学习后需要达成的素养表现的总体刻画。

（1）第一学段（1~2年级）劳动素养要求

劳动观念：在简单的日常生活、生产劳动中，认识到人们的衣、食、住、行、用都离不开劳动，懂得人人都要劳动的道理，积极主动参与班级劳动，初步体会劳动对日常生活的重要性；能在力所能及的劳动实践中体会劳动的艰辛和快乐，初步形成喜欢劳动、积极参加劳动的态度。

劳动能力：在执行清洁与卫生、整理与收纳、烹饪与营养等劳动任务时，个体应初步掌握相关的基础知识、基本步骤及操作方法，进而逐步培养个人的生活自理能力。同时，在参与简单的工艺制作劳动和农业劳动过程中，个体还应初步掌握基础的手工技能，熟练运用各类简易工具，并具备照料身边常见动植物的能力。

劳动习惯和品质：能做到不浪费粮食，爱护学习用品、生活用品等，懂得珍惜劳动成果；在劳动过程中遵守劳动纪律和安全规范；初步养成自己的事情自己做、认真负责、有始有终的劳动习惯和品质。

劳动精神：能在劳动过程中不怕脏、不怕累。

（2）第二学段（3~4年级）劳动素养要求

劳动观念：通过参与日常生活劳动，个体能够深刻领悟"一分耕耘，一分收获"的哲理，即付出与收获之间的直接关联。在简单的生产劳动和服务性劳动过程中，人们应认识到所有劳动形式均具有同等价值，无高低贵贱之分，从而培养对劳动的尊重以及对普通劳动者的敬意。此外，通过主动为身边的人提供服务，个体可以初步形成服务意识和社会责任感，意识到自身在社会中的积极作用。最终，这种经历将激发个体主动承担力所能及的劳动意愿，进而逐步养成热爱劳动、珍视劳动成果的良好态度。

---

① 中华人民共和国教育部. 义务教育劳动课程标准[M]. 北京：北京师范大学出版社，2022.

劳动能力：能在日常生活劳动中发现存在的问题，选择和运用恰当的劳动技能加以解决，形成生活自理能力；能在简单的生产劳动过程中，了解常用的材料，认识并使用常用的劳动工具，能设计与制作简单的工艺作品；具有初步的植物种植、动物饲养的能力；在学校、社区的服务性劳动中，初步形成关爱他人，积极参与学校、社区建设的劳动意识和能力。

劳动习惯和品质：主动遵守劳动纪律和安全规范，养成自觉自愿、认真负责、专心致志、有始有终的劳动习惯和品质。

劳动精神：形成勤俭节约，不怕困难的精神。

（3）第三学段（5~6年级）劳动素养要求

劳动观念：通过日常生活劳动，认识到劳动对家庭幸福、社会进步的意义。在基本的植物养护、动物饲养、工艺品制作等生产劳动过程中，初步形成劳动创造财富的观念，理解普通劳动者的光荣和伟大；形成主动服务、关心社会、扶助弱势、热心公益、关爱生命、热爱自然的意识，在劳动过程中初步形成劳动效率意识和劳动质量意识。

劳动能力：能发现日常生活劳动中存在的问题，综合运用生活基本技能解决问题，增强生活自理能力；能发现生产劳动中的需求与问题；运用基本生产知识与技能，选择合适的工具、材料，合作完成简易工业产品的设计与制作，初步具备从事简单生产劳动的能力；在服务性劳动中，运用已有劳动技能服务他人、服务学校、服务社区。

劳动习惯和品质：在劳动实践中，应培养吃苦耐劳的精神，主动承担力所能及的劳动任务。同时，要养成安全劳动、规范操作的良好习惯，保持坚持不懈的毅力，并恪守诚实劳动、合法劳动的原则，以塑造优秀的劳动品质和道德风范。

劳动精神：初步形成不畏艰辛、积极探索、追求创新的精神。

（4）第四学段（7~9年级）劳动素养要求

劳动观念：通过不断投身于日常生活劳动、生产劳动以及服务性劳动的广阔实践，个体得以深刻体悟劳动在构筑美好生活中的基石作用，由此激发并强化对家庭的责任与担当。此类实践亦使个体洞见劳动对于国家繁荣昌盛及人类文明进步的深远影响，进而促成其对全行业劳动者的尊重与平等对待，并自发地向卓越劳动典范汲取力量。在此渐进过程中，个体的职业认知与生涯规划意识得以初步塑造，公共服务精神和社会责任感亦得到显著提升。

劳动能力：在具有一定挑战性的日常生活劳动中，比较熟练地运用家政技能，提高生活自理能力；能在生产劳动中发现存在的需求和问题，进行劳动方案的选择和劳动过程的规划，按照安全规范要求，选择适当的材料和工艺、工具和设备，综合运用劳动技能解决问题，并能根据实施情况，对方案进行必要的改进与优化，发展创造性劳动能力；能在服务性劳动中，初步掌握现代服务业劳动的基本知识与技能，熟悉公益劳动与志愿服务的组织、实施，提升运用相关的劳动知识与技能服务他人、学校、社区的基本能力。

劳动习惯和品质：展现出持续参与劳动的积极性，并在劳动实践中保持持之以恒的态度。同时，诚实守信和有责任担当也是劳动中不可或缺的品质。此外，个体还应养成自觉遵守劳动规范和劳动法规的习惯，形成认真负责、吃苦耐劳的劳动品质，以确保劳动过程的顺利进行和劳动成果的可靠性。

劳动精神：劳动中能不断追求品质、精益求精，牢固树立勤俭、奋斗、创新、奉献的劳动精神。

（三）职业院校劳动教育课程体系

依据劳动素养的内涵、劳动教育的目标内容，构建具有新时代类型特色的劳动教育体系，关键在于调动校企合作育人的积极性，共同参与"三教"改革，共建五育融合、知行合一"1+4+X"课程体系（见图2）。

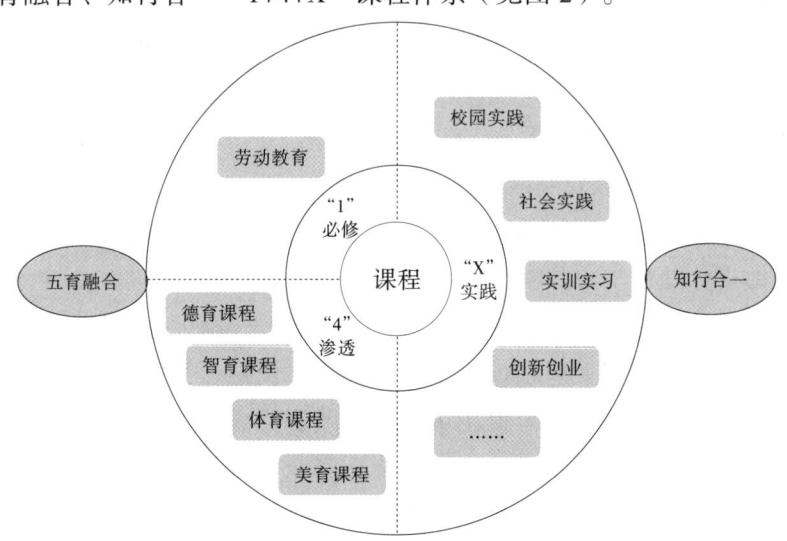

图 6-1　劳动教育"1+4+X"课程体系

劳动教育的内容、课程、资源搭建好后，课程评价、教育评估成为推动劳动教育成功的引擎。因此，在反复调研、试验的基础上，制定出具有科学性、可操作性以及可持续发展的劳动素养指标及劳动教育评价标准至关重要。

（四）普通高等院校劳动教育课程体系

1. 显性课程中的劳动教育

显性课程中的劳动教育主要通过"专门设课"与"融合课程"两种形式实施。高校可根据学科优势和教学情况，在各类课程中灵活融入劳动教育内容，实现全面覆盖。其中，专门设立的劳动教育课程是核心部分，以讲授为主，强调学生体验，旨在加强马克思主义劳动观教育、深化新时代劳动价值观理解，并普及与职业相关的通用劳动科学知识。但需注意，这类课程偏重理论，实践环节相对不足，不能完全等同于综合性的劳动教育。因此，高校在设置课程时应注重理论与实践的结合，以提升劳动教育的实效性。

此外，融合课程也是实现劳动教育全面覆盖的重要途径。高校可将劳动教育元素融入其他课程中，如专业课、通识课等，使学生在学习专业知识的同时，也能接受到劳动教育的熏陶。这种跨学科的融合教学模式有助于培养学生的综合素养和创新能力，提升其对劳动的认识和尊重。

综上所述，显性课程中的劳动教育应注重理论与实践的结合，通过专门设课与融合课程两种形式实现全面覆盖。高校在设置课程时应充分考虑学生的需求和特点，结合学科优势和教学实际，制定科学合理的课程体系，以提升劳动教育的质量和效果。

2. 隐性课程中的劳动教育

（1）校园内劳动教育实践

隐性课程在大学教育体系中的重要性不容忽视，它对于激发学生内在学习动机以及促进伴随性学习具有至关重要的作用。为了有效推进劳动教育的实施，高等教育机构应当进行系统性的规划与精心的设计，深度挖掘校园内多元化的劳动教育资源。这些资源包括但不限于勤工俭学岗位、公益服务活动等，它们共同构成了学生实践体验的丰富土壤。在实践层面，劳动教育不仅应包含传统的体力劳动，如环境卫生维护、校园绿化、安全保障等，更应注重体力与脑力劳动的有机结合。例如，学生参与助研、助教、助管等工作，既能够锻炼实际操作能力，又能够提升专业素养；志愿服务等公益劳动则有助于培养学生的社会责任感和公民意识。通过劳动实践中的反思与总结环节，学生可以进一步提升自身发现并创造性解决问题的能力。这一过程不仅是对所学知识的巩固与拓展，更是对劳动教育实践效果的全面深化。因此，大学在规划与设计隐性课程时，应充分考虑其与实践的紧密结合，以期在劳动教育领域取得更为显著的成效。

（2）劳动教育实践课程

劳动教育实践课程呈现出多样化的活动形式，不仅囊括了传统的科学研究、实习、实验及实训等实践课程，还进一步拓展了田野调查等更广泛的实践领域。此外，艺术课程如绘画、雕塑、舞蹈、戏剧等也被创新性地融入其中。这些课程设计理念着重于动手与动脑的紧密结合，同时将立德树人和劳动教育的核心理念有机地融入其中，旨在全面达成劳动教育的既定目标。值得一提的是，自20世纪末以来，本科生科学研究课程在中国高校中的引入与发展，已逐渐成为劳动教育实践的重要构成部分。这类课程不仅为学生提供了早期接触科研活动的机会，更有助于培养他们的创新精神和实践能力，从而深化对劳动价值的理解与认同。通过系统梳理相关研究资料，我们可以发现，这种跨学科、综合性的劳动教育实践模式正在逐步获得学术界的广泛认可与支持[1]。

（3）校园文化活动

在校园文化的构建中，我们应大力提倡对劳动的尊重，并通过举办以劳动为主题的活动以及发挥优秀同伴的引领作用，来精心培育学生的劳动价值观。同时，高等教育机构可积极探索学分制改革的可能性，以便为学生创造工作与学习并行的宝贵机会。然而，这一改革举措的实施，需要在教育财政与管理制度层面进行相应的调整与完善，以有效克服传统管理制度在劳动教育领域存在的局限性。通过这一系列的努力，我们可以构建一个更为全面而深入的劳动教育实施策略，从而有力地提升其教育效果。

（4）社会真实劳动

《中共中央 国务院关于全面加强新时代大中小学劳动教育的意见》强调高等学校学生应以校外劳动锻炼为主，深入各类实际劳动和公益服务场所，参与多样化实践活动。同时，鼓励学生从事实际劳动，政府机构也应增加实习生比例。学生完成劳动后需进行总结和反思，以实现劳动经验与理论学习的相互促进，

---

[1] 卢晓东.本科教育的重要组成部分：伯克利加州大学本科生科研[J].高等理科教育,2000（5）：67-74.

全面成长。

隐性课程中的劳动教育评价，应摒弃传统的百分制或等第制，转而采用质性评价模式，重点考查学生在劳动实践中的实际表现以及他们事后的自我反思。为全面记录学生的劳动历程与成果，建议设立学生成长数字档案，详细记载学生的劳动技能提升和价值认知深化情况。同时，《中共中央 国务院关于全面加强新时代大中小学劳动教育的意见》明确指出，劳动素养评价应作为学生全面发展的重要考量，且应作为评优、评先以及毕业和升学的关键依据。

在教育评价体系的演进过程中，我们应从传统的"三好生"（即德、智、体三方面均衡发展的学生）评价标准，逐步扩展至更为综合的"五好生"评价体系。这一转变旨在更全面地促进学生的个体成长与多元发展。为确保评价过程的透明度和公信力，相应的公示与审核机制也应得到同步建立与完善。通过这些系统化的措施，我们可以更加有效地推动劳动教育的深入实施，为学生全面素养的提升奠定坚实基石。同时，这种评价体系的完善也需结合当前教育实践的具体情境，以及在线文献数据库中的相关研究成果，以确保其科学性和实用性。

第二节　劳动教育的教学体系

一、劳动教育的课程标准

《教育学大辞典》定义课程标准为规定特定学段课程水平和结构的指导文件，它具体阐述了学科的教学性质、目标和内容实施建议。在当前职业教育改革背景下，国家课程标准的强化成为显著特点，为教材编写、教学、评估和考试提供了基础，反映了国家对学生多维度发展的要求，明确了课程的性质、目标和内容，并提供教学与评价指导。

课程标准明确规定了学生在某一学段结束时应达到的最低学习要求，这些要求是可理解、可实现且可评估的，涵盖认知、技能和情感三个领域。与教学大纲不同，课程标准的关注点在于学生的学习成果而非教师的教学任务，其陈述以学生为中心，旨在检验学生是否达到预期学习结果。

（一）课程标准的目标描述

课程标准依据专业教学要求，确立多元化且相互关联的课程目标，采用"ABCD描述法"[A—Audience（对象），B—Behavior（行为），C—Condition（条件），D—Degree（标准）]明确行为目标的具体要素，即对象、行为、条件和标准。同时，运用标准行为动词对知识、技能、态度进行精准描述。课程目标主要分为结果性目标和体验性目标，前者聚焦"知识与技能"的达成，后者强调"过程与方法"及"情感、态度与价值观"的体验。两类目标均注重使用易懂、可操作和可评估的行为动词进行描述。

（二）课程标准的制定

职业教育课程标准的制定是一项系统而复杂的工程，它不仅依赖于先进的教育理念，还需要建立高效的组织机构，进行充分的前期准备，并遵循科学合理的操作程序来实施。

（1）要有先进的教育理念的指导

职业教育课程标准的制定必须以先进的职业教育理念为指导，如终身学习、多元智能、建构主义等，以贯彻落实党的教育方针，体现素质教育特点，实现人才培养目标。这些理念是制定课程标准的出发点和归宿点，确保其科学性、合理性和有效性。

（2）要建立有效的组织机构

课程标准的制定是教育教学改革的关键环节，职业院校需构建完善的组织机构，明确各层级职责，确保制定工作的顺利进行。教务管理部门应负责审查、指导并协调各课程间的关系，以达成高质量的课程标准。

（3）要有充分的前期准备

制定课程标准需进行充分的前期准备，包括市场调研以确定工作岗位和职业资格，企业专家参与分析工作任务与职业能力，课程专家和教师优化课程体系，最终共同编制出符合专业要求的课程标准。

（4）要制定科学合理的操作程序

课程标准的制定应遵循科学合理的操作程序：首先明确专业的核心能力，依据此确定课程的定位与目标；进而确定课程所需的知识、能力、技能和素质要求，构建相应的内容体系；最后，制定实施细则、考核体系与标准，以完善对学生学业的评价考核方法。

（5）职业院校课程标准制定建议

原劳动和社会保障部职业技能鉴定中心所制定的《国家职业核心能力培训测评标准》，包含七个核心能力标准，旨在促进就业、企业及劳动者发展，适用于社会培训及职业院校课程建设。其采用现代分析方法和理念，为劳动教育课程标准的制定提供了重要参考。这套标准的科学理念具体表现在：

第一，坚持职业活动导向、能力本位的教学理念。

职业能力的培养目标，不仅在于知识的获取与再现，更着重于实际工作能力与人际交往技能的提升。这种能力，即完成职业相关活动所必需的基本技能，其展现应与职业活动紧密相连。因此，在制定职业能力的课程标准时，应以职业活动为核心，系统地总结和描述职业活动的基本要素和技能特性。每个能力模块的结构框架，包括活动要素、技能要求、培训指导以及测评指导四项基本内容，都应充分贯彻这一教育理念。通过这样的课程设置，可以更有效地培养学生的职业能力，使他们更好地适应职场需求，实现个人与职业的共同发展。活动要素作为职业活动的核心行动领域，是对职业活动的具体描绘和解析；而技能要求则是以能力为导向，对关键能力点进行深入的分析和归纳，它并非对知识和理论体系的系统性描述。在培训指导方面，除了必要的知识和理论教学外，更注重的是以行动导向的教学方法，这些方法包括项目驱动教学、角色扮演、引导文教学以及案例教学等，旨在通过实际操作来提升学员的实际操作能力。在测评指导环节，强调在实际操作或模拟环境中进行能力评估，依据任务完成情况和业绩成果来准确衡量能力发展的水平。

第二，采用基于职业活动的功能分析法。

考虑到职业能力的跨技术特性，在制定相关标准时，应更加注重对核心能力所涉及的行为活动进行深入剖析。为此，采用功能分析法对能力结构进行细化分析是较为适宜的方法。从职业活动的导向性原则出发，运用这种分析法可以针对行业、企业及岗位等多个层面上的职业活动，突出功能间的结构关系，进而在全面把握职业能力整体结构的基础上，对其基本要素进行更为细致的分析和阐述。在职业能力的结构细化过程中，功能模块是其主要的表现形式。这种模块与专业化、技术化或程序化的模块有所不同，它更注重实现特定功能的职业活动及其构成要素。基于这种理念，标准制定中采用了功能分析法来构建职业能力的细化模块结构，以确保对职业核心能力的全面、准确把握。基本的方法如下：

在确定职业能力标准时，我们以工作活动过程为基础，划分出不可再细化的基本单位——活动要素，每个要素都独立且可培训和考核。例如，解决问题能力包含提出意见、制定实施方案和调整方案三个核心要素。针对这些要素，我们进一步明确了所需的技能要求及相应的培训和考核方式。

二、劳动教育的教学原则

教学过程与方法在劳动培养中占据重要地位，其教学原则主要体现为以下四个方面：

（一）教学目标的明确导向性

劳动教育课程的核心目标在于培育学员完成实际任务和解决问题的能力。因此，整个课程设计应紧密围绕工作现场的实际情境，以具体任务为驱动力，或通过贯穿项目的实践操作训练，着重于能力点的提升，而非单纯追求理论和知识的系统性与完整性。

（二）教学形式的广泛适应性

教学应能适应多样化的工作场景和环境，除传统的专题讲授外，还应将劳动素养的培养有机地融入各类课程模块、课外活动、生产实习以及社会实践中，形成全方位、立体化的培训体系。

（三）教学组织的多元整合性

在教学组织方面，应重视专题性教学与渗透性教学的有效融合。通过多样化的培养途径和培训形式，以满足学员个性化和差异化的学习需求为目标，进而提升整体培训效果。

（四）教学过程的精准针对性

针对学员在不同能力模块中表现出的强弱差异，以及在同一模块内对各能力点掌握程度的高低不同，教学过程应具有针对性。对于学员已经掌握的能力点，应避免不必要的重复学习和训练，以实现教学资源的高效利用和学员能力的快速提升。

三、劳动教育的教学方法

为提高教学效果，需采用有效的教学手段和方法。这包括借鉴发达国家职业教育的经验、吸收企业培训的有效手段、总结应用我国职业教育的成功经验，并在课程教学中明确基本教学方法，以确保教学效率与效果。

（一）落实先进理念，把握教学设计的基本方法

在教学设计过程中，对于劳动素养培养课程而言，应当充分体现先进的教学理念，并有效融入行动导向的教学方法。具体而言，应涵盖以下几个方面的内容：

确定明确的整体教学目标。在构建组合模块或设计每个独立模块时，应确立明确且具体的能力训练目标体系。这一体系应涵盖整体能力目标、单项能力目标以及知识教学目标三个层面。整体能力目标旨在从宏观角度阐述劳动素养培养的概念性理解和态度形成的总体要求，为整个训练过程提供方向性指引。单项能力目标则需要根据具体的能力点进行细致划分，确保每一个能力点都有明确、可衡量的训练标准，以便在教学过程中进行有效的检查和评估。

设计综合性的训练项目。在劳动素养课程的设计与实施过程中，务必融入能够充分反映职业活动特性的综合性训练项目，并精心策划和组织适宜的教学进度。综合性训练项目的选取应基于对学生未来职业发展的全面考量，确保其既具有实际操作性，又能有效提升学生的劳动技能和职业素养。

实现一体化的教学要求。在着重强调某一单独模块或组合模块的劳动素养训练时，我们必须同时关注其他相关联的劳动素养训练内容，并将其有机地融入教学设计中，实现一体化的教学安排。这样的设计有助于确保学生在专注于特定模块训练的同时，也能全面提升其整体的劳动素养。

设计多元化的考核方法。考核与评估在劳动素养课程设计中占据着举足轻重的地位，其目的在于全面衡量教学效果以及学生能力达成度。基本要求涵盖了过程性考核、任务业绩考核以及多元化的评价方式，诸如自评、他评、互评等。在实施过程中，应着重关注评价的激励作用，以激发学生的学习积极性和提升学生的自我认知。

（二）以职业活动项目为主要载体开展行动导向的教学

劳动素养培养中应强调实践活动对行为方式的训练，因此适合采用行动导向教学法。具体而言，行动导向教学法通过项目教学法、引导文教学法、角色扮演法以及案例教学法等多样化的教学手段，鼓励学习者全面参与到教学活动中。在这种教学模式下，学习者的角色从被动转为主动，成为教学过程中的主

角,而教师则扮演着引导、控制和评估的重要角色。劳动素养训练应以职业活动项目为载体,在完整的职业活动中进行能力训练,所选项目需具备五个方面的特性:

（1）规模性

作为一个完整的训练模块,所设计的项目应具备足够的规模,以支持该模块内所有能力点的训练需求。理想情况下,该项目应贯穿于整个模块训练的始终,确保各项能力得到充分锻炼。

（2）全面性

大型项目应全面覆盖本能力训练模块的所有能力点。以信息处理能力模块为例,其训练项目应涵盖信息收集、信息整理和信息展示三个核心活动要素。通过一系列连贯的职业活动,学生能够训练并提升与信息处理相关的十多个能力点。

（3）整合性

劳动素养是一个多维度的综合体。在设计职业活动训练项目时,除了针对单一能力模块或组合能力模块（如社会能力、方法能力）进行训练外,还应关注并整合其他方面的核心能力。选择一个优质的活动项目,能够同时训练多个能力模块,从而实现教学效益的最大化。

（4）挑战性

活动项目的内容应与学生的专业紧密相关,并以职业活动为导向,以激发学生的学习兴趣。同时,项目应具有一定的完成难度和挑战性,以确保训练效果。适当的压力和挑战能够促使学生更好地投入训练,提升能力水平。

（5）可评估性

为确保训练效果具备可衡量性,所选取的项目应尽可能贴近真实情境,具备可检验性,例如涉及生产性产品、实际作品或职业的活动等。这类活动完成后,能对其成效进行准确的评估和检验。值得注意的是,这些活动并非目的本身,而是达成目的的手段。通过完成这些真实且具挑战性的项目和任务,不仅能有效激发学生的学习兴趣,还能显著提升其成就感,从而更全面地优化训练效果。

（三）基于技术融合的翻转课堂教学模式

随着"互联网+教育"趋势的不断发展,应积极推进翻转课堂教学模式的应用。通过课前线上云端微课程的自主学习、课中线下教练端的专业指导，以及课后微信端的合作学习，实现全程一体化的新型学习方式。这种学习方式不仅探索了劳动素养培养的新途径，还通过教练式教学的实践，有效促进了学生的自主学习、自助学习以及自我提升能力的培养。

（四）以学生发展为中心的参与式教学方法

参与式行为导向教学法涵盖多种具体方法，如项目式、案例式、角色扮演、头脑风暴、小组讨论、展示教学、引导文教学、模拟教学以及人体雕塑教学等。在劳动素养的培育过程中，学生应秉持一种积极的心态，即将每一个时刻、每一处场所、每一位同伴、每一项任务都视为学习和成长的机会。与此同时，教师也须承担起多种角色，包括课堂的组织者、课外的引导者以及项目的咨询者。通过师生角色的灵活转换和双方的积极参与，教学相长的效果得以实现，从而为学生创造了在交流中学习、在学习中创造的成长体验。

第三节 劳动育人与思政育人的协同

课程思政，就是指任课教师对各门课程中蕴含的育人价值由原来的无意识、自发式挖掘向有意识、自觉式挖掘的教学范式转变。所以，从思政元素的挖掘、思政资源的运用角度看，课程思政显性地表达了教师的主导作用地位，教师的"有机食材"的选取、"烹饪方式"的运用，直至"色香味"俱全的营养大餐，无不渗透着为人师表的德性与学养；但从育人载体的交互、育人方式的认同上看，课程思政则是隐性地呼应了学生的主体作用地位，学生的"美食菜谱"的点单、"荤素搭配"的品鉴，直至"精气神"共育的成长体验，都在潜移默化、不知不觉中生成。

关于课程思政，学界有"盐溶于水""盐溶于汤"的比喻。似乎，课程有了"思政"，犹如水或汤加了"盐"，变得"有味"了。这非常容易引起歧义：似乎思政外在于课程，必须"加料"，才能变得"有味"，才具有育人价值。因此，如果是就其融入形态（指教学实施中的不露痕迹、不知不觉、润物无声的过程）

而言，"盐溶于水""盐溶于汤"倒也说得通；但如果就其味觉而言，实施课程思政的课堂，就是给课堂"加盐""加料"，从无味变得有味，则是对课程思政的误解，课程思政的课堂有可能就成了思政课程的课堂。时下，很多课程教学中出现的硬融入、表面化、标签化现象，就是这种浅尝辄止的不良效果的体现。

其实，每门课程都具有育人价值，就好像每道菜都有营养价值。品鉴菜肴第一要看食材的选取、厨师的养生意识及烹饪技法，而不是是否加盐，甚至也不是是否美味。因为加盐是一种通用的做法，本不稀奇；而色香味俱全仅仅是吸引人下箸的一个理由。品鉴菜肴还要看，食用以后的长势与趋势，是否达到德技并修、成长成才。

教师的课程思政素养，犹如厨师的养生意识与烹饪技法，包括课程思政意识、能力。课程思政的落实，简而言之：对于一门课而言，就是学科核心素养的实现；对于一节课而言，就是教学目标中素质目标的达成。

一、劳动教育与思政教育互融现状

（一）问题的提出

第一，学校教育在思政育人、劳动育人方面跨学科、分类型、跨学段、一体化推进是否可能？通过解读习近平关于课程思政、劳动教育的重要论述，领会《中共中央 国务院关于全面加强新时代大中小学劳动教育的意见》《大中小学劳动教育指导纲要（试行）》等文件精神，深度探讨思政课程与课程思政协同育人、显性教育与隐性教育相统一、大中小学思政课与劳动教育一体化设计，并依此拟定课程思政知识图谱及劳动教育课程标准，为课程思政与五育融合提供逻辑前提。

第二，包括工匠精神在内的职业行动能力与综合素质培养需要系统化课程群的支撑是否可行？以立德树人为根本任务包括思政课在内的公共课教学改革，迫切需要形成特色的综合素质课程体系，开发课程资源及融媒体教材，为实现《职业教育法》所倡导的成果互融、学分互认提供物质前提。

第三，以学生为中心的行动导向的教学模式、教学方法、教学组织与多元评价是否有效？在解决了课程体系、配套资源瓶颈后，师资团队及其教学理念的提升、教学方法的创新、教学载体的运用成为关键。尤其是基于数字赋能的混合式教学模式需要资源配置、数字技术、评价方式的配套,需要新理念、新思路、新方法,为教学实施通过资源性、制度性保障。

(二)劳动教育与思政教育协同育人的研究现状

经过对知网的检索,我们发现关于劳动教育融入思政课的文献相对较少,尤其在核心期刊中发表的相关论文数量更是有限。这表明,将劳动教育等内容融入思政课教学应当引起更多研究者和教学者的重视[①]。

劳动教育作为中国特色社会主义教育制度的重要组成部分,不仅具有树德、增智、强体、育美的综合育人价值,更在塑造社会主义建设者和接班人的劳动精神面貌、劳动价值取向和劳动技能水平方面发挥着至关重要的作用。为了深入推进劳动教育,我们急需完善劳动教育课程体系,以充分发挥其育人价值[②]。然而,当前劳动教育课程存在缺乏整合效应的问题,这在一定程度上制约了其价值的发挥。针对这一问题,学界普遍达成了"独立设课+多元融合"的共识。具体而言,除了设置专门的劳动必修课程外,还应将劳动教育有机融入其他各类课程之中,使不同课程分别承担不同的劳动教育功能。这种课程整合的方式有助于形成协同育人的格局,提升劳动教育的整体效果[③]。尽管劳动教育的重要性已得到广泛认可,但在具体实施过程中仍面临诸多挑战。例如,如何有效地将劳动教育内容与不同课程相结合、各课程应分别承担哪些具体的劳动教育功能,以及如何确保这些功能得到有效落实等细节问题,仍有待进一步深入研究和明确。

基于课程思政的劳动教育,学者们提出思政课程为劳动教育课程思政提供了价值引领,也有学者进行劳动教育课程思政的价值、问题与路径研究[④]。然而,当前研究尚未明确给出挖掘劳动教育元素、开发劳动教育资源的具体方法和路径。此外,对于劳动元素与思政元素在课程思政中的共同价值指向及协同机制,也缺乏进一步的深入研究。

---

① 刘向兵,赵明霏. 构建新时代高校劳动教育体系的理论逻辑与实践路径:基于知识整体理论的视角[J]. 中国高教研究,2020(8):62-66.

② 徐长发. 新时代劳动教育再发展的逻辑[J]. 教育研究,2018(11):12-17.

③ 檀传宝. 开展劳动教育必须解决好的三大理论问题[J]. 人民教育,2019(17):34-35.

④ 赵翼. 基于课程思政的劳动教育:价值、问题与实现路径[J]. 教育观察,2021(6):54-58.

关于劳动教育与思政教育协同育人的研究，目前仍存在一些有待深化的问题。在研究主题方面，缺乏"劳动教育与思政教育协同育人"视角的专题论述。已有的研究，多为从思政角度，聚焦文献解读，缺少对劳动教育学科背景的分析，需要系统梳理劳动教育的学科核心素养。在研究内容上，相当篇幅的文章聚焦劳动教育向思政教育的单项融入上，没有从理论同源、价值同向、路径共同、资源共享上建立协同育人机制，而协同育人机制的建构则是确保课程思政育人效果的关键。在研究方法上，研究者往往侧重于理论推导，提出了各种融入途径，但却未能对所提方案进行有效的实证检验。这导致无法科学地评估融入方案的效果，也无法根据实践反馈对方案进行及时的调整和优化。

二、劳动教育与思政教育互融的必要性和可行性

劳动教育与思政教育互融的必要性和可行性回答劳动教育与思政课教学"何以要融"和"何以可融"的问题。

（一）劳动教育与思政教育互融的必要性

1. 推进劳动教育深化发展的必然要求

习近平总书记在全国教育大会上的重要讲话中，明确提出了构建德智体美劳全面培养的教育体系，以形成更高水平的人才培养体系的宏伟目标[①]。在当前百年未有之大变局的背景下，我们正处于实现两个百年建设目标的历史交汇点，这为我国社会主义现代化国家建设进程提出了新的挑战和要求。为了应对这一挑战，我们必须加速推进高素质劳动者的培育工作，为中华民族伟大复兴提供坚实的人才支撑。迫切需要又好又快地构建新时代劳动教育体系，积极探索教育教学改革方法，搭建协同育人实践新平台，开创普职融通、学段贯通的劳动教育新格局。我们可以更好地将劳动教育融入大中小学各学段中，促进学生全面发展。同时，推动思政课一体化建设，发挥劳动教育在树德、增智、强体、育美等方面的综合育人功能，有助于培养具有社会责任感和创新精神的新时代青年。

2. 推进思政课改革创新的现实吁求

习近平总书记在学校思想政治理论课教师座谈会上的重要论述，强调了思政课改革创新中理论与实践相统一的重要性。他指出，思政课教学不仅要注重

---

① 习近平. 在全国教育大会上强调：坚持中国特色社会主义教育发展道路培养德智体美劳全面发展的社会主义建设者和接班人[N]. 人民日报, 2018-09-11（1）.

理论传授，更要重视实践性教学，将思政小课堂与社会大课堂紧密结合，引导学生立志成为有担当的时代新人①。这一重要论述为立德树人、知行合一这一思政课的育人实践模式提供了基本遵循。扎实推进思政课"三教改革"，提高思政育人实效，就是要在促进理论教学与实践体验的有机结合上下功夫：首先，在教学内容的选择上，我们应紧密结合中国特色社会主义理论体系，将系统的理论体系与鲜活的社会实践、学生真实的思想实际相结合。通过立德树人、德技并修的教学方式，促进大学生的价值观塑造，引导他们在理论学习中深刻理解社会主义核心价值观的内涵和实践要求。二要强化劳动本质、劳动技术和劳动素养培育，提升大学生的劳动意识、职业精神、劳动素养、创新思维、实践能力。将劳动教育融入思政课教学，不仅可以实现理论性与实践性的统一、工具性与价值性的统一，还能突显思政课的实践育人导向，从而切实提高思想政治教育的实效性。

3. 培育社会主义建设者和接班人的时代需要

习近平总书记关于劳动观念、劳动精神、劳动素养等的重要论述，是对马克思主义劳动观的继承与发展，他明确提出了"空谈误国，实干兴邦"的劳动实践观，这一观点强调了实践在劳动中的重要地位，与马克思主义的实践观点不谋而合。同时，他还大力弘扬了"劳动精神、工匠精神和劳模精神"的劳动价值观，这一价值观不仅赋予了劳动以崇高的社会地位，还进一步强调了劳动在社会发展中的重要作用。此外，他倡导的"劳动最美丽""劳动是幸福的源泉"的劳动幸福观，更是对劳动的意义和价值的全新诠释，使人们对劳动有了更深的理解和认识。将劳动教育融入思政课教学，是新时代背景下教育改革的必然要求。

（二）劳动教育与思政教育互融的可行性

劳动教育与思政教育耦合共生是相互融入的内在基础。这种耦合共生表现在两者教育目标的同向推进、教学内容的相互印证和教学方法的有机补充。

第一，劳动教育与思政课在教育目标上具有内在一致性。首先，思政课是落实立德树人根本任务的主渠道和关键课程，致力于培育具有远大志向、崇高德行、卓越才能和强烈责任感的时代青年。而劳动教育也是扎根中国大地办教育，是实现五育融合、落实立德树人根本任务的重要载体，以培养正确的劳动价值

---

① 习近平. 思政课是落实立德树人根本任务的关键课程[J]. 求是, 2020 (17)：4-16.

观,形成劳动伟大、劳动光荣的劳动观念,塑造敢于担当、勇于创新的劳动精神与劳动素养为基本遵循。可见,思政课和劳动教育课程一样,都紧密围绕"培养什么人、为谁培养人、怎样培养人"以及"何为劳动、为谁劳动、如何劳动"等根本问题展开。它们共同致力于培养德智体美劳全面发展的时代新人,以此为共同的教育目标。这种一致性不仅凸显了两者在教育理念上的契合,也为实现教育的全面发展和提升提供了有力支撑。

第二,劳动教育与思政课在教育内容上具有相互融通性。新时代的思政课教学内容不断丰富,视野不断拓展,涵盖了马克思主义的劳动价值观、职业道德与职业素养、在劳动实践中创造美好生活、实现人生价值等内容。而劳动教育所涵盖的劳动素养培育、劳动实践指导、劳动价值引领等主要内容,也涉及了劳动观念的塑造、劳动精神的传承、职业意识的培育以及劳动法治的应用等方面。因此,"从机理来看,劳动教育的核心要素成为思政课教学内容的重要组成部分,劳动教育的实践方式成为思政课实践育人的重要途径,成为凝练思政课教学创新特色与亮点的必然载体"[①];从主题来看,思政课教学和劳动教育都坚持马克思主义基本的立场、观点、方法,马克思主义劳动观是两者共有的基本内容,二者都蕴含着对劳动本质的认知、劳动观念的认可、劳动价值的认同、劳动精神的弘扬、劳动意识的培育等核心要义。

第三,劳动教育与思政课在教育方式上的有机统一性。无论是劳动教育,还是思政课教学,都遵循显性与隐性相结合的教育规律,即通过显性课程的引导、五育融合、协同育人,寓价值塑造于知识传授之中;通过隐性课程的熏陶,以真实场景为载体,通过劳动模范榜样引领、劳动实践切实体验、技能竞赛能力提高、实训实习素质融通,寓情怀培育于能力训练之中。

此外,新技术的广泛应用为劳动教育融入思政课教学提供了平台保障。人工智能等新技术正在充分赋能教师、学生和教学过程,实现多维度、多载体、多方式的融入;良好的政策引领为融入营造支持环境。党中央对劳动教育和思政课建设的重视已经迅速传导到社会各界,普遍关注、协同发力的良好氛围正在形成。

三、劳动教育与思政教育互融的科学内涵与基本遵循

劳动教育与思政教育互融的内涵特征与基本遵循主要解决"何为融入"的

[①] 程秀娟,王士恒.劳动教育融入高职院校思政课的协同育人路径与载体研究[J].创新与创业教育,2023(4):164-168.

问题，旨在聚焦建设目标，确立遵循规则，引领教学实践融入方向。

（一）劳动教育融入高校思政课教学的科学内涵

劳动教育作为"五育"组成部分之一，与德育并列。思政课教学作为德育的主要实现方式，在教育层级上处于次一级。因此，将劳动教育融入思政课教学，显然不能也不必要覆盖全部劳动教育的功能，而应立足于思政课教学本身。

一方面，是融入而非植入，强调在内容和方式上营造"随风潜入夜"的意境效果。通过挖掘劳动教育课程的思政元素、思政教育中的劳动元素，聚焦于劳动价值观塑造、劳动精神培育、劳动品格锤炼和劳动习惯养成，实现二者在学科核心素养上的互融互通，激发学生做有理想、敢担当、能吃苦、肯奋斗的新时代好青年。

另一方面，是共享而非替代，克服"为融入而融入"的思维，不能以劳动教育取代思政课教学。在具体融入中要注意针对性、科学性和内隐性原则。特别是在实践教学环节，需要建立并实施跨学科、多平台资源共建共享机制，在创建劳动实践基地、设计劳动项目时，积极吸收思政教师参与，充分体现课程思政元素，实现实践基地的共建、实践项目的共享，让学生在一次实践体验中，得到双重感悟与收获。

（二）劳动教育与思政教育互融的基本遵循

一要坚持育人导向。紧紧围绕为党育人、为国育才的总目标，必须致力于全面提升学生的综合素质，确保他们在全面发展与健康成长方面取得显著进步。这需要我们精心引导学生树立正确的劳动观念，积极培养他们尊重劳动、尊重知识、尊重创造的价值取向。通过这样的教育引导，我们将培养出既爱岗敬业，又积极报效国家、服务社会的优秀人才，为实现国家的长远发展和社会的持续进步奠定坚实的人才基础。

二要遵循教育规律。劳动教育融入高校思政课教学内容时，要考虑学生的特点，并结合学科和专业，将爱岗敬业的劳动态度、精益求精的工匠精神以及创新创业的职业探索精神，贯穿于人才培养全过程，帮助学生树立正确的择业观，培养其勤俭、奋斗、创新、奉献的劳动精神。

三要树立问题意识。深入分析近年来青少年群体中出现的不珍惜劳动成果、缺乏劳动意愿以及劳动能力不足的现象，洞察其思想、认知、情感、实践动因，因材施教、因势利导，发挥思政课价值引领的主课堂、主渠道作用，激发思政教师、专业教师、劳动教育教师的横向协同意识，形成育人合力。教师要避免理论知识的简单堆砌、整体化搬迁，避免实践活动的彼此隔离、简单化重复。

四、劳动教育与思政教育互融的解决方案

劳动教育与思政教育互融的解决方案解答"何以融入"的问题。这是使融入真正落地的关键，也是广大一线教师最为关注的内容。

（一）劳动教育融入高校思政课教学的内容与途径

将劳动教育融入高校思政课教学是一项系统性工程，需要坚持专题性显性课程与渗透性隐性课程相结合的配置策略。具体而言，劳动素养的培育应通过必修和选修课程，贯穿于整个教学组织中；通过实践、实训，渗透于社会实践、第二课堂、实训实习、创新创业等实践载体中。在内容选择时，应该根据思政课本身的特点，选择合适的、具体的融入内容。挖掘劳动教育元素，将碎片化的内容，以马克思主义劳动观、劳动价值观为引领，进行系统化整合，以"通用+自选"的设计思路来建构融入方案，提升方案对不同群体需求的适切性。将宏观理论落细、落小、落实的必要环节，涉及教学内容筛选、素材转化、话语设计、流程把控，还需兼顾教师、学生、学校的个性差异。下面以"思想道德与法治"课程教学实践为例，详细解读"绪论：担当复兴大任，成就时代新人""第一章：领悟人生真谛，把握人生方向"中劳动教育元素的挖掘及劳动育人内容的融入。

其一，将劳动幸福观融入"担当复兴大任，成就时代新人"。在中国特色社会主义新时代的背景下，大学生是时代的接班人，必须深刻激发他们担当民族复兴大任的责任感和使命感。为此，我们需要确立"劳动最光荣、劳动最崇高、劳动最伟大、劳动最美丽"的劳动观念，以培养学生正确的劳动价值观和优良的劳动品质。在这一过程中，要引导学生深刻领会"幸福是奋斗出来的"这一理念的内涵与意义，使他们明白劳动是实现个人价值和社会进步的重要途径，也是创造美好生活的必由之路。通过教育引导和实践锻炼，学生能够不辱时代使命，不负人民期望，真正成为担当民族复兴大任的时代新人。

其二，将劳动创造价值、劳动创造人本身的观念融入"领悟人生真谛，把握人生方向"。马克思主义理论认为，劳动不仅是物质财富和社会历史的创造者，更是人类自身的塑造者。恩格斯在《自然辩证法》中深入论证了劳动在从

猿到人的转变中起到的决定性作用，这既体现在人类起源意义上劳动创造了人本身，也体现在人类进化过程中劳动对人自身的不断塑造和完善①。青年大学生面对人生的青春之问、时代之问，面对人生矛盾、人生价值困惑时，需要从"我是谁，我从哪里来"的哲学追问中寻求答案。劳动观让青年大学生明确人的本质规定，领悟劳动是人类自身生产和再生产的创造过程，从而自觉把个人之小我融入社会之大我，在劳动实践中创造有价值的人生。

劳动教育融入思政课的关键在人：一方面，通过显性课程的引导，使德智体美劳五育融合、协同育人，从而发挥教师"点拨"的主导作用；另一方面，通过隐性课程的熏陶，以真实场景为基础，通过榜样引领、实践体验、技能竞赛、实训实习训练，在做中学，发挥学生"悟道"的主体作用。教师要创设学生"出力流汗"的机会，引导学生在劳动实践中体认劳动价值，形塑劳动精神。简而言之，要发挥各个育人主体在教学组织、活动设计、教学实施以及学习评价中的纵向衔接作用，形成教育合力。同时，推进学校"小课堂"、社会"大课堂"以及网络"云课堂"之间的横向协同，构建全方位的育人环境。具体实现路径有：

一是在课堂教学中，围绕"劳动是什么、劳动为什么"的这一劳动本质与价值问题，挖掘给定内容与教材的结合点，通过经典阅读、角色代入、情境辩论、影视分享等方式实现融入，让学生懂得劳动的本质和价值，加强劳动观念、职业道德教育。

二是在实践教学中，围绕"如何做"的问题，通过"21天习惯养成"、角色互换、劳模面对面、劳动历史考察等活动，创设"知行合一、学做一体"的训练场景，强化规范意识、质量意识，引导学生关注细节、专注品质，使学生在劳动实践中体认劳动意识，培育工匠精神。

三是在网络教学中，围绕"做成什么样"的问题，通过成果展示、大国工匠、奋斗故事、劳动展馆等场景，提供劳动实践项目展示、大国工匠榜样示范、劳动故事演绎等，引导向榜样看齐，树立职业标杆，进行职业探索，提升生涯规划意识，激发青春奋斗热情。

四是在课程考核中，围绕"怎么评"的问题，调整课程考核方案，增加劳动实践所占比重，以"过程性+终结性"的评价方式，加深学生对劳动的省思，确保融入能够迭代推进。在思想政治理论课必修课及选修课中，设计更具操作

---

① 常卫国. 劳动论：《马克思恩格斯全集》探义[M]. 沈阳：辽宁人民出版社，2005：78.

性的系统化融入方案，形成教学案例，配套辅助课件，提升融入方案的科学性、实操性和示范性。

（二）思政教育融入劳动教育的内容与途径

从劳动教育课程知识体系中挖掘思政素材：通过解读习近平关于劳动教育重要论述以及《中共中央 国务院关于全面加强新时代大中小学劳动教育的意见》《大中小学劳动教育指导纲要（试行）》等文件，把握劳动教育历史发展及演变规律，对开展课程思政建设所运用的劳动哲学、劳动教育、劳动精神、劳动素养等核心概念进行文献梳理，来丰富具有属性的劳动教育学科核心素养，并依此拟定劳动教育课程标准，为课程思政与五育融合提供逻辑前提。

在劳动教育课程教学方式中融入思政元素：通过典型案例分析、工匠故事分享、热点现象剖析，发挥榜样的引领、情感的共鸣、价值的认同作用；通过经典选读、小组讨论、经验分享、成果展示，抒发家国情怀、培养契约精神、感受中国智慧。

在劳动教育集体研讨中提升课程思政素养：通过建立课程思政虚拟教研室，集体研讨，统一认识；课程思政教学设计、典型案例资源的开发，采用在线组稿，多人协同编辑、不断迭代方式，形成"发起－组编－定稿－入库－调用"的资源库动态更新、共建共享的工作机制。

马克思主义劳动观、习近平劳动观为劳动教育课程中劳动元素及思政元素的挖掘提供文本依据，为劳动教育一体化教学实践提供必要的学科支撑和理论基础。探索劳动育人与思政育人协同机制，为课程思政教学提供参考与示范。通过教学实践试点进一步检验和修正该方案，努力提升方案的可操作性和可推广性，为思政课教师、劳动教育教师提供直接的教学辅助。提供劳动教育与思政教育协同育人的资源开发流程，为课程思政内容建设提供借鉴。共建跨学科教研团队，协同挖掘思政元素、劳动元素，实现劳动教育与思政教育的师资对接、路径互通及一体化资源共享，并为其他通识课程及专业课程实现课程思政提供价值引导、资源支持，坚持显性教育与隐性教育相统一，实现全员全程全方位育人。为落实"五育融合、立德树人"根本任务，全面推进"大思政课"建设，搭建大资源平台，构建大师资体系，劳动教育与思想政治教育的互融互通需要在师资、平台、资源、制度等方面进行更有深度的研究和拓展。

第七章

劳动教育的教材编写、金课建设和条件保障

第一节 劳动教育的教材编写

课程开发,亦或称为课程设计,是一个涉及课程结构全方位构建的系统性过程。它不仅包括课程的整体规划,还涉及具体内容的细致设计。在实施层面,这一过程囊括了教学计划的精心制订、教学大纲的严谨编写以及教材的细致编纂等多个环节,旨在对教学目标、内容、结构以及评价标准进行全面的探讨和规定。课程开发通常遵循四个步骤:明确目标、选择内容、整合要素和实施评价。通过这样的课程开发过程,我们可以构建出既符合社会需求,又体现学科特点,同时满足学生个性发展的优质课程,为教育教学质量的提升提供有力保障。

社会需求是课程开发的导向,它反映了特定社会背景下的教育目标和任务,对确定课程方向至关重要。在职业教育中,社会需求尤为关键,要求课程紧密围绕经济发展和职业岗位需求进行设计。

学科体系是课程开发的基础,它承载了人类智慧和文化遗产,但也需要根据实际需求和学生认知过程进行筛选和组织。

个性发展是课程开发的纽带,要求关注学生的经验、思维特质和多元兴趣,以促进学生个体的社会活动参与和能力拓展为目标。课程开发应综合考虑这些因素,以实现教育的个性化和多元化。

课程建设应遵循适应性与系统性、现实性与前瞻性、职业性与理论性并重

以及"以学生为主体"的原则。具体而言，课程建设需适应经济社会发展，形成系统化架构，避免内容重复，并注重课程间的衔接。同时，课程应兼顾现实需求和未来趋势，培养学生终身学习能力，既重视职业技能训练，也不忽视理论基础传授。最后，应赋予学习者自主学习权，鼓励他们主动探索和独立思考。

一、教材开发的基本模式

教材是经过精心筛选和组织的知识与技能体系，具有相应的深度和广度，旨在满足特定的教学任务需求。作为教学过程中的基本工具，教材综合体现了教育理念、教学内容与教学方法，是知识和经验的承载媒介，以及教学内容的具体化表现形式。在教学活动中，教材扮演着举足轻重的角色，既是教师教学的核心依据，也是学生学习的主要来源和学习指南。

（一）教材开发的主要环节

1. 选题规划

教材选题作为教材开发工作的基石，是指组织编写单位（例如学校、出版社）针对预出版教材的初步规划和创意构思。这一过程涵盖了选题名称的确定、作者的选拔、内容摘要的撰写、目标读者群的定位以及预计篇幅的规划等多个层面。出版社的教材选题规划是一种具有战略意义的策划活动，旨在明确出版社在较长时期内教材出版的核心目标，并据此制定相应的出版策略和政策。而学校的选题规划则是其教学课程改革理念与行动路线的集中展现和系统化表达。通过精心规划教材选题，出版社和学校能够确保教材内容的科学性、系统性和适用性，进而提升教学质量和学习效果。

教材选题规划的过程可分为三个关键阶段：首先是寻找选题来源，这一阶段涉及对潜在选题的广泛搜集和识别；其次是进行选题分析，此阶段需要对已收集的选题进行深入的分析，以评估其适用性和可行性；最后是确定选题方案，这一阶段旨在基于前两阶段的研究成果，制定最终的选题决策。

（1）寻找选题来源

教材选题的确定，主要依赖于多个权威渠道：政府部门（涵盖教育部门、人力资源和社会保障部门、行业职业教育机构等）的教材规划或官方发布的选题指南，为教材编写提供了宏观方向和政策支持；同时，关于职业教育与职业培训教改科研课题的研究成果，也是选题的重要参考，它们凝聚了教育专家和实践者的智慧与经验；此外，职业学校根据自身教学需求和特色，提出的自编教材需求，也是选题来源的重要组成部分。这些选题来源确保了教材编写的科学性、前瞻性和实用性。

（2）进行选题分析

在进行教材选题时，需进行科学的分析，包括对专业招生、职业发展、职业资格考试与技能鉴定、学员需求以及同类产品等多方面的考量，旨在确保选题的合理性与科学性，实现社会效益与经济效益的双赢。同时，读者定位至关重要，它决定了教材开发的整体方向，涉及学校类型、技能等级和学员特点等因素。为确保选题的明确与规范，各出版社应设计相应的选题介绍表。

（3）确定选题方案

根据选题分析数据，我们需明确选题名称、编写方式、经费投入、人员配置以及完成期限等关键要素，进而制定详细或系列化的选题方案。在职业教材选题设计过程中，应遵循整体化原则，以专业为基本单位，依托职业分析结果来确立培养目标，从而精准地确定课程内容并构建课程体系。此外，职业教材规划应分为通用能力教材与专业能力教材两大组成部分，旨在全面满足职业教育对社会能力、方法能力及专业能力培养的多元化需求。通过这样的规划与设计，我们可以确保职业教材的科学性、系统性和实用性，进而提升职业教育的整体质量与效果。

2. 教材设计

在职业教育视域下，教材设计的本质在于最大化地发挥其教育功能。为此，应立足于职业教育理论，构建以课程目标为导向、职业导向为基准、动机发展为驱动、出版传播为辅助的设计原则体系。在这一原则指导下，通过明确目标设定、优化内容筛选、合理组织编排以及完善资源配套等关键环节，力求确保教材的精准定位、内容的时效性与前瞻性、结构的逻辑性与科学性，并着重凸显对职业技能的系统培养。

同时，在教材设计过程中，深入挖掘并整合教材在思想品德熏陶、文化传承与创新、心理结构塑造以及兴趣动机激发等多方面的潜在功能，旨在通过全方位、多层次的教育影响，全面提升学生的知识素养、技能水平以及综合职业能力，为其未来的职业生涯奠定坚实基础。此外，还应注重教材的出版传播效应，以期通过优质的教材资源，推动职业教育的普及与发展。

（1）目标设计

职业技能教材的目标设计在教材设计流程中占据首要地位，其精准性对于提升教材质量和优化教学效果具有举足轻重的作用。职业教育是一种独特的教育类型，其核心要义在于紧密围绕特定职业岗位或岗位群的实际需求，系统性地培育具备一线生产、管理、服务能力的应用型人才。职业的具体需求是确立专业培养目标的根本依据，而专业培养目标则进一步细化了课程目标，为教材目标的设定提供了明确指引。因此，在进行职业教材的目标设计时，务必确保其与职业课程目标的一致性，以保障教学内容与职业发展的实际需求相契合，从而实现职业教育的最终目标。

在教材目标设计的过程中，必须充分考虑职业教育的独特性以及学生的具体需求，确保所设定的目标具备明确的针对性、实用性以及可操作性。同时，目标的层次性和整体性同样不容忽视，这样才能满足不同学生的学习需求和发展需求。通过科学且合理的目标设计，我们能够更有效地指导教材的编写工作，进而提升教材的质量和适用性。最终，这将有助于提升职业教育的教学效果，提高人才培养的质量。

（2）内容选择

职业技能教材的内容选择关键在于满足能力和素质形成的条件，以及所需的知识、技能和态度，同时确保这些内容服务于教材目标，并遵循信息来源原理，实现科学先进、合理取舍。

因此，在筛选职业教材内容时，应遵循识别并选择学习者进行职业活动所必需的知识、技能和态度的原则。具体而言，内容的选择应基于以下三个维度：其一，需根据能力形成的条件来甄选相关的知识要素，确保所选内容有助于学习者职业能力的系统提升；其二，应充分考量学习动机的发展条件，优选那些能激发学习者兴趣、调动其积极性的内容，以使其形成良好的学习动力；其三，必须依据职业工作要求所蕴含的工业文化、行业文化、职业文化及企业文化精髓，来精准确定教材内容，确保学习者在掌握专业技能的同时，能够深刻理解和践行相关职业的文化理念。

（3）内容组织

内容组织在职业教材编写中占据举足轻重的地位，它不仅关乎教材内容的编排与呈现方式，更对实现课程目标起着至关重要的作用。为确保内容组织的科学性和有效性，在编写职业教材时，我们应深入剖析学生的学习动机发展，并巧妙运用任务导向与目标先行的策略。通过精心设计学习任务和明确学习目标，我们可以有效激发学生的学习兴趣和积极性，进而提升他们的学习效果和职业能力。

此外，在内容组织过程中，我们还需注重教材内容的连贯性和系统性，确保各部分内容相互衔接、层层递进。同时，结合职业教育的特点，我们应强调实践性与应用性，将理论知识与实践技能有机融合，以培养学生的综合职业能力为核心目标。通过不断优化内容组织方式，我们可以编写出更加科学、实用、高效的职业教材，为职业教育的蓬勃发展提供有力支撑。

最后，内容组织与教学设计之间的紧密配合在职业教育中显得尤为重要。鉴于职业教育的核心目标是培养技术应用型人才，教材编写必须遵循"从实际到理论、从具体到抽象、从个别到一般"的教学原则，以确保知识与技能的递进式传授。同时，优先采用任务导向、案例分析等与实践紧密相连的教学方法，能够帮助学生更好地将理论知识应用于实际工作中。这种一体化的设计理念不仅有助于教材内容与教学方法的相互契合，更能显著提升教学效果和学生的学习成效，从而培养出既具备理论知识，又拥有实践技能的高素质技术应用型人才。

（4）资源配套

教材资源是指为进一步提升教材教学效果而配套开发的多元化教学和学习资源。这些资源包括精心设计的教学方案、互动式课件、模拟题（卷）库、直观的视频素材和丰富的图片素材等，旨在为教师提供更为灵活多样的教学手段，同时满足学生个性化、自主化的学习需求。通过对教材资源的有效利用，可以显著提升教材的实用性和教学效果，为师生的教学活动提供有力支持。

3. 开发编写

教材的开发与编写是一个系统性过程，需依据专业教材规划和各单元课程标准，组建并组织协调编写团队，明确编写目标，合理分配任务，最终完成教材书稿的撰写。现代职业技能教材的开发团队通常由策划编辑和编写人员共同构成。其中，策划编辑负责全面监控教材的编写进度，并协调教材开发过程中的资金分配和投资安排。编写团队则汇聚了来自职业院校的教师、企业界的专业人士以及行业领域的专家。

教材的开发与编写过程主要包括以下几个关键环节：首先是作者的遴选，

确保编写团队具备必要的专业素质和经验；其次是任务的分工，根据编写人员的专长合理分配编写任务；接着是中期检查，对编写进度和质量进行阶段性评估；最后是统稿与交付，对各个部分的稿件进行整合、修订，并最终形成完整的教材书稿。

4. 审定制作

审定制作的宗旨在于确保教材内容的科学性、概念表述的精确性、技能描述的规范性以及文字表达的流畅性；同时，追求版式设计的优雅美观，整体风格的优良协调，以及外在质量的合格达标。审定制作流程涵盖四个关键环节：审核审查、编辑加工、排版制作以及成品检验。通过这一系列严谨的流程，致力于打造出高质量、高水平的教材成品。

（1）审核审查（审稿）

教材的审核审查是一个分为两个层次的复杂过程，主要用于确保教材的科学性、规范性、职业性、实用性。第一个层次是审核，涉及对教材是否符合专业培养目标、职业技能标准、企业行业需求、职业生产实际等方面的综合评估，并提出相应的评价意见和修改建议。该过程通常由教材开发单位（如出版社、学校）组织实施。第二个层次是审查，关注教材是否符合国家政治理念、社会主义核心价值观、课程标准、职业技能标准等要求，由职业教材开发的行政部门（如教育部、人力资源和社会保障部门）负责组织。整个审稿过程通常由相关领域的专家参与，以保证教材质量和合规性。

（2）编辑加工

编辑加工环节是教材开发中对内容和体例进行严格审核、修改错误的关键过程。在这一阶段，编辑团队遵循国家新闻出版部门设定的出版物质量标准和图书质量保证体系，以及相关的国家技术标准和行业标准。编辑加工通常包括初审、复审、终审等多个审次，以及一校、二校、三校、加校、核红等不同校次。考虑到职业教材读者的特殊性，如其对国家标准计量符号的应用和对企业执行标准的熟悉度等，编辑过程中需根据读者认知规律进行特殊处理。此外，基于教育传播理论，编辑加工还涉及对内容呈现方式的必要调整，例如将文字描述转换为表格、流程图，增加插图，或将相关内容改为脚注等，以优化教材的信息传递和接收效果。

（3）排版制作

在教材的排版制作阶段，根据教育传播理论和阅读规律，需要考虑教材内容的特定需求，对教材各部分的版式进行合理设置，并确保各部分之间的区分明确。例如，在编写某职业教材时，常采用功能模块的形式。在版面设计过程中，应突出这些不同部分，以便让读者能够快速明了地识别和理解教材的各个模块。这种精心的排版设计旨在提高教材的可读性和使用效率，使信息传递更加直观和高效。

（4）成品检验

经过编辑加工合格的教材，经出版社最终审查后即可付印。在教材投放市场前的最后环节是成品检查，主要由出版社对教材的封面、封底、文前页等部分进行通读检查，对全书的质量进行检查。部分出版社对重要产品在拼版后还加出蓝图进行检查或者印少量样书进行质量检查，必要时质量检查也可请作者协助通读，以确保教材的质量符合标准，为教材的市场投放做好充分准备。

5. 反馈修订

本部分包括教材试用、反馈调查、质量评价、推广应用、修订与重版五个环节。

（1）教材试用

为了确保教材质量并实现其设计目标，即使教材经历了多个精心策划和制作的环节，仍需进行试用以便发现潜在的问题。教材试用的范围可以根据具体需求而定，但通常职业教材首先应在参与编写的作者所在院校内进行试用。这一过程不仅有助于评估教材的实际应用效果，还能提供反馈信息，从而为进一步优化教材内容和结构提供重要依据。通过这种实际应用场景中的测试，可以更加全面地评估教材的有效性和实用性，确保其能够满足教学和学习的实际需求。

（2）反馈调查

为了更深入地了解教材试用过程中出现的问题，进行反馈调查是一个关键步骤。这包括设计问卷以收集对教材的评价和反馈，重点关注的内容包括：发现教材中存在的文字错误或遗漏、对教材内容选择和组织方式的评价，以及学生和教师对教材的整体评价。通过这些问卷调查，可以收集到关于教材实际应用情况的直接反馈，有助于识别并改善教材中的不足之处，从而提高教材的整体质量和教学效果。此类反馈调查对于理解教材在教育实践中的实际表现和接受程度具有重要价值。

(3) 质量评价

在教材开发流程中，质量评价环节是基于反馈调查结果，运用科学的指标体系对教材的质量进行全面评估的重要步骤。此过程涉及分析调查所得的各项反馈，综合考虑教材的内容准确性、表达清晰度、实用性和适应性等多个维度。通过这种系统的质量评价，可以确保教材在满足教学需求方面的高标准，并为可能的进一步改进提供明确的方向。这一评价过程对于提高教材的教学效果和学习体验至关重要，确保教材能够有效地支持教育目标的实现。

(4) 推广应用

在教材开发流程的推广应用阶段，将通过多种渠道对经过试用并合格的教材进行宣传和推广。这一过程通常包括将教材纳入各类目录并发布征订信息，例如教育部门、人力资源和社会保障部门的教材目录，新华书店及其他教材信息目录，以及在职业教育专业杂志上发布相关信息。除此之外，还会通过学校巡回展示、赠送样书等方式进行推广，并通过举办师资培训班和研讨班来进一步提升教材的影响力和应用范围。这些措施旨在确保教材能够广泛地被认知和使用，从而最大程度地发挥其教学价值和效果。

(5) 修订与重版

修订基于对教材使用情况的持续追踪，旨在针对发现的问题进行改进。具体而言，修订通常局限于对教材中个别部分的更正或更新，不触及教材整体的内容结构。换言之，修订仅限于对局部错误或遗漏的调整，保持教材框架的稳定性。

相较之下，重版的范围和深度更为广泛。当教材存在大量需改正的错误，或部分内容因时效性问题而需更新时，便会采取重版措施。重版不仅包括对教材错误的全面修正，还可能涉及对教材的内容组织结构进行根本性的调整和重构。特别是当教材的某些部分已不再适用或失去效力，需对这些部分进行全新的编撰和设计时，重版便显得尤为必要。总的来说，重版旨在通过更为深入和全面的修正与更新，确保教材内容的准确性、时效性和适用性。

（二）教材开发的基本策略

职业技能教材开发是一项系统性工程，旨在将教育理念转化为具体教学资源。该过程需综合考虑政府、社会、行业企业及教育者需求，规划教材目标、内容、组织及教学方法。因管理体制和课程观念差异，开发过程需兼顾职业标准、教学文件要求和教材在职业教育中的作用。教材开发需多方合作，遵循六大基本策略，确保各环节有效性和高质量。下面以目标导向和动机导向策略为例，阐述教材开发的基本依据。

1. 目标导向策略

目标导向策略强调以职业教育课程理论为基础，对职业技能教材进行系统规划与设计，保障教材目标的完整性与逻辑性。该策略要求教材全面覆盖相关知识、技能及态度要点，并指导教师将课程理论转化为具体的教学目标，形成教学的基础框架。教学管理部门在此基础上，提供统一的教学目标文本及教学方法指导，以确保教学活动的目标性和系统性。

（1）综合确定教材目标

教材目标的设定需反映职业教育的核心目的，并与教育目标紧密衔接，同时综合考虑学生特性、社会需求和学科发展，以确保教学目标的有效实现。在职业培训方面，教材目标旨在使学习者掌握关键职业技能、态度、素质，并满足国家职业标准与企业需求。而在职业教育方面，教材目标不仅强调在学生已有基础上的素质提升，还注重满足就业岗位的具体技能要求。此外，教材目标还应融合"行为目标"与"表现性目标"，既注重学生基本技能的掌握，也强调创造性和个性化的培养，以形成一种全面的"行为表现性目标"取向。

（2）合理划设目标层次

职业技能教材的目标包含三个层次：体系目标、单元目标和分解目标，分别与课程体系相对应。其中：体系目标是指整个专业的培养目标或职业培训的整体目标；单元目标则是每本教材所要达到的教学目标；而分解目标则是将每本教材的目标进一步细化，形成各个教学模块的具体目标。教师可根据这三个层次的目标来明确具体的教学目标，并编制相应的教案。

第一，体系目标。

课程体系目标在职业教育和培训中扮演着至关重要的角色，为每门课程及教学目标的开发提供宏观指导。这些目标与国家行政部门精心制定的专业培养方案和能力框架紧密相连，共同构成职业教育的坚实基石。在设计职业教育教材目标时，我们必须遵循职业逻辑的系统化原则，而非仅仅局限于传统的学科体系。此外，按照教育部门和人力资源和社会保障部门的专业目录及教学标准进行整体规划是不可或缺的环节。通过自上而下的结构化设计，我们能够确保教材各部分目标明确、恰当且清晰，从而有效地指导教学实践，提升学生的职业技能和素养。

第二，单元目标。

除了制定整体教材体系的目标，对各"单元课程"（区别于学科体系的科目课程）的目标设定也应明确且具体。单元教材目标是对整体教材体系目标的详尽分解和具体化表达，它们自身具备一定的独立性。单元教材目标的陈述形式往往较为宽泛，这使得量化成果具有一定难度，应依据教育行政部门颁布的课程标准或人力资源和社会保障部制定的一体化课程规范来确定单元教材目标。同时，制定单元教材目标时还需考虑相关职业技能标准的要求，并紧跟产业发展趋势，融入新知识、新技能、新工艺及新产品等内容。

第三，分解目标。

根据课程需求，教材开发者应按职业逻辑将单元目标细化为支撑性的子目标。目前常见的职业技能目标描述，如"掌握"、"了解"、"熟悉"等，过于模糊，无法有效指导教学。为确保教材目标具体明确且可操作，应采用科学的目标描述方法。美国学者麦格（Mager）认为，能力目标的描述一般应包括对象（audience）、行为（behavior）、条件（condition）和标准（degree）这四个要素，这构成了目标的"ABCD描述法"。

根据"ABCD描述法"，在设计课程目标时，……

在设计课程目标时，需明确对象、行为、条件和标准四要素。对象要素指目标针对的学生群体，不同对象对同一技能或概念有不同要求。行为要素应具体描述学生应从事的活动，以可量化的方式表述，避免模糊用语。条件要素指观察操作行为的条件，包括问题范围、工具设备、辅助教材等，需清晰阐明。标准要素是鉴定学生操作行为水平的可接受标准，可涉及速度、精确度等，应展示真实工作情境。这四要素相互关联，共同构成明确、具体、可衡量的课程目标。

（3）准确进行目标分类

在职业技能教材目标开发的过程中，为确保各目标之间的顺畅过渡与有效衔接，同时避免目标的重叠或矛盾，我们有必要对目标进行系统的分类与整理。具体而言，这一目标体系可以细分为知识、技能、态度三大类别，它们分别对应着认知、动作、情感三大领域。

历史上，众多学者为教材目标的组织与分类提供了丰富的理论资源。例如，布卢姆提出的"认知领域分类法"为知识目标的层次划分提供了清晰的框架；哈罗与辛普森所倡导的"动作技能分类法"则为技能目标的设定与评估指明了方向；而克拉斯沃尔等人所创立的"情感领域分类法"则对态度目标的形成与培养进行了深入的探讨。这些分类方法不仅有助于教师对教材目标进行精细化、系统化的设计与组织，更为教材开发实践提供了坚实的理论基础。

特别是在职业教材和职业技能等级教材的开发过程中，对目标描述的准确性与分类的规范性要求尤为严格。然而，当前许多职业教育教师在教材目标开发方面缺乏足够的经验，导致对知识与技能等目标的分类不够清晰、表述不够准确。因此，我们亟须通过规范化、标准化的目标描述方法，提升教材的整体质量，确保不同学段教材目标之间的有效衔接与过渡。这样不仅可以提高职业教育的教学效果，更有助于培养具备全面职业素养与技能的高素质人才。

表 7-1　描述教材目标的行为动词表[①]

类型	程度	各水平的要求	使用的行为动词
知识性目标	由低到高	了解水平：再认或回忆事实性知识；识别、辨认事实或证据；列举概念所属例子；描述对象基本特征等	了解、熟悉、说出、描述、列举、列出、指出、背诵、辨认、复述、回忆、选出、识别
		理解水平：把握事物之间的内在逻辑联系；新旧知识之间建立联系；进行解释、推断、区分、扩展；提供证据；收集、整理信息等	解释、理解、说明、识别、归纳、概述、推断、区别、比较、提供、预测、调查、检索、查找、整理
		迁移应用水平：归纳、总结规律和原理；将学到的概念、原理和方法应用到新的问题情境中；建立不同情境中的合理关联	分析、设计、制订、评价、探讨、总结、研究、选用、选择、学会、画出、适应、自学、发现、归纳、确定、判断、辩护、质疑、撰写、解决、检验、计划、推广、证明
技能性目标	由低到高	模仿水平：在原型示范和他人指导下完成操作	重复、再现、尝试、模仿、模拟、访问、解剖、使用、运行、演示、调试、例证、临摹、类推、扩展
		独立操作水平：独立完成操作；在评价的基础上调整与改进；与已有技能建立联系等	获取、加工、管理、表达、发布、交流、运用、使用、制作、操作、搭建、安装、开发、实现、完成、制定、解决、绘制、安装、尝试

[①] 隋丹.《信息技术》在课程改革中的方向与实践[D].大连：辽宁师范大学，2008.

续表

类型	程度	各水平的要求	使用的行为动词
技能性目标	由低到高	熟练操作水平：根据需要评价、选择并熟练操作技术和工具	联系、转换、创作、熟练使用、熟练地操作、有效地使用、合乎规范地使用、灵活运用、举一反三、触类旁通
素质性目标	由低到高	经历（感受）水平：从事并经历一项活动的全过程，获得感性认识	亲历、体验、感受、交流、讨论、观察、实地考察、参观
		反应（认同）水平：在经历基础上获得并表达感受、态度和价值判断；做出相应的反应等	关注、借鉴、欣赏
		领悟（内化）水平：建立稳定的态度、一贯的行为习惯和个性化的价值观等	形成、养成、确立、树立、构建、增强、提升、保持

2. 动机导向策略

动机导向策略强调在教材目标确定后，通过展示学习目标、提示现状差距，并创建适宜学习情境来激发学习者的内在动力。根据凯勒的"ARCS模型"，提升学习动机需关注学习者的注意力（Attention）、关联性（Relevance）、自信心（Confidence）和满足感（Satisfaction）。实践中，提高学生的学习动机可通过增强自我效能感、改进教学方法、适配学习风格、提高兴趣、优化反馈评价机制和归因训练等方式实现。对成人学习者而言，提升学习动机的关键在于增强学习信心和将外在激励转化为内在需求。虽然教材设计本身不足以全面提升学习动机，但在开发职业教育和培训教材时充分考虑学习者的动机特点和学习风格，能有效促进学习动机的提升。

（1）学习目标先行

美国心理学家耐特和瑞莫斯的研究强调清晰学习目标对激发学生的学习动机的重要性。在职业技能教材编写中，应明确展示学习目标，利用图表等直观形式增强系统性、明确性和具体性。同时，思维导图作为有效工具，可梳理和呈现知识点关联，有助于学生构建完整知识体系。因此，教材编写应结合这些方法，充分激发学生的学习动力，提升学习效果。

（2）针对现状差距

差距是激发学习动机的关键，若无法识别差距，再优秀的教学方法也难以奏效。明确目标后，应通过调查分析，掌握学习者现状与预期知识技能之间的普遍差距，为教材编写提供方向。同时，须分析教学资源条件，寻找合适的解决方法。一般思考路径包括：确定企业所需知识技能、了解往届学生实习中的困惑、明确教学大纲要求、评估学生当前能力及学习需求。

（3）适应学习风格

学习风格概念最初由哈勃特·塞伦提出，指学习者在学习过程中展现的个性化学习倾向，涵盖生理、心理及社会环境等多方面因素，为因材施教提供理论支撑。弗莱明的"VARK模型"进一步将学习风格细分为视觉型（Visual）、听觉型（Auditory）、读写型（Read-write）和运动实践型（Kinesthetic）四类，各有特点，无优劣之分。针对国内职校生以运动实践型和听觉型为主的学习风格，职业院校倾向采用参与式、合作型教学法，并进行相应课程改革。在开发职业技能教材时，应进行需求分析，考虑学生知识能力和学习风格特点，同时可借鉴澳大利亚TAFE（Technical and Further Education，职业技术教育）经验，以更好满足学生学习需求，提升教学质量。

（4）诱发学习兴趣

教育心理学研究显示，学习兴趣的激发需经设趣、激趣、诱趣和扩趣四阶段，这对教材设计具指导意义。设趣应分析学生需求，设定目标并创新情境以引发兴趣；激趣则展示内容实用价值和意义，激发好奇心；诱趣需设计启发性问题，引导主动思考；扩趣鼓励学生拓展学习，培养创造性思维。教材编写者应采用多种策略，如恰当教学方法、适时反馈、合理教学顺序、新旧知识结合及生动实例，以维持学生的学习兴趣并提高教学效果。

二、教材开发的实践类型

教材编写模式是由课程类型、课程范型和教学内容与教学程序共同决定的。课程类型主要影响教材的宏观编写模式，如公共基础课程和专业技能课程的区分；课程范型则决定教材的中观模式，如学科中心、活动中心等不同范型的选择。在确定课程类型和范型后，还需根据具体的教学内容和教学程序来确定教材的微观模式，以确保教材能够有效地促进职业能力的形成和发展。在教材编写过程中，应遵循选定的课程类型和范型要求，采用相应的教学模式和教学方法，合理组织教材内容，降低学习难度，提高可读性。

（一）教材的立体化

1. 概念界定

立体化教材是依托现代教育理念和网络技术平台而构建的一种综合性的教

学资源体系。它以传统的纸质教材为基础,紧密围绕课程体系的核心内容,有效整合了多种媒介、形态各异、用途广泛且层次分明的教学资源,并提供了多元化的教学服务支持。这种结构性配套的教学出版物旨在通过丰富多样的教学资源供给,全面满足教师在教学用书方面的需求以及学生在学习用书方面的需求,进而积极适应教育市场的发展趋势,显著提升教学质量和学生的学习效果,有力推动教育教学的深化改革进程。通过立体化教材的应用,我们可以期待教育教学领域实现更为全面、深入和高效的发展。

2. 教材形式解析

立体化教材是融合纸质教材、电子教案、电子书、CAI(Computer Assisted Instruction,计算机辅助教学)课件、试题库及网络课程等多元素教学资源的综合体系。它内容丰富,除主体知识外,还涵盖案例、试题及答案、教案课件、学习及自测软件等。在形式上,立体化教材分为主教材、辅教材、配套电子资料和教学网站等,以纸质为主体,辅以音像、电子及网络出版物。这种教材设计既服务于教师教学,又满足学生学习需求,旨在推动教学模式革新,提升教学质量。

3. 现存问题分析

当前立体化教材在建设过程中存在一个显著问题:过于侧重教师需求而忽视学生学习需求。无论教材如何编排、立体化如何实施,其最终目标都应该是服务于学生的学习。因此,立体化教材的建设应当双管齐下,既关注教师教学的需要,也重视学生学习的诉求。

4. 主要技术标准

《高等教育出版社立体化教材出版规范》是由高等教育出版社与北京师范大学现代教育技术研究所共同研制的一项重要规范。该规范主要对立体化教材的开发流程、电子素材属性标注方法、资源管理策略以及出版业务支持服务的质量控制等方面进行了全面而细致的指导,具有广泛的规范内容。

在研制过程中,该规范参考了多个国际和国内标准,如 IEEE LOM 和 CELTS-3 学习对象元数据规范、IMS 内容包装规范、CELTS-9 内容包装规范以及 ADL SCORN 等。这些标准的引入使得该规范在描述网络教育资源的元数据和内容包装方面具有更强的通用性和互操作性。

通过遵循这些规范,立体化教材的开发者和出版者可以确保教材的质量和一致性,提高教学资源的可重用性和可共享性,从而推动网络教育的快速发展。同时,该规范也为立体化教材的建设和应用提供了重要的参考依据,有助于提升我国网络教育的整体水平和国际竞争力。

（二）教材的数字化

作为现代教育技术的重要成果，数字教材为实现"人人皆学、处处能学、时时可学"的终身学习愿景提供了坚实基础。通过突破传统纸质教材的局限，并紧密结合职业教育的特殊需求，数字教材以知识服务的未来导向为指引，积极开发融合纸质与数字内容的教材内容。此外，数字教材还致力于构建共建共享共赢的开发机制，旨在推动教育资源的优化配置与高效利用，从而助力教育领域的可持续发展。

数字教材为学生、教师、教学管理者、作者、出版社、发行商带来的功用如表 7-2 所示。

表 7-2　数字教材服务对象与功能服务对象

服务对象	数字教材
学生	内容不限于某本书，可以进行扩展学习；互联网模式范围广，受专业、院系、学校限制少，受众基数增加；便于学习与实时互动
教师	动态掌握学生的学习行为，但在 PC Web2.0 时代是不可行的，受限于网速带宽、笔记本易带性等；教师可更好地收集素材，依据学生学习行为，组织更合适的教材，创作出更适合的课程和教学材料
教学管理者	通过学习平台追踪学生的学习行为，快速和清晰地了解学生日常学习情况，调整和选择合适的教学管理制度和方法
作者	可以充分利用互联网资源，了解同专业教学情况；通过追踪和分析学生学习行为，促进作者编制出更适合职业学校学生的教材
出版社	推出形式创新的教材、精品化教材
发行商（渠道）	创新教材，创新模式，网络化教材便于跨区域推广

第二节　劳动教育的金课建设

在互联网技术快速发展的背景下，教育信息化面临新机遇和挑战。科技变革深刻影响了教育学习生态，推动了微学习时代的到来。国内教育工作者积极借鉴国外经验，通过各类活动和比赛鼓励教师参与微课创作，基础教育领域表现尤为突出。众多微课程平台的建立和大量优质学习资源的涌现，标志着我国教育信息化取得了重要进展。

一、网络学习平台及课程资源

2014年被誉为中国MOOC（Massive Open Online Courses，大规模开放式在线课程）的元年。在这一时期，众多高校积极响应，力图紧跟这一教育变革的步伐。此举可视为现代远程教育试点之后，网络教育在高等教育领域的又一次重要拓展和实践。从政府引导、社会各方参与、高校积极开发到资源的开放共享，中国网络平台及课程资源的开发与应用自2003年起步，经过4个阶段、20年的不懈努力和探索，逐步形成了具有中国特色的共建共享式网络平台及网络课程运营模式。

（一）成果与展示阶段：国家精品课程建设（2003—2010年）

国家精品课程建设阶段，始于2003年，历时8年，共建有国家精品课程3910门。建设院校涵盖普通高校本科、普通高校专科、网络教育课程、军事院校四个类别。

精品课程是高等教育质量提升与改革的重要一环，其核心使命是培养能够适应并推动国家和地方经济社会发展的高素质人才。为实现此目标，精品课程需系统推进六大关键领域的建设。首先，在教学团队建设方面，精品课程应着力打造一支以主讲教授为核心、结构合理、教学效果卓越的教师队伍，以持续保障和提升教学质量。其次，教学内容应不断得到更新和完善，确保其前沿性、科学性，并能及时反映学科领域的最新研究成果和动态，从而为学生提供最前沿、最深入的知识体系。再次，教学方法和手段也应与时俱进，积极采用先进的教学技术，实现教学大纲、教案等教学资源的网络共享，以此提升教学效果和学生的学习体验。然后，在教材建设上，精品课程应注重开发系列化、一体化设计的多媒体融合教材，以满足学生多样化的学习需求，并提升学习效果。再然后，实验教学环节是精品课程不可或缺的一部分，应通过开展综合性、创新性实验和研究型课程，鼓励本科生参与科研活动，从而有效培养学生的实践能力和创新精神。最后，为确保精品课程建设的顺利推进和持续改进，还应建立一套科学有效的激励和评价机制，从制度层面保障教学质量和人才培养效果的不断提升。综上所述，精品课程通过系统推进教学团队、教学内容、教学方法、教材建设、实验教学及激励评价机制等关键领域的建设，在提升高等教育质量和培养高素质人才方面发挥着至关重要的作用。

精品课程建设对推动教育创新、优化教学改革具有深远意义，它不仅能有效促进信息技术在教学实践中的广泛应用，还能实现高质量教学资源的跨时空共享。其核心宗旨在于，通过教师的深度参与和持续努力，全方位提升教育教学质量，为国家培养大批具备专业素养和创新精神的人才，从而进一步增强我国高等教育体系的整体实力及国际影响力。在这一过程中，精品课程建设不仅聚焦于课程内容的持续更新与完善，还十分注重教学方法和手段的创新实践。同时，它也强调教学资源的优化配置和高效利用，以确保教学活动的顺利进行和教学效果的最大化。

在评审环节，高度重视教学队伍所取得的实际成果，包括但不限于教学成果、教学奖励、教研项目、教研论文以及精品教材等，展现出鲜明的成果导向。申报国家精品课程须符合一定条件：课程必须涵盖本科及高专各专业的基础课及专业基础课，主讲教师应具备相应的职称要求；课程建设内容应全面且深入，同时鼓励将课件或完整授课录像上传至网络平台参与评审。这些措施旨在确保教学质量的提升和资源的共享。

因此，可以认为，此阶段的国家精品课程，主要是体现已有优秀成果支撑的教学团队，在线课程资源有限开放共享，主要供高校教师借鉴学习使用。

（二）引领与共享：国家精品开放课程建设（2011—2016年）

在"十二五"期间，国家精品开放课程建设取得了显著成果，分8批次建设了992门精品视频公开课、分2批次建设了2886门国家精品资源共享课，其中包括200门教师教育（师范类）精品资源共享课。

国家精品开放课程包含精品视频公开课与精品资源共享课两类，目的在于通过网络平台实现高质量课程资源的广泛共享，进而推动教育的开放性与普及性。前者重在展示高校名师名课，强调课程的思想性、科学性、生动性和新颖性，对高校学生和社会公众免费开放，以提升全社会的科学文化素养；后者由政府主导、高校自建，基于原国家精品课程优化升级，旨在为高校师生以及广大的社会学习者提供更为丰富、更为优质的学习资源。这两者相互补充，共同构建起了国家精品开放课程的完整体系，有力地推动了优质教育资源的共建共享，为学习型社会的建设奠定了坚实的基础。然而，在实际应用过程中，我们也发现了这两类课程在使用对象上存在一定的局限性。例如，精品视频公开课的内容覆盖面尚不能完全满足学习者多样化的学习需求，其课程主题和深度有待进一步拓展；而精品资源共享课在用户体验方面也存在一定的不足，如界面设计、交互功能等方面还有待改进和优化。

（三）开放与交互：国家精品在线开放课程建设（2015—2020 年）

在"十三五"规划期间，国家精品在线开放课程的建设成果斐然。原定的目标是构建 3000 门国家级精品在线开放课程及 1000 个示范性虚拟仿真实验教学项目，期望能引领 1 万门慕课和 5000 个虚拟仿真实验教学项目的发展。经过 5 年的不懈努力，实际成功建设了 2105 门国家精品在线开放课程。其中，普通高校本科课程占据主导地位，共计 1873 门，而普通高校其他层次的课程也有 232 门。这些成果不仅充分展现了我国在在线教育领域的持续投入，也有效证明了在线教育的实践成果，为高等教育质量的提升和教育模式的创新打下了坚实基础。然而，与原定目标相比，实际建成的国家精品在线开放课程数量略有差距。这可能是由于多种因素的综合影响，如资源投入、技术支持、教师培训等。未来，在推进在线教育发展的过程中，应进一步关注这些制约因素，并采取有效措施加以解决，以确保在线教育资源的持续优化和高效利用。

国家精品在线开放课程建设是响应全球慕课（MOOC）兴起的重要项目，旨在通过突破传统教育的时空限制和学校界限，革新传统教学模式。慕课联盟的跨区域、跨校、跨学科合作推动了慕课建设和应用的爆炸式增长，促进了在线学习、翻转课堂、线上线下混合学习等多样化共享和应用模式的发展。经过 5 年的建设和应用，中国慕课数量已居世界首位，并以中国大学 MOOC 等平台为代表，为全球慕课提供了中国方案和模式。慕课的创新性发展不仅加深了信息技术与教育教学的融合，而且推动了高等教育教学质量的提升。

国家精品在线开放课程涵盖了本科及多个教育层次，充分展现了我国在线开放课程的卓越品质与高标准。这类课程具备以下显著特点：其一，它们汇聚了众多丰富且优质的课程资源，成功地将一流大学、品牌专业及优势学科的资源进行了全面整合，形成了独具特色的课程体系；其二，这些课程为广大学习者提供了便捷高效的学习路径，使他们能够不受时空限制地深入探究学术领域；其三，在高校教育教学改革中，这些课程发挥了积极的引领作用，推动了信技术与教育教学的深度融合，为教学模式的创新发展注入了新的活力；其四，它们已经崛起为代表中国在线开放课程的国际品牌，使国内优质课程在国际舞台上大放异彩，并为跨文化教育交流建立了坚实的桥梁。

审视中国慕课近年来的迅猛发展，其取得的成就固然令人瞩目，然而也不应忽视其面临的一系列亟待解决的挑战。首要问题在于慕课建设尚缺乏统一的标准规范，这包括但不限于统一教材、课程标准以及与职业资格标准的对接等。这种标准的缺失在很大程度上制约了资源共享和学分互认机制的有效推进。其次，当前慕课建设通常受限于5年的服务期限，这使得课程的持续发展面临困境。由于缺乏持续的资金支持，课程资源的持续更新和优化难以得到保障。再者，知识产权归属问题尚未得到充分解决，这在很大程度上抑制了课程团队在课程建设、应用及推广方面的积极性。这些问题导致部分慕课的使用范围、共享性、更新率受限，课程可持续发展能力不足。

（四）应用与混合：国家级一流本科课程及职业教育在线精品课程（2019—2023年）

在这一阶段的国家课程建设过程中，首次采取了分类推进的策略，将普通高校与职业院校的课程建设分开进行。具体而言，普通高校着重推进国家级一流本科课程的建设，而职业院校则专注于推动职业教育在线精品课程的建设。这样的区分有助于更好地满足不同类型教育的需求，提升课程质量和教学效果。同时，也体现了国家对普通高校和职业教育课程建设的重视和支持。

1. 国家级一流本科课程建设阶段

在"十四五"规划期间，我国为提升本科教育质量，计划实施一流本科课程"双万计划"。具体而言，该计划旨在认定约万门国家级一流本科课程和约万门省级一流本科课程，以推动高等教育质量的全面提升。

首批国家级一流本科课程共计5158门，在推动信息技术与教育教学深度融合方面发挥了举足轻重的作用。特别是在新冠肺炎疫情期间，这些课程通过大规模在线教学，为应对教育挑战做出了卓越的贡献。其中，线上一流课程1875门（包括新认定的717门和复核的1158门），虚拟仿真实验教学一流课程728门（包括新认定的327门和复核的401门），线下一流课程1463门，线上线下混合式一流课程868门，社会实践一流课程184门。

第二批国家级一流本科课程共计5750门，其中线上课程1095门，虚拟仿真实验教学课程472门,线上线下混合式课程有1800门,线下课2076门,社会实践课程307门。这些课程的认定将进一步推动我国高等教育质量的提升和一流课程建设的深入发展。

截至2023年5月,国家级一流本科课程认定工作已圆满收官,共计认定了10868门课程。这些课程在继承"十三五"期间国家级精品在线开放课程丰富资源与宝贵经验的基础上,进一步深入挖掘了课程和教学方式中的思政教育要素,旨在构建符合新时代要求的高水平本科课程体系。国家级一流本科课程建设不仅有助于提升我国高等教育的整体质量,也为实现教育现代化、建设教育强国提供了有力支撑。不仅为学生提供了优质的学习资源和学习体验,也为教师提供了展示教学才华和实现职业发展的平台。

在实施过程中,特别值得一提的是课程建设对应用场景与混合学习模式的强化。这一举措突破了慕课在线学习的局限性,成功实现了向真实教学场景的回归,为高等教育注入了新的活力。同时,课程体系中有机融入了社会实践类课程、纯线下课程以及线上线下混合课程等多种形式的课程,全面覆盖了高校教学的各个生态和场域,丰富了教学内容和手段。此外,课程建设还坚持分类建设原则,扶强扶特,不断提升课程的高阶性、创新性和挑战度。这一系列举措不仅满足了新时代对高等教育质量的更高要求,也为培养高素质人才提供了有力支撑。具体建设内容包括:

(1)理念更新,引领课程建设新方向

为推动一流本科课程建设,须更新教育观念,确立"三个不合格"理念以明确高校、领导及教授的教育责任。同时,应全面推广课程思政,构建全方位育人格局,并以学生为中心、产出为导向、持续改进为理念,提升课程质量与创新性。

(2)目标明确,优化课程结构与内容

为满足经济社会发展需求和实现人才培养目标,应重新构建课程内容和体系,摒弃陈旧、低质的课程模式。特别是"双一流"及部省合建高校,应激励高层次人才如院士等参与优质课程建设并承担基础教学任务。同时,注重在新兴学科领域建设融合多学科、跨专业能力的创新课程,以培养复合型创新人才。

(3)能力提升,强化教师培训与发展

以培养培训为核心,提升教师教学能力。实现高校教学组织全面覆盖,强化教学研究，完善助教机制，发挥资深教师指导作用。确保青年教师受到系统培训后上岗，并推动教师职业培训与终身学习的持续发展。

（4）方法创新，激活课堂教学

为提升教学效果，应创新教学方法，优化课堂设计并注重学生能力培养。同时，须深度融合现代信息技术与教育教学，创新教学模式，并加强师生互动，以培育学生的创新思维和批判性思维能力。

（5）科学评价，激发学生学习动力

为激发学生学习动力和专业兴趣，应完善过程评价制度，全面评估学生课内外及线上线下学习成效，拓展课程学习的广度与深度。同时，引入非标准化、综合性评价方式，以增强课程的挑战性和促进学生的全面发展。

（6）严格管理，确保制度执行

为确保教学质量，应严格执行教授授课、生师比及课程准入等各项教学管理制度，并加强考试纪律与课程质量评估的监管力度。

（7）政策激励，营造教学良好氛围

为营造积极重视本科课程改革与建设的氛围，应当制定一系列以教学贡献为核心的有效激励政策。这些政策应当着眼于加大对课程建设及表现卓越教师的奖励力度，确保他们的努力与贡献得到应有的认可。同时，还需提高教学业绩在专业技术职务评聘中的权重，以进一步凸显教学在高等教育中的重要地位，激发教师参与课程改革与建设的积极性。

2. 职业教育在线精品课程建设阶段

基于《职业教育提质培优行动计划（2020—2023年）》的重点任务之八，即实施职业教育信息化2.0建设行动，旨在深化信息技术与教育教学的融合。针对公共基础课及广泛涵盖的专业（技能）课程，计划分级筛选约5000门职业教育在线精品课程。2022年和2023年将分两阶段进行，首先遴选不少于2000门的国家级职业教育在线精品课程，进而推动省级和校级在线精品课程的建设，预计省级不少于3000门，并带动大量优质校级在线精品课程的涌现。在首批遴选中，共选出1160门国家级职业教育在线精品课程，其中包括了原有的232门国家级精品在线开放课程。

本轮遴选以推进教育数字化战略行动为目标，积极适应数字化教育的新发展趋向。它着重强调需求导向和应用核心，推动职业教育高质量数字资源的系统开发、互动应用及开放共享。通过创新线上线下混合教学模式，数字化将重塑职业教育的办学模式、育人方式、教学方法以及考核评价机制，进而构建一个更加多元化和充满活力的职业教育生态系统，以提升人才培养的整体质量。

同时，为了凸显职业教育的独特性，此次遴选首次将职业教育精品课程建设作为一个独立单元，与普通高等教育和基础教育并列展示在国家智慧教育公共服务平台上。通过充分利用国家职业教育智慧教育平台的优势，发挥前沿信息技术在提升教学效果方面的作用，将信息技术与教学活动深度融合，以增强人才培养的实效性和针对性。

二、在线课程建设的中美比较

（一）美国网络课程教学及网络学习手段改革

1. 可汗学院引起的一场教育革命

可汗学院，这所由美籍印度人创立的网络教育机构，已开设3000余门课程，对现代教育产生了深远影响。其主要变革体现在以下四个方面：

首先，翻转式教学法的应用。该模式颠覆了传统的"教师讲授—学生听讲—家庭作业"模式，学生可在家中自主学习课程，而在学校完成作业和互动，从而促进了学生之间的合作与教师的个性化指导。

其次，教育游戏化的实践。可汗学院成功地将数学、物理、化学等传统上认为较为枯燥的课程内容转化为游戏化的学习内容。借助精心设计的奖励机制，这种创新方式有效地激发了学生的学习兴趣和积极性，进而提升了学习的趣味性和效率。通过教育游戏化，可汗学院为学生创造了一个更加互动和吸引人的学习环境。

再者，真正实现因材施教。网络教学的灵活性允许学生根据自己的进度随时学习，教师也有更多时间进行个性化教学。这种定制化的学习方式更好地满足了学生的不同需求。

最后，优质资源的共享。网络教学模式打破了地域限制，使得优秀教师的课程可以被更广泛的学生群体所共享。这不仅提高了教育资源的利用效率，也为学生提供了接触世界一流教育的机会。

2. 斯坦福大学、哈佛大学、麻省理工学院的跟进

哈佛大学与麻省理工学院于2013年携手，共同斥资6000万美元，打造了一个崭新的网络教育平台。该平台深度融合了课后阅读、自动化试题及维基讨

论等2.0时代的教学特色。无独有偶,斯坦福大学的安德鲁·恩格教授与达芙妮·科勒教授亦创办了 COURSERA 网络教育公司。该公司独树一帜,引入了每节课教授新概念、随堂进行知识测验、线上学生间互助解题以及反转式课堂等一系列创新教育模式。这些模式的应用显著提升了学生的参与度与学习效果。截至目前,COURSERA 已与多所国际知名大学建立了紧密的合作关系,并成功吸引了1600万美元的风险投资,以支持其开发更为丰富多样的多语言课程。这些开创性的举措共同为网络教育的蓬勃发展与创新注入了新的活力。

(二)国内终身教育领域微课平台与应用研究

随着信息技术的迅速发展和生活节奏的加快,移动学习、泛在学习逐渐兴起。诸如微课等碎片化学习方式要求学习者必须具备主动的学习态度和严格的自律性,因而更加契合成人终身教育的实际需求。然而,当前微课研究存在以下不足:重设计轻应用,实际应用较少;主要在普通教育中探索,成人教育和终身教育领域探索不足;微课资源偏重学科专业,与企业职工终身教育需求存在差距;企业职工信息化学习能力不足,相关研究缺乏。为解决这些问题,需加强微课在成人教育和终身教育中的应用研究,建立教学资源社会建设机制,提升企业职工信息化学习能力和网络素养。

在终身教育领域,微课教学的设计与实践需要适应在职学生和产业工人的具体需求。研究主要围绕以下几个方面:设计与建设适应终身教育的微课平台,采用开源技术,强化互动性和用户体验,并具备关键学习数据记录、分析功能;微课教学设计与制作,结合产业工人的学习特点,合理应用视听媒体技术,探索符合终身教育理念的微课程设计方法,并根据企业与职工的反馈不断优化教学策略和课程形式;探索适合在职学生终身学习的微课教学管理机制,研究线上线下教学的关系和教学内容分布原则;建立微课学习生态系统,平衡和激励系统内各参与对象,发挥教师和学生的主观能动性;微课学习资源建设,提供微课视频、学习导航、在线练习、课件案例、评价反馈等资源,通过"学习成就"制度鼓励学生学习,促进教师专业发展和教师之间的交流。

三、劳动教育课程的类型与建设

(一)劳动教育课程的类型

按照"双万计划"国家级一流本科课程建设类型,劳动教育课程的建设,同样可以按照 5 个类型进行建设。

1. 劳动教育线上一流课程

作为国家精品在线开放课程的重要组成部分，应突出其优质性、开放性和共享性。在建设过程中，必须遵循以下基本要求：

首先，课程设计需具有科学性，教学目标应清晰明确。课程内容应符合政治性、科学性、先进性、适用性以及规范性的要求，并有机融入课程思政元素，充分展现职业教育特色。

其次，课程应体现教师在教材教法方面的改革成果，确保教学活动的完整性。同时，应提供在线测试、作业、考试、答疑、讨论等多样化功能，并确保其有效实施。此外，还须采取有效措施防范刷课、替课、刷考、替考等不正当行为，确保课程的公正性和安全性。

再者，数字化教学资源应丰富多样且质量上乘，不存在版权或肖像权争议。课程平台应具备良好的资质和可靠的运行性能，能够按要求接入国家职业教育智慧教育平台。同时，课程应具有独特性和创新性，并具备持续改进的潜力。

最后，教学团队应具备扎实的基础、优良的师德师风、强大的教学能力以及高水平的数字素养。团队成员结构应合理搭配，以确保能够提供稳定、高效的课程教学服务。

2. 劳动教育线下一流课程

主要是以面授形式为主的精品课程。课程核心目标是全面提升学生的综合能力。为实现这一目标，课程内容经过精心重塑，并采纳了创新的教学方法。这些改革举措成功地打破了传统课堂的沉闷氛围，为教学注入了新的生机与活力。值得一提的是，此类课程在劳动教育中扮演着主阵地、主渠道和主战场的重要角色，充分发挥了课堂教学的作用。

3. 劳动教育线上线下混合式一流课程

基于慕课、专属在线课程或其他在线教育资源，混合式教学模式得以实施。该模式利用数字化教学工具，结合学校实际情况，对校内课程进行创新性改造。在此模式下，学生的线上自主学习占据教学时间的 20% 至 50%，与线下面授教学有机结合，实现翻转课堂、混合式教学等多样化的教学活动。这样的课程设计旨在打造一种在线课程与课堂教学深度融合的混合式"金课"，助力提升学生的学习效果和综合素质。

4. 劳动教育虚拟仿真实验教学一流课程

在劳动教育领域，虚拟仿真实验教学一流课程具有重要的实践价值，尤其针对真实劳动条件缺失或实施难度大的情况。这类课程利用先进的虚拟仿真技术，为学生提供了一个高仿真、强交互性的实验学习环境，并深度融合了多元主题教育，如劳动发展史、工业革命、劳动文化及工匠精神等，旨在全面提升学生的劳动素养和综合能力。该类课程不仅突破了真实劳动条件的限制，更通过创新的教学手法和丰富的教学内容，有效激发了学生的学习热情，并着重培养了学生的实践操作技能、创新思维和团队协作能力，为其未来职业生涯奠定了坚实基础。因此，劳动教育虚拟仿真实验教学一流课程的建设是一次创新性的教育尝试，为劳动教育的深化改革和高质量发展提供了新的可能路径。

5. 劳动教育社会实践一流课程

劳动教育社会实践一流课程致力于培育学生的劳动素养，其特色在于深度融合"青年红色筑梦之旅""互联网+"大学生创新创业竞赛以及思想政治理论课社会实践等多元实践平台。该课程设计的核心理念在于将劳动教育、思想政治教育、专业教育及社会服务有机统一，以期引导学生在社会实践中深化认识、研究、理解并服务社会，进而全面增强其社会责任感与综合素质。在实施环节，该课程尤为注重实践性与体验性，鼓励学生通过亲身参与多样化的社会实践活动，锤炼劳动技能并激发创新精神。同时，理论与实践的紧密结合也是课程的重要特色，旨在引导学生在实践中不断反思与升华理论知识。劳动教育社会实践一流课程的系统实施，不仅能够显著提升学生的劳动素养与社会责任感，更能为其全面发展奠定坚实基础，从而助力其未来职业生涯与社会生活的顺利展开。

（二）劳动教育课程建设

这里，选取线上一流课程的第一种类型为例，简要阐述其课程建设的实施方案。在原有课程的基础上，我们进行了适应混合教学方式的优化，提供了智慧屏模式、教学实录模式、虚拟抠像模式等多种可选模式，以供课程团队根据实际需求进行选择。为确保课程制作的高质量，我们组建了一个专业的项目团队，负责完成课程的全程制作。整个课程建设与制作流程被细分为前期培训、课程策划、教学设计、素材采集、后期制作、审核交付等多个环节，以确保每个环节的专业性和高效性。

1. 混合式教学设计理念引导

教学团队围绕教学目标优化教学内容与设计，并挖掘课程思政元素。同时，遵循国家混合式一流课程标准，利用多媒体技术制作说课及实录视频。在此基础上，对原课程进行混合式改造，结合线上线下教学方式，打造新型混合式课程，并经过团队研讨制定了详细的策划方案。

2. 学习者特征与需求分析

在进行学习者特征分析的过程中，应当着重辨识学生当前学习状况与其预期目标之间存在的差异。这一分析应基于学生已掌握的知识体系、学习能力以及信息技术应用水平，以此来合理规划教学任务，确保教学内容与学生的实际需求相匹配。学习需求的分析工作，可以通过将教学目标与学生的实际表现进行对比，进而明确两者之间的需求差距。此外，为了获取更为全面的信息，还应综合运用与学生交流、作业分析等多种手段，以便更准确地把握学生的学习需求，为教学提供有力支撑。

3. 作品制作的风格选型

课程团队在借鉴混合式一流课程经验的基础上，结合本课程特色，强调混合式教学与信息技术的深度融合，并共同制定说课环节要素展示及实录场景选择方案。

4. 教学设计

突显混合教学，优化作品框架。教师团队，完成人才培养方案、课程标准、课程设计的协调与逻辑契合。

把握讲师特点，设计出镜形象。根据拍摄技术标准和课程内容，确定贴合教师授课特点的拍摄形式，与老师沟通说明拍摄要求，并协助提供着装意见。

5. 选择教学方法，采集课程素材

在课程准备阶段，负责人与教师共同明确课程内容的安排和设计框架，包括模块知识点的选择和具体拍摄单元的规划。课程编辑则协助教师搜集丰富的课程资料，包括图片、视频和文档等，并优化课件中的动画效果。此外，还应根据课程内容设计相应的教学场景，以提升教学效果。

6. 视频拍摄方案与实施

在课程实录准备过程中，首先制定课程拍摄脚本，通过脚本语言预设实录效果，并进行预演以确保拍摄顺利。同时，遵循与教师团队事先商定的拍摄方案，对拍摄场地及设备进行全面细致的规划与布局。在机位的设置上，充分考虑教学活动全过程的记录需求，力求通过精准的角度与位置选择，完整捕捉每一个教学细节。

7. 对课程形式及专业内容进行审核

教师团队对样片课程进行严格审查，并确定拍摄剪辑方案。在后期制作过程中，团队紧密跟进工作进度，确保及时填写课程建设进度表。最终完成的作品应保证视音频的完整性、连贯性和清晰度，色彩自然，文字、图表、图像等元素准确还原，切换流畅。同时，制作动态片头和片尾，全程配备唱词字幕，并在主要环节添加字幕。团队还应根据教学内容提供各类素材，并确保版权问题的合规性。

第三节 劳动教育的条件保障

一、劳动教育的顶层设计与支持系统

习近平关于劳动教育的重要论述，为五育融合落实立德树人根本任务提供了实践指南："劳动模范是民族的精英、人民的楷模。大国工匠是职工队伍中的高技能人才。体现在他们身上的劳模精神、劳动精神、工匠精神，是伟大民族精神的重要内容"，必须牢固树立"劳动最光荣、劳动最崇高、劳动最伟大、劳动最美丽"的观念，各类课程要有机融入劳动教育内容，"培养德智体美劳全面发展的社会主义建设者和接班人"。

1. 劳动教育的顶层设计

（1）创新协作育人的顶层设计

以学生的全面发展为中心，以提升学生综合素质为宗旨，秉承"人人皆可成才，人人尽展其才"的职业教育人才观，构建一个多元化的素质教育平台。通过设计项目方案—混编指导团队—互认考核结果—共享成果案例—共建研学基地—开发实践课程，为劳动教育与思政教育深度融合提供实践育人保障。

协同育人有据可依。从协同育人视角，深度融合思政课程与课程思政，互融互通思政元素与劳动元素，在教学研究、教学实验、资源共建上，建立研究—实验—

开发混合式队伍。秉持鲜明的问题导向，提出显性课程与隐性课程相结合，从通识课程到专业课程，构建的课程思政育人体系具有科学性、操作性、可持续发展性。

协同育人有效可查。通过跨部门、跨学科的紧密合作与共建，教育资源得到了优化配置和高效共享，从而避免了学生在不同课程之间的重复劳动以及教育标准的混乱。该机制以马克思主义学院为主导，联合教务处、学工处、团委及二级学院等多部门共同设计方案、进行顶层设计，并整合思政、劳动教育、双创教育及专业教育等多学科团队。同时，面向校内外学生及社会人员开放课程资源，促进学习共享。在项目实施和考核方面，各部门共同参与，实现项目互认和评价的多元性、互通性。这一模式有效地融合了思政目标与劳动、职业素养评价标准，推动了劳动教育的创新发展。

（2）创建协同育人的运行机制

劳动教育与思政教育育人元素的互融互通。以高校思想政治理论课统编教材及最新版劳动教育"十四五"规划教材为基本素材，参照思想政治理论课课程标准及劳动教育学科核心素养，从知识传授、能力培养、价值塑造三个维度，挖掘思政课程的思政元素、劳动课程中的劳动元素，建立思政元素—劳动元素交互共享知识图谱。在教学的核心目标上，聚焦于劳动价值观的塑造、劳动精神的培育、劳动品格的锤炼以及劳动习惯的养成。

劳动教育与思政教育育人项目的共建共享。共建跨学科项目指导团队，实现思政教育与劳动教育的师资对接、路径互通及资源共享，为其他通识课程及专业课程实现课程思政提供价值引导、资源支持，坚持显性教育与隐性教育相统一，以促进全员全程全方位育人格局的形成。

劳动教育与思政教育育人评价的共商互认。在评价体系上，融通思政课程与课程思政目标、劳动素养与职业素养的评价标准，引入多元、互认评价机制。通过发挥劳动模范榜样引领、社会实践切实体验、技能竞赛能力提高、实训实习素质融通，创设学生知行合一的机会，引导学生在知识学习、能力提升过程中实现价值塑造。

（3）落实协同育人的实践项目

协同育人有事可做。根据学生个人特长及专业特点，可选择自我服务、社团活动、竞赛活动、社会实践、创新创业、实训实习各类型各层次活动，可以实现全员参与，在感悟中提高，在体验中成长。

①自我服务

学生应自主安排学习和日常生活，积极参与他人事务，培养对劳动的尊重和热爱。通过家务内务整理、烹饪展示、田间劳作等活动，体验劳动的艰辛，感受劳动带来的成果。居家劳动不仅是学生孝敬长辈的具体表现，也是其社会责任感的体现。

②社团活动

大学生社团作为校园文化建设的重要组成部分，在高校第二课堂中发挥着举足轻重的领导作用。这些社团不仅有效地活跃了学校的学习氛围，提升了学生的自治能力，并丰富了他们的课余生活，更重要的是，它们为学生提供了一个思想交流、技艺切磋、相互启发以及深化友谊的宝贵平台。

③竞赛活动

通过技能大赛、职业规划大赛、演讲和主持人比赛等各类赛事，全面提升学生的综合素养，培养其实践能力。

④社会实践

坚持教育的全面性，围绕社会实践与调查、社区劳动与志愿服务、社会兼职与实训实习等主题，开展社会劳动。这样的实践使学生能够更好地融入社会，深刻体验生活，通过参与和体验，增强对社会的认识和理解，提升批判思维和社会责任感。

⑤创新创业

构建以双创教学、实践活动、指导服务、作品展示、资源对接、孵化转化为核心的双创实践教育指导中心。该中心依托专业知识，对接产业需求，整合内外资源，普及课程，强化实践，全面提供服务，形成开放共享的创新创业生态环境。

⑥实训实习

坚持"产教结合，合作育人"的原则。通过专业实训和顶岗实习，学生开阔了视野，加深了对社会的了解，增强了职业意识和责任感，提升了对专业的认识，培养了适应岗位的能力和创新能力。

2. 劳动教育的支持系统

（1）组织保障

习近平总书记强调教育以培养社会主义建设者和接班人为根本，需全面加强党对教育的领导。高校应响应号召，规划并实施劳动教育，结合实际情况制定发展目标，成立专门管理小组，提升劳动教育战略地位。同时，需利用业界学界资源，建立评估机制，优化育人体系，以推动劳动教育发展，培养优秀人才。

(2)投入保障

高校劳动教育的发展需全面提升软硬件水平,包括构建优秀师资队伍、确保充足经费投入及完善物质资源保障。具体而言,高校应选拔和培训专业教师,引进实践经验丰富的专家;加大资金投入并优化使用效率,探索多元化筹措途径;提供必要教学设施和资料,以支持劳动教育的顺利实施和科学研究。

(3)时间保障

推进劳动教育面临时间分配挑战,因许多学校对其重视不足。为创新与发展劳动特色教育,学校应确保课程时间与学分,融入通识课程体系,激发学生兴趣。同时,鼓励教师开展特色实践活动,推动学生主动、多向度地获取知识,培养其实践能力和创新精神。

(4)空间保障

为贯彻新时代教育方针,高校需构建全面的人才培养体系并拓展教育空间。在信息化背景下,劳动教育的空间保障应包括建立校内研究基地、共建校外育人基地、拓展网络学习空间及拓宽互动交流空间,以提升教学质量,促进学生全面发展。

(5)技术保障

技术保障对劳动教育现代化至关重要,重点在于构建师资资源库、推进数字化教学资源建设、完善网络教学环境及强化多媒体设备管理。借助信息技术,可整合高校及社会资源,提升教师教学能力,实现教学资源共享与个性化互动,确保劳动教育顺利开展。

(6)社会支持

为了全面推进劳动教育的协同化和社会化,我们需要打造一个全社会共同关注和支持劳动教育的新格局。习近平总书记着重指出,家庭、学校、政府以及社会各方都应承担起相应的责任。这不仅要求各方明确共同的目标,即加强对高校学生的劳动教育,培养他们成为合格的社会主义建设者和接班人,更需要强化各方的协同作用,充分发挥各自的优势,实现资源的协调互补。通过构建有效的整合机制,我们可以最大程度地提升劳动教育的效果,为培养新时代的优秀青年贡献力量。

二、劳动教育的实践基地与师资队伍

1. 共建劳动教育实践基地

有效整合社会、学校及家庭等多方面的劳动教育资源。通过构建家校共育的劳动教育平台，我们可以明确各方的责任与分工，进而营造出一个积极向上的德育环境。

劳动教育实践基地在推动劳动教育课程模式创新中具有举足轻重的地位。它为学生提供了进行探究性学习的广阔舞台，使学生在真实劳动体验中掌握调查、操作、探究、设计、制作、展示等实践技能。通过这些实践活动，学生不仅能够习得劳动知识，更能在劳动的过程中发现问题、解决问题，从而积累宝贵的劳动经验。同时，这也将有助于学生培养团队协作意识、激发创新精神并提升实践能力。

教育部门在此过程中应发挥主导作用，积极探索创新办学模式，努力开发和建设一批高质量的劳动教育实践基地，以确保劳动教育的场地资源得到充足保障。这将为劳动教育的深入发展奠定坚实的基础，为培养新时代的劳动者提供有力的支撑。

为深化劳动教育的实践效果，我们应着重强化劳动教育实践基地的统筹与融合。通过充分挖掘与利用校内外各类资源，建立起多元化的劳动实践场所，进而有序组织学生参与各类劳动实践活动，以丰富劳动体验，锤炼劳动技能，并培养良好的劳动习惯与品格。与此同时，与实践基地紧密合作，共同开发贴合实际的劳动教育课程，应成为我们工作的重要一环。特别是要重视学农基地的建设工作，通过增加学生的体力劳动体验，引导他们积极参与农事活动，从而培养起对劳动的热爱与对劳动成果的珍视之情。无论是城市还是乡村学校，都应将农业生产劳动作为劳动课程的重要组成部分，并加强与学农基地的沟通与协作。此外，我们还需不断提升基地开展劳动教育的能力和水平，结合地方特色与实际情况，有针对性地拓展学农实践基地的建设范围，让学生在亲身体验中感受到劳动的喜悦，并培养起对大自然的敬畏与热爱之情。

2. 建立家校互动机制，构建家校教育平台

当前，众多家庭中的孩子鲜有劳动机会，这一现象对其个性塑造与道德建设均构成不利影响。尽管学校承担着劳动教育的重任，但其效果往往受限于家庭环境的配合与支持。因此，家长必须深刻认识到劳动教育的重要性，并积极鼓励孩子参与家务劳动。同时，家长还需定期与学校沟通，及时反馈孩子在劳动方面的表现与进展。

教育部门在推动劳动教育的过程中，应加大对家长的教育培训力度，以提升其家庭教育能力，并助其转变传统的劳动教育观念。家长自身也应努力成为孩子劳动教育的楷模，通过日常生活中的实际行动来引领孩子养成良好的劳动习惯与正确的价值观。

另一方面，学校应进一步完善教师评价体系，将劳动教育的实施情况纳入其中，从而激励教师更加深入地研究与实践劳动教育。此举有望促进家校之间的紧密合作，共同营造一个有利于学生全面发展的良好教育环境。

在劳动教育的实施环节中，劳动模范与大国工匠因其在各自领域的杰出成就和高尚品质，自然而然地成为学生效仿的典范。因此，进一步强化这些优秀人物在劳动教育中的示范引领作用，积极推动他们深入校园，与学生进行面对面的互动交流，分享他们的爱国情怀、劳动精神和创新创业的历程，对于激发学生的内生动力、培育他们崇尚劳动和创造的崇高志向，以及全面提升学生的个人素质，具有不可或缺的重要意义。同时，为了提升劳动教育的整体效果，构建一个覆盖广泛、多元参与、良性互动的劳动教育机制至关重要。这样的机制不仅能够有效提升劳动教育的实施效果，更能在全社会范围内营造尊重劳动、崇尚劳动的良好氛围，从而为新时代优秀劳动者的培养奠定坚实的基础。通过这一机制的建立与完善，我们有望看到更多具备高素质、高技能的劳动者在新时代的舞台上绽放光彩。

3. 混编劳动教育教研团队

第一，联合开发普职融通版活动课程。由营地、普校、职校三方组建策划团队，组建虚拟教研室，进行人才培养顶层设计、整体课程开发建设；由营地教研处、中小学年级主任、职业院校二级学院教师组成课程导师团队落实具体活动课程实施及项目互动机制，由营地领队、中小学教师、职业院校志愿者组成教练团队，按照集结、短训、体验、分享的流程提供全过程服务。

第二，合作开发职业教育版活动课程。以相关文件为指导，设立具体目标，以春夏秋冬为时间线，设计"农耕匠人""工艺匠心""慢食匠造"三大系列课程群，做好劳动教育活动课程资源建设及服务体系保障。

第三，五育融合形成多元协同育人机制。深度融合劳动教育与思政教育及创新创业教育，按照教育部颁发的中小学劳动教育课程标准，结合地方实及基地条件，开发有温度、有体验、重交流、重感悟的劳动实践特色课程，深度融合劳动教育与专业教育，由劳动教育课程团队对接二级学院相关专业教师，参与具体耕读课程的教学设计。比如，手工及新媒体对接艺术学院，厨艺对接旅游学院，营销对接经贸学院，平台对接信息学院，航拍对接智控学院，工具对接材料与智造学院。整合生均思政专项经费与实践专项经费，制定指导老师社会实践工作量认定办法，在经费、组织、人员方面提供切实保障。

第八章

劳动教育的教学设计、实践方案和教学评价

第一节 劳动教育的教学设计

根据《中共中央 国务院关于全面加强新时代大中小学劳动教育的意见》及教育部相关指导纲要,构建跨学科教研团队,深入探究劳动教育与思政教育的内在联系。通过参照思政课程标准及劳动教育核心素养,从价值、能力、知识三个层面挖掘两者的教育元素,并建立交互共享的知识图谱。在教学目标上,集中关注劳动价值观、劳动精神、劳动品格和劳动习惯的培育,明确劳动素养在认知、技能、态度、品质四个方面的科学内涵。基于此,对劳动教育课程进行一体化教学设计,以促进劳动教育与思政教育的深度融合,提升学生全面发展的能力。

一、基础教育劳动实践项目设计

(一)劳动教育实践项目背景

新时代背景下,劳动教育的战略地位日益凸显。习近平总书记在全国教育大会上强调,劳动教育与德育、智育、体育、美育并重,对培养学生正确的劳动观念、劳动精神和爱国情怀至关重要。在实施劳动教育时,需明确其与实践、活动的区别,确保其独立性,并针对不同学段学生特点综合考量教育内容。同

时,《中共中央 国务院关于全面加强新时代大中小学劳动教育的意见》指出,学校在设计劳动项目时应兼顾新旧形态,结合实际设置特色项目,并将劳动教育融入课内外实践中,以促进学生的全面成长。

(二)劳动实践育人体系构建

遵循《大中小学劳动教育指导纲要(试行)》所提出的劳动教育途径,需要对学校既有的劳动教育课程和各类专题活动进行全面而系统的审视与整合,进而构建一个包含基础课程、拓展课程以及环境课程三个维度的综合性劳动课程体系。其中,基础课程着重于劳动必修课的规划与实施,旨在从根本上激发学生的劳动兴趣,并培养他们深厚的劳动情感;拓展课程则通过设计开放性的项目任务,进一步强化劳动教育与日常生活的紧密联系,使学生在实践中深化对劳动价值的理解;环境课程则充分利用校园文化建设的平台,通过营造积极向上的劳动氛围,潜移默化地提升学生的劳动素养,使他们在耳濡目染中形成正确的劳动观念。

(三)劳动实践清单指南

在实施劳动教育过程中,学校应遵循普适性、指导性、递进性和特色化原则,结合学生实际情况细化劳动项目,并制定有针对性的劳动清单。同时,学校须探索劳动项目的具体操作流程和评价方法,每学年设立劳动周进行集体劳动和劳动文化活动。在劳动教育中,学校应重视劳动安全问题,制定安全预案并将其纳入日常教育体系。为全面评价学生劳动教育成果,学校应建立专门的评价领导小组,完善评价制度和程序,并从多个维度对学生的劳动素养进行科学评价。

劳动实践清单作为劳动课程体系的有益补充,其设计初衷在于引导学生积极参与课内外、校内外的各类劳动教育活动,从而深切体验劳动的价值与意义。清单应包括四项内容:一是与普通劳动者的深度交流,了解各行业的贡献,培养尊重劳动的态度;二是家校共育的日常生活劳动承诺书,鼓励学生在家庭中承担劳动责任,学习生活技能;三是自造品制作,通过团队合作创造满足生活需求的物品,体验劳动创造财富的过程;四是服务团队参与,学生应将所学知识和技能应用于志愿服务和公益劳动中,通过实际行动培养关心社会、关爱他人的优秀品质。

二、职业教育实践育人项目设计

职业院校劳动教育面临忽视劳动价值、课程设计不完善、实践育人环节薄弱等问题。为应对这些挑战，须构建完整的劳动教育体系，加强顶层设计，促进家校企社多元合作，形成普职融通的实践育人模式。同时，应突出劳动教育的跨界融合和实践性特色，聚焦难点痛点，创新育人载体，以提升劳动教育的理论研究、品牌建设和社会影响力，从而实现更好的育人效果。

（一）劳动实践项目分类指导

1. 日常生活劳动项目指导

学校要求学生在居家和校园生活中，自主安排学习与日常生活，主动承担家庭或同学的事务，培养尊重和热爱劳动的习惯。在劳动过程中遇到问题时，学生应通过寻求相关人员的支持和开展探究式学习来解决问题，实现既定目标，并通过简单的课程和技能训练提升管理能力和个人生活技能。学生从提供的备选任务中选择一项，按照任务指南完成，并提交书面材料及过程性证据。学生也可以自主设计并完成更适合自己的项目。

2. 服务性劳动项目指导

学校要求学生在校园及社会服务工作中积极实践职业道德，如爱岗敬业、诚实守信、办事公道、热情服务和奉献社会，并积极培养职业精神，向劳动模范、杰出工匠和优秀劳动者学习，努力培养劳模精神、工匠精神和劳动精神。学生在人际交流中应积极参与主题讨论，能够就简单主题进行简短发言，对阅读资料进行汇总整理，并撰写工作报告。学生需要从提供的备选任务中选择一项，按照任务指南完成，并提交书面材料及过程性证据。也可自主设计并完成更适合自己的项目。

3. 生产性劳动项目指导

在实训、实习、兼职或创业中，学生应主动培养规则、质量、效率、责任、安全、环保和包容意识。在协作环境中，要与团队共同制订计划，协同工作，处理矛盾，保持进度协调，以促进合作。面对问题时，应明确问题，提出解决方案，并实施调整。可从备选任务中选择或自主设计项目来完成，并提交书面材料和证据。

（二）学生如何提交劳动业绩证据

1. 劳动业绩证据采集内容

劳动业绩的证据采集需要根据学生提交的证据进行认证，主要有学生所提交的参与劳动知识的学习、参与劳动技能的获取以及参与劳动实践活动的证据。既可以是文字总结的资料，也可以是劳动活动的图片或影视资料，还可以是培训考核的成绩或团队负责人的评价，只要是能证明确实参与过各种劳动的资料，都是可以采纳的，但前提是真实有效。

根据《大中小学劳动教育指导纲要（试行）》，劳动业绩证据的采集具体表现为以下方面：

劳动态度方面：修满劳动教育必修课并提供科目成绩、参加课外劳动实践（志愿者活动、义工活动、企业培训）的时间、参与专业技能项目实践训练的时间等。

劳动习惯方面：劳动安全知识与技能的学习，劳动法规的学习，诚实劳动、创造性劳动的合法劳动，参加劳动月和劳动周的考核评价等。

劳动技能方面：劳动安全知识与技能的考核评价、专业技能学习考核评价、利用现代技能设备与手段的能力评价等。

劳动精神方面：围绕工匠精神和劳模精神的社会实践训练考核评价等。

2. 学生如何提交劳动业绩证据

（1）证据提供步骤

明确标准，做好准备。学生应认真阅读劳动教育指导手册的测评标准和任务要求，收集证据，做好测评准备。指导教师可以指导学生做好测评的准备。

完成任务，收集证据。学生必须完成该手册中要求的必选或自选的任务项目，在完成工作任务（已有的业绩或新完成的任务）的过程中，收集相关业绩成果证据。

自述过程，整理证据。学生对照各能力模块的任务完成过程中的能力点，回答表中的提问，逐项自述，填写任务完成过程各能力点的达标状况资料，整理收集实证证据，放入指定"证据资料袋"中，并填写"业绩证据清单"，注明证据放置的位置，以便于指导老师检核评估。

落实证人，填写证词。该手册中完成的任务项目和学生本人的能力发展状况，需要第三方的证人证词来证明。在校生或集中培训的学生在培训时，由指导教师对其业绩完成的情况作出评估，填写在每项任务完成的实证记录表右栏"指导教师评估"栏中，可评估为"合格"或"不合格"，指导教师须在每一项任务表的末尾处签名。

学生承诺，确保真实。学生提交的业绩证据应是学生自己完成的，学生要对自己提交的证据材料的真实性负责，在"学生承诺"栏中签名承诺。

（2）证据类型与要求

该手册的证据是证明学生具备劳动素养的重要凭证。学生须按照取证指导的要求，如实填写个人业绩实况，收集相关证据。

背景描述。由学生简要填写该项任务证据的发生时间、地点、内容、因由、参与者及完成的情况等，不超过200字，为指导老师评估提供背景资料。

业绩成果的实证证据与任务完成过程自述。根据该项任务在各劳动实践阶段能力点评估的要求，提供相关的业绩成果证据。证据内容丰富，包括任务成果、活动完成资料等；同时，证据形式也多样，可以是原始实物、文字记录、照片音像或电子资料等，以全面展示劳动实践成果及任务完成过程。

学生自述是过程测评的重要证据。学生应在各项任务完成过程中的"证明内容"表中，针对各能力点评估的项目要求，在相应的栏目中填写任务完成过程的资料。

证人证词。它是验证学生劳动成果真实性和可靠性的重要手段。由学生指定第三方（通常是该学生的上司、同事、客户等）作为证人，提供对学生完成本手册中的工作任务和成果形成过程，以及对学生具备该组合模块劳动素养情况进行评述的证词。证词可以由证人亲自填写，也可打印粘贴，证人须亲自签名。指导（培训）教师在指导学生能力发展、监控学生完成任务的过程中，在"业绩证据记录"中的"证明内容"右栏中，对完成每项任务所具备的能力点作出评估，予以证明。

（三）指导老师如何评估劳动素养

指导老师应根据测评的统一要求，遵循真实性、有效性、充足性和与标准相关性的测评原则，完成测评工作。

1. 核验证据的真实性

指导老师要对学生提交的完成任务的证据是否真实，相应内容与实际情况是否相符，证明人身份和证词内容是否满足提示的要求等进行核验，确保真实有效。

2. 检验证据的有效性和充足性

指导老师要对学生提供的证据是否符合项目的范围要求，是否能有效证明该项劳动素养的水平，证据数量是否满足证据范围要求中的数量规定等进行检验认定。

3. 坚持与标准相关性

指导老师要当场当面对学生进行观察、提问或模拟考核，对照劳动教育指导手册进行评估，根据各能力点要求，进行结构化的评分，确定等级并在相应位置签名，以示负责。

第二节 劳动教育的实践项目方案

一、基础教育劳动实践项目举例

（一）融合式劳动教育课程

该案例以系列主题活动为载体，让学生主动参与其中，在体验、收获中学会成长，学会分析问题、解决问题，培养热爱自然、热爱劳动、热爱生活的态度。

表 8-1　小学融合式劳动教育课程示例

阶段	活动内容	活动目标	涉及学科	课时安排	活动情境
一年级上	整理小助手	学会收拾自己的学习用品、整理书包，自己整理房间，洗漱，锻炼自我管理能力，养成良好的劳动习惯	语文/数学/综合实践活动	1天	学校/家庭
一年级下	辛勤小园丁	认识校园里的植物，了解其特点；观察植物在不同季节的生长状态，用行动来呵护校园植物；培养积极的劳动态度和塑造整洁校园环境	语文/科学/综合实践活动	1天	学校

续表

阶段	活动内容	活动目标	涉及学科	课时安排	活动情境
二年级	劳动小达人	养成日常劳动的习惯，会做简单家务，会打扫教室卫生；参与公益活动，争当志愿者；培养热爱劳动、尊重劳动的情感，树立劳动最光荣的观念	语文/道德与法治/综合实践活动	1天	学校/家庭/社会
三年级	爱宠小医生	了解动物习性，学会动物消毒，用科学的方法饲养小动物，了解季节对动物的影响；培养爱护动物的情感和勤于劳动的习惯	科学/美术/综合实践活动	1天	学校/家庭
四年级	田园小课堂	了解二十四节气对农业生产的作用，认识种子，了解植物在四季中的生长规律及特点；学习使用工具、种植及养护植物的方法，在活动中磨炼意志，养成良好的劳动习惯，学会分享	语文/数学/科学/美术/综合实践活动	1天	学校/社会
五年级	厨艺小能手	利用各种食材尝试在家长的帮助下做菜、做米饭、蒸馒头等；学习生活技能，尊重劳动者，爱惜粮食，珍惜劳动成果，热爱生活，创造生活	美术/综合实践活动	1天	学校/家庭
六年级	智创小达人	熟练运用工具，运用生活中常见的材料进行变废为宝制作；根据动植物资源及常见材料进行创意设计制作，提高动手能力，增强审美情趣；培养创新精神，初步建立技术价值观	科学/数学/美术/综合实践活动	1天	学校/家庭/社会

（二）节令式劳动教育课程

该案例以校内外的田园劳为载体，让学生通过观察、记录、采访、调查、体验，培养自主探究的学习能力、严谨治学的态度，并在活动过程中学会与人交流、合作，学会分享劳动成果。

表8-2　小学节令式劳动教育课程示例

阶段	活动内容	活动目标	涉及学科	课时安排	活动情境
春华	疏花保果	了解果树在春季疏花保果的方法和作用，体验为果树疏花保果的过程，体验实践后的成就感，感悟科学的力量	科学/美术/综合实践活动	半天/1天	学校/社会
	根部施肥	认识肥料的种类，了解施肥的作用，为植物施肥，流汗出力，享受劳动的喜悦	数学/科学/综合实践活动	半天/1天	学校/社会

续表

阶段	活动内容	活动目标	涉及学科	课时安排	活动情境
夏生	清除杂草	认识不同种类的杂草，了解清除杂草的方法，体验清除杂草的过程，掌握劳动方法，培养热爱劳动的情感	科学/数学/综合实践活动	半天/1天	学校/社会
	套袋护果	学习套袋护果的方法、作用和注意事项，体验为果树套袋护果的过程，感受方法的严谨	科学/综合实践活动	半天/1天	学校/社会
秋收	果实采摘	认识秋季果实成熟的特征，体验秋季采摘，感受丰收的喜悦	数学/科学/美术/综合实践活动	半天/1天	学校/社会
	扦插嫁接	了解扦插与嫁接的作用与方法，感悟植物生长的神奇，激发好奇心	科学/综合实践活动	半天/1天	学校/社会
冬藏	修剪枝叶	了解剪枝的方法与作用，体验剪枝的过程，享受劳动带来的乐趣	科学/综合实践活动	半天/1天	学校/社会
	果树维护	了解冬季果树维护的价值和方法，体验牵枝等活动，热爱生命，期待未来的蓬勃生成	科学/综合实践活动	半天/1天	学校/社会
拓展	社区服务	将学到的知识和技能，应用到社区绿色园地的维护和改造中，做一名践行者，为社会做一份贡献	科学/道德与法治/综合实践活动	半天/1天	社会

二、职业教育实践育人项目举例

（一）太湖湾耕读学堂"导学制教练式"志愿服务项目

1. 案例简介

（1）案例主题

"三育协同，普职融通：太湖湾耕读学堂的实践育人探索"案例，以马克思主义劳动观为引领，遵循"三育协同，普职融通"的劳动实践育人理念，将思政教育、劳动教育与双创教育有机协同。它是由耕读营地、中小学及职业院校三方合作开发的劳动教育实践项目，遴选的各专业优秀学生作为志愿者代表，为耕读学堂学员提供价值引领、科普讲解、技能教练的系列化劳动实践服务。

项目集农耕体验、传统文化、科普教育、素质拓展和休闲观光于一体，形成了树德、增智、强体、育美为目的的户外耕读课堂。通过农耕文明史展示、农作物认知、农事实践、互动游戏课堂等多种活动形式，把读书与劳动、学习与体验相结合，把传承耕读文化与乡土记忆相融合，展现吴越农耕文化的精髓，为大中小学生提供回归劳动本真的实践教育平台，帮助他们树立正确的劳动观念，学习劳动技能，养成劳动习惯，培养热爱劳动人民的感情。

（2）案例思路

以问题为导向。这种三育协同、普职融通的导学制教练式志愿服务，充分挖掘了劳动的独特育人价值，一定程度上为学校劳动课程体系顶层设计缺位、教育方法泛化、重专业技能、轻劳动素质培养的现实问题提供了澄清路径；这种多主体参与、按季节设计、分专业结对的耕读体验课程，为育人主体不明确、育人载体单一、普教与职教资源不对接等痛点难点问题提供了解决方案。

以育人为目标。这种共商、共建、共享合作模式，聚集各方优势，让教育基地的实践项目价值导向明确、育人特色突显；志愿者不仅可以发挥专业劳动技能，参与指导中小学员劳动体验，与他们共同感受劳动收获，珍惜劳动成果，还可以将劳动核心素养、劳动安全意识，学以致用，知行合一，牢固树立起劳动最光荣、劳动最崇高、劳动最伟大、劳动最美丽的劳动观念。

以项目为载体。作为耕读课堂的共建单位，我校为劳动实践项目提供三个方面的支持：第一，由马院联合各二级学院，参与耕读学堂项目的顶层设计；第二，由劳动教育课程团队对接相关专业教师，参与具体耕读课程的教学设计；第三，由二级学院团学组织遴选优秀学员代表，经集训后，分批次为耕读学堂学员提供示范指导，志愿者在指导他人中检验并提升专业技能、弘扬工匠精神。

以共享为特色。第一，突显大中小学劳动教育的跨界性、融合性、实践性特点。逐步形成"三育协同，普职融通"的劳动教育实践育人新模式。第二，学员劳动素养的涵育要回到劳动中去。以实践活动为导向，以项目为载体，通过载体去表现能力，通过一个行为去引导另一个行为，在参与、体验、感悟中提升劳动素养。第三，在课程思政育人导向下，实现对创新创业教育、专业实习实训的深度融合。集成实践育人项目，混合指导教师队伍，实现志愿服务、思政教育、劳动教育方案共商、课程共建、成果共享、学分互认，最终形成具有示范效应的三全育人、五育融合的实践育人品牌。

2. 实施方法和过程

（1）共建基地，为耕读学堂搭建实践平台

我校和江苏太湖湾研学旅行有限公司共建全国职业院校劳动教育研究院江苏分院、全国职业院校劳动教育江苏实践基地，校企合作，共同致力于与劳动教育相关的研究培育、教学、咨询、评估与服务。我校申报的"劳动教育课程开发"教育热点专项培训项目，入选2023年江苏省职业院校教师素质提高计划省级培训项目。

（2）共享师资，为耕读学堂提供顶层设计

第一，联合开发普职融通版活动课程。由营地、普校、职校三方组建策划团队，建立虚拟教研室，进行顶层设计、整体课程开发；由营地教研处、中小学年级主任、职业院校二级学院教师组成课程导师团队落实具体活动课程实施及项目互动机制，由营地领队、中小学教师、职业院校志愿者组成教练团队，按照集结、短训、体验、分享的流程提供全过程服务。

第二，合作开发职业教育版活动课程。以相关文件为指导，设立具体目标，以春夏秋冬为时间线，设计"农耕匠人""工艺匠心""慢食匠造"三大系列课程群，做好劳动教育活动课程资源建设及服务体系保障。

（3）多元协同，为耕读学堂创造实施条件

深度融合劳动教育与思政教育及创新创业教育，按照教育部颁发的中小学劳动教育课程标准，结合地方实际及基地条件，开发有温度、有体验、重交流、重感悟的劳动实践特色课程。

整合生均思政专项经费与实践专项经费，制定指导老师社会实践工作量认定办法，在经费、组织、人员方面提供切实保障。

3. 项目特色创新

学院聚焦劳动教育的难点痛点，强化顶层设计、创新育人载体，在劳动教育理论研究、品牌建设、示范典型、社会影响等方面形成了较好的育人成效。

（1）在实践育人中探索模式创新

进一步提炼三育协同，普职融通。劳动教育实践基地的共商共建共享模式："三育协同"指思政教育、劳动教育与创新创业教育具有同构共生的内在契合性，彼此通过互融互通，助力学生的健康成长。从价值塑造、能力培养、知识传授三个维度，挖掘思政课程的思政元素、劳动教育课程中的劳动元素、创新创业课程的创新元素，建立思政元素—劳动元素—创新元素交互共享知识图谱，通过共建共享，助力教师的课程育人。

"普职融通"指基于大中小学劳动教育一体化建设理念，强化实践课程的顶层设计，形成家、校、企、社多元参与，计划、方案、师资、基地普职融通，共商共建共享通用性资源，实现学习者从"想做"到"会做"、从"一人做"到"一起做"、从"开始做"到"持续做"的常态化机制，为三全育人的可持续发展提供制度性参考。

（2）在劳动体验中融入课程思政

自然为师，自然是有能量的，自然元素可以净化身心，通过农耕活动，融合中国二十四节气，让孩子深度体验自然，和自然母亲建立紧密的连接。以劳动教育、节气课程、食育课程为平台的乡村课堂，让孩子学习与自然、节气、劳动、粮食等相关的知识，亲身参与一些田间农事、土灶烹饪、创意制作等活动，拓宽视野，掌握一定的劳动技能，感悟中国传统文化，培养团队合作精神、和感恩惜福之心。

（3）对教学内容进行分层化模块化设计

针对耕读学堂的不同学员，按照时令变化，开发模块化备选活动课程，将运用相对成熟的活动课程化、固定化；叠加个性化课程、校本化课程，营地及学校根据学校的需求，自选活动模块。

（4）运用跨界思维发挥多主体多学科联动优势

营地、中小学、职业院校需要加强常态化合作机制，将优秀传统文化、劳动精神、合作意识等思政元素融入课程设计，落实在耕读学堂的全过程。所以，针对每一期学员课程，需要提前沟通、集训，有序执行、落实，并及时召开项目总结会。形成科研先行、设计优先、共商方案、共建基地、共享成果的科教融合、普职融通的实践育人品牌。

（二）太湖湾耕读学堂志愿服务项目"导学制教练式"附表

1. 项目流程

表 8-3　项目流程

项目流程	操作步骤	参与主体	活动场景
1. 科研先行，价值引领	（1）获批教育部劳动教育研究中心 （2）共建劳动教育研究院江苏分院 （3）着手多项市厅级省级专项研究	科研团队（营地、中小学、职业院校）	在线研讨 现场调研
2. 顶层设计，对接标准	（1）执行中小学劳动教育课程标准 （2）融入课程思政资源及思政元素 （3）聚焦劳动核心素养培育	策划团队（营地、中小学、职业院校）	现场办公
3. 普职融通，课程开发	（1）开发普职融通课程 （2）开发职教版实践课程	导师团队（营地教研处、中小学年级主任、职业院校二级学院教师）	虚拟教研室
4. 多元协同，共同参与	（1）搭建策划、导师、教练三支团队 （2）形成分年级分季节项目化课程	教练团队（营地领队、中小学教师、职业院校志愿者）	研学基地
5. 迭代优化，共创品牌	（1）搭建虚拟劳动实践育人教研室 （2）创新导学制教练式志愿服务 （3）基地共育、项目共建、成果共享	策划、科研、导师、教练团队	线上/线下多场景

2. 课程案例

（1）课程基本信息

表 8-4　课程基本信息

课程名称	"少年派"成长记——秋季耕读学堂	课时	一天（8学时）
授课对象	学员：初中生	场所	耕读场/早稻田/厨荷园
参与主体	（1）耕读学堂学员；（2）志愿者；（3）耕读学堂教练		
课程目标	（1）树立正确的劳动观念，学习劳动技能，养成劳动习惯 （2）学会使用常见劳动工具，掌握种植、烹饪、取火的基本劳动技能 （3）感悟中国传统文化，培养团队合作精神及感恩惜福之心		

（2）教学过程

表 8-5　教学过程

时间安排	活动环节	活动项目	活动内容
08：40-09：25	集合抵达	/	到达耕读基地 研学教练迎接学员耕读场集合
09：25-09：50	主题导入	破冰活动 节气课程	研学教练游戏互动破冰暖场 介绍秋分节气知识，诗词吟诵等进行主题导入 布置农事任务书，菜苗搬家记，"厨王争霸"等系列活动
09：50-11：20	菜苗搬家记	劳动课程	菜园社完成蔬菜认知 种植大白菜（除草、种植、覆土、浇水） 体验蔬菜盆栽种植（成品可带回）
11：20-12：30	"厨王争霸"农家土灶	食育课程 节气课程	完成钻木取火学习，完成清洗、切菜、烹饪（一小荤两素、一汤）、红薯饭及品尝秋菜的体验过程
12：30-13：30	重阳糕制作	节日课程	重阳节节日来源：又叫"登高节" 吃重阳糕习俗：象征"人往高处走""步步高升""百事俱高"的祝福之意
13：30-14：30	农事运动会	劳动拓展课程	神奇的扳网、南水北调、挑山工
14：30-15：00	活动分享	课程总结	研学教练与学员总结分享一天活动内容 邀请学员简单表述本次活动最喜欢的项目
15：00-15：30	欢乐返程	/	研学教练列队欢送，确保学员安全返程

耕读学堂教练、志愿者，全程参与耕读学堂活动，作为教练组成员，负责营地欢迎、欢送仪式，开营破冰游戏组织、劳动科普、劳动安全引导、劳动过程示范、劳动课程总结、劳动成果新媒体制作与展示等工作，并完成项目实施报告

3. 成果清单

表 8-6　太湖湾耕读学堂"导学制教练式"志愿服务成果清单

成果清单	成果要求	提交方式	导师鉴定
1.活动方案	提交文本方案	文本，PDF 格式	□合格□不合格
2.活动照片	（1）现场全景照片 1~2 张 （2）劳动现场照片 5~8 张	高清图片，JPEG 格式	□合格□不合格
3.视频记录	（1）提交短视频素材 （2）提交项目短视频	高清视频，MP4 格式	□合格□不合格
4.项目报告	（1）团队分工 （2）项目概述（简述实践活动意义、内容、对象、准备、执行、效果等） （3）实践成果（列举过程性成果：计划、过程记录、行动方案、宣传手册等） （4）活动感悟（谈谈自己的活动收获、本次活动的特色及创新、存在的问题及反思提高等） （5）第三方评价（包括：对被证明人为某项任务的完成所做的工作进行描述，对在服务性劳动中体现出来的技能与素养，以及该项目任务完成的效果进行具体的评价） （6）自评意见	文本，PDF 格式	□合格□不合格

4. 评价细则

表 8-7　评价细则

活动要素	能力点编码	学生证明的能力点	完成等级				鉴定等级	
			优	良	中	及	差	合格	不合格
1.职业道德在工作中积极践行	（1）	爱岗敬业							
	（2）	诚实守信							
	（3）	办事公道							
	（4）	热情服务							
	（5）	奉献社会							

续表

2. 在劳动中积极培育劳动品质	（1）	劳动认识					
	（2）	劳动态度					
	（3）	劳动技能					
3. 工作中与人合作的过程与收获	（1）	沟通能力					
	（2）	合作能力					
	（3）	撰写报告					

5. 实践报告

表8-8　实践报告

报告名称：

学生姓名		学院及专业	
团队成员及分工			
实践形式			
承诺书	本人在活动期间，严格要求自己，遵守国家法律法规、学校有关劳动实践活动的各项规章制度，按照学校的实践活动规定和实践活动计划完成好劳动实践活动。 　　活动过程中，自觉维护学校形象，注意劳动安全和劳动保护，并对自己在活动期间的行为和安全负责；活动结束后，按时返校参加实践活动考核。 　　我保证项目报告中的内容及采集信息尊重他人知识产权，所提交的业绩证据都是我自己及团队成员完成的，所有内容是真实有效的。 　　　　　　　　　　　　　　　　　　　　　　　学生签名： 　　　　　　　　　　　　　　　　　　　　　　　　　年　　月　　日			
项目概述	（简述实践活动意义、内容、对象、准备、执行、效果等）		

续表

实践成果	（列举过程性成果：计划、过程记录、行动方案、宣传手册等） （列举结果性成果：媒体、发表、第三方证明、荣誉证书等）
活动感悟	（谈谈自己的活动收获、本次活动的特色及创新、存在的问题及反思提高等）

续表

第三方评价	评价人姓名		联系电话	
	单位及职务			
	（包括：对被证明人为某项任务的完成所做的工作进行描述，对在日常生活劳动、服务性劳动、生产性劳动中体现出来的技能与素养，以及该项目任务完成的效果进行具体的评价） 证人签名： 年　月　日			
自评意见	 学生签名： 年　月　日			
活动小组成员意见	（独立作业则不用填写） 活动小组成员签名： 年　月　日			
指导教师考核评价	评阅意见： 考核等第： □优　□良　□中　□及格　□不及格 指导教师签名： 年　月　日			

第三节 劳动教育的教学评价

一、劳动教育课程评价体系

劳动课程评价是劳动课程体系建设的重要组成部分,对于推动劳动课程目标的实现和确保劳动教育效果的落实具有重大意义。在进行劳动课程评价时,需要遵循一些基本原则,同时注重对学生平时表现的评价及阶段性综合评估。通过科学、严谨的评价体系,不仅能够真实反映学生的劳动课程学习状况,还能为劳动教育的持续改进和优化提供有力支撑。

(一)评价的基本原则

第一,导向性原则。劳动课程评价应遵循导向性原则,即以培养学生的核心素养为导向,全面关注学生在核心素养四个方面——自主发展、社会参与、文化修养、实践创新的发展状况,以及在劳动过程中的具体表现。通过评价的积极引导,旨在促进劳动教育育人价值的全面实现,引导学生在劳动中全面发展。

第二,发展性原则。在劳动课程评价中,应贯彻发展性原则,有效利用评价的反馈和改进功能,激励学生积极参与劳动学习与实践活动,同时推动教师对教学安排进行不断优化。教师在此过程中应关注学生劳动过程的动态变化,充分认可并鼓励学生在劳动中所取得的进步,以建设性的态度对待劳动中出现的问题,激励学生持续改进、不断提升。

第三,系统性原则。劳动课程评价还应遵循系统性原则,要求评价过程全面、系统且连贯,贯穿于学生学习的始终。在评价过程中,应充分调动教师、家长和学生等多元主体的参与,根据学生的年龄特征和学习特点,制定循序渐进的评价目标。同时,注重将过程性评价与结果性评价有机结合,兼顾家庭劳动实践评价与社会劳动实践评价,采用包括项目实践、交流对话、技能测试等在内的多样化评价方式,以持续、有效地反馈学生的学习情况。

（二）评价的基本类型

1. 平时表现评价

劳动课程平时表现评价的目的在于深入了解学生在劳动过程中的实际表现，进而准确判断学生的劳动成效。通过这一评价方式，教师能够及时调整教学策略和实施细节，从而更有效地实现劳动课程的教学目标。这一评价体系不仅关注学生的劳动成果，更重视学生在劳动过程中所展现出的态度、技能和习惯，旨在全面、客观地评估学生的劳动素养和综合能力。

（1）评价内容

在劳动课程评价中，必须严格依据课程内容要求和劳动素养标准，以客观、准确的方式反映学生在真实情境下的劳动素养水平。评价内容的选取应紧扣课程目标和劳动教育的核心任务，确保评价结果的有效性和可靠性。

针对不同类型的劳动内容和任务群，评价的侧重点应有所区分。在日常生活劳动方面，评价应着重关注学生的卫生习惯、生活能力以及自理、自立、自强的意识培养。对于生产劳动，评价则应更加注重学生在工具使用、技能掌握、劳动价值观、劳动质量意识以及劳动精神等方面的表现。至于服务性劳动，评价则应侧重于学生的服务意识和社会责任感的培养与展现。

通过这样的评价体系，我们可以更全面地了解学生在劳动课程中的学习情况和成长进步，为进一步优化劳动教育提供有力支持。

（2）评价方法

在选择和运用评价方法时，应确保其具备学习诊断功能并能有效促进学生的发展。针对劳动课程，主要采用表现性评价方法，该方法能够真实反映学生在实际劳动中的表现。同时，为更全面地记录和评价学生的劳动表现，还可以辅以劳动任务单、劳动清单以及劳动档案袋等工具。这些工具不仅有助于详细记录学生的劳动过程和成果，还能为后续的评价和反馈提供有力支持。

劳动任务单作为一种实用且高效的评价工具，在劳动教育中发挥着重要作用。它能够详尽地记载学生在完成特定劳动任务时的方案设计、操作过程、实际成果以及个人感悟等各个方面的情况。借助劳动任务单，教师可以全面而深入地掌握学生的劳动学习与实践成效，从而对学生的劳动目标达成情况进行准确而客观的评价。此种评价方式不仅有助于提升学生的劳动技能水平，更在无形中培育了学生的劳动精神和责任感，实现了知识传授与价值观塑造的有机结合。劳动任务单（示例）如表 8-9 所示。

表 8-9 劳动任务单（示例）

劳动任务名称	
要解决的问题	
所需材料、工具与设备	
方法与步骤	
团队成员	
完成时间	
劳动计划或设计方案	
劳动过程记录	
劳动成果	
劳动体会	
家长整体评价	
小组自我评价	
教师整体评价	

劳动清单是一种有效的记录工具，用于详细记载学生在劳动项目中的参与情况、劳动技能的掌握程度以及劳动习惯的养成状况。此外，劳动清单还可以容纳学生的劳动感悟以及家长、同学和老师撰写的评价意见。通过这些内容的记录与整合，劳动清单能够全面地反映学生的劳动表现与成长进步，为劳动教育的深入实施提供有力的支撑。家庭劳动清单（3 年级示例）如表 8-10 所示。

表 8-10 家庭劳动清单（3 年级示例）

项目内容	评价指标			
	劳动参与		劳动技能	
	偶尔参与	经常参与	基本掌握	熟练掌握
整理学习用品				
打扫房间				
清洗个人衣物				

制作简单食品				
使用家用电器				
参与绿植养护				
其他				
劳动体会				
家长整体评价				

利用劳动档案袋这一工具，我们可以有针对性地汇集学生在特定时间段内的劳动学习与实践相关资料。这些资料不仅展现了学生在该期间所付出的辛劳和努力，更直观地呈现了他们的进步与成就。劳动档案袋的重点在于对劳动实践活动的过程进行详细记录，其中可以包含的内容十分丰富，如劳动方案的设计、劳动过程的影像资料（诸如照片、视频等）、劳动成果的展示、劳动日志的撰写、个人的自我反思以及来自他人的评价等。对于具备条件的学校或地区而言，推荐构建相应的数字化平台，以便对劳动课程进行更为便捷和高效的过程性与结果性评价，从而进一步推动劳动教育的整体优化与健康发展。

针对不同劳动学习与实践目标，应采用相应的评价方法。对于日常生活劳动，可依据劳动清单进行家校合作评价；对于生产劳动，则通过劳动任务单来全面评估学生的技能、态度和成果；对于服务性劳动，则以劳动档案袋为基础，结合服务对象反馈等进行综合评价。这种评价方式有助于提升学生的劳动技能和培养劳动精神。

针对不同学段的学生，我们可以灵活使用多种评价方法。例如，对于1~2年级的学生，我们应鼓励他们使用劳动绘本、劳动日志、星级自评、贴小红花等方式来表达劳动过程和劳动感受；对于3~6年级的学生，可以采取劳动叙事、劳动作品展示等方式来记录劳动过程；而对于7~9年级的学生，则可以采用劳动测试、评语评价、展示评价和劳动档案袋等方式进行评价。这样的评价方式既符合学生的年龄特征，又能全面反映他们的劳动素养和综合能力。

2. 阶段综合评价

劳动课程的阶段性综合评价，是在学期、学年或特定学段结束时所实施的一项重要评估。其目的在于全面反映学生在劳动课程学习过程中的水平，以及核心素养的阶段性达成状况。为确保评价的全面性和准确性，我们采用了过程性评价与结果性评价相结合的综合方法。

在过程性评价方面,我们充分利用了档案袋评价的优势,对学生的劳动课程学习过程进行了持续、动态的跟踪记录。通过收集学生在不同学习阶段的各种作品、反思和成果,我们能够更加真实地反映学生的成长轨迹和进步情况。

在结果性评价方面,我们采用了测评的方式。通过设计针对性任务深入考查学生的实际表现。此方式不仅能检验学生的学习成效,更重要的是能全面评估学生运用所学解决实际问题的能力,提供深入的学习成果反馈。

通过综合运用过程性评价与结果性评价,我们能够全方位、客观地评估学生在劳动课程中的学习成效以及核心素养的发展状况。这种评价方式有助于我们更准确地掌握学生的实际情况,从而为他们的后续学习和发展提供具有针对性的指导与支持,进一步促进他们的全面发展。

某校在对4年级学生的劳动课程进行阶段综合评价时,采用了过程性评价与劳动任务测评相结合的方式,旨在更全面、准确地评估学生的学习成效和劳动素养。过程性评价采用综合评价表(见表8-11),测评的劳动任务为剪纸。

表8-11 劳动课程阶段综合评价表(示例)

劳动内容	参加的劳动项目	劳动时长	劳动表现
日常生活劳动			
生产劳动			
服务性劳动			
劳动周			
参与的项目	项目概述		
劳动成果			
成果名称	成果简介		
劳动测评			
测评任务	任务表现		
阶段综合评价结果	□优秀 □良好 □合格 □不合格		

测评的劳动任务如下。

（1）任务名称

剪纸。

（2）任务描述

按照中国传统年俗，每逢春节来临，很多家庭都要贴对联、贴"福"字窗花来增添节日喜庆气氛。请你设计并制作一件剪纸作品，用于春节期间房间装饰。

（3）任务要求

使用"春"或"福"中的一个字来进行设计，简要说明设计意图。

至少选用一种工具（剪刀或刻刀）进行制作。

（4）测试时间

40 分钟。

（5）材料与工具准备

红色 A3 复印纸、剪刀、刻刀、切割垫板。

（6）任务测评

根据评价标准（见表 8-12）对学生的设计说明、作品，以及劳动过程中的表现进行评价。

表 8-12 剪纸任务的评价标准（示例）

核心素养	主要表现特征
劳动观念	积极、愉快地参加劳动
劳动能力	文字构图设计合理，有一定的局部造型变化；熟练使用剪刀或刻刀；剪纸作品线条较流畅
劳动习惯和品质	认真完成劳动任务，劳动过程中注意力集中；能规范摆放剪刀或刻刀，能主动整理桌面，将废弃纸屑投入相应的垃圾桶，保持桌面干净整洁
劳动精神	遇到困难努力解决，对作品品质要求高，精益求精

劳动课程阶段综合评价应当充分考虑到学生的年龄特征以及培养目标，有针对性地设置差异化的评价内容。具体来说，对于 1~2 年级的学生，评价的重点应放在劳动意识的初步建立以及日常生活技能的掌握情况上；而对于 3~6 年级的学生，则应更加侧重于评价其劳动观念的形成、劳动习惯的养成，以及基本劳动技能的掌握情况；到了 7~9 年级，评价的重心则应进一步转移到劳动能力的提升、劳动品质的形成、劳动精神的培养，以及设计能力、团队合作能力

等高级技能的形成上。

在得出评价结果后，我们应充分利用这些结果，发挥其反馈和改进的功能。具体来说，就是要根据评价目标和评价标准，对评价结果进行合理的解释和分析，帮助学生全面了解自己的劳动学习与实践状况。在此基础上，我们还应为学生提供具体的改进策略和建议，以指导他们在后续的劳动课程中进行有针对性的提升和改进。

二、劳动素养培育测评指标

1. 相关指标选取依据

劳动教育质量测评是以马克思主义劳动观为理论指导，遵循测评的多元主体、多元测评方式、多层级内容等测评理念，借鉴 CIPP 评价模式理论，对劳动教育总体情况、环境基础、资源配置、过程实施、结果效益等要素进行跟踪、分析评价，挖掘反馈，以了解职业院校劳动教育的全貌和成效，进而推动学生热爱劳动、珍视劳动成果，并为职业院校协同育人提供明确指导。

2. 学生劳动教育测评指标体系

学生劳动教育测评指标体系是一个综合性的评估框架，涵盖了劳动教育的多个关键维度。具体而言，该体系包含 5 个一级指标：劳动教育总体情况、育人环境基础、育人资源配置、育人过程实施以及育人结果效益，每个一级指标均占据 20% 的权重。此外，为了更细致地评估每个一级指标下的具体情况，该体系还进一步细分为 16 个二级指标和 30 个三级指标。这些指标共同构成了一个全面、系统的测评体系，旨在深入、准确地评估学生劳动教育的实施成效。在构建这一测评指标体系时，我们充分参考了相关学术文献和实践经验，确保了指标的科学性和有效性。每个一级指标都对应着劳动教育的某个核心领域，而二级和三级指标则进一步细化了这些领域的具体评估内容。这样的设计有助于我们更全面地了解劳动教育的各个方面，从而为改进和优化教育实践提供有力支持。具体如表 8-13 所示。

表 8–13 职业院校学生劳动素养培育及质量测评指标体系

一级指标	二级指标	三级指标（30 条）
劳动教育总体情况（20%）	育人总目标	1. 劳动教育的核心目标是家、校、社协同培养学生的劳动素养，让学生树立正确的劳动幸福感与劳动价值观
	育人总方案	2. 劳动教育制定有家、校、社协同培养育人总方案
	育人总体现状	3. 学生劳动素养有待提高，家、校、社多方协同育人很有必要 4. 劳动素养培养开展较规范、有特色，呈现制度化、常态化趋势 5. 劳动素养培育注重内容与形式、理论与实践的有机结合 6. 劳动素养培育能做到普遍性与针对性、长期与阶段、传承与创新相结合
育人环境基础（20%）	育人主体环境	7. 家长在劳动教育方面发挥着重要的榜样示范作用，并对参与日常劳动实践活动持赞成态度 8. 学校非常重视劳动教育的环境和氛围建设，比如通过线上、线下等方式宣传并鼓励学生积极参与劳动 9. 社区非常重视劳动教育的环境和氛围营造，鼓励大学生参加志愿者劳动与公益劳动等社会服务型劳动
	协同育人现状	10. 学校在家、校、社多方协同劳动育人方面，形成的合力不够强、有待提升 11. 在社会层面，文化冲击导致劳动教育目的异化；在学校层面，认识缺位导致劳动教育功能退化 12. 在家庭层面，家风失范导致劳动教育观念虚化；在个体层面，主体隐退导致劳动教育价值淡化
育人资源配置（20%）	师资队伍	13. 学校有专门的劳动必修课教师，配有由专业人士担任的劳动指导教师与兼职教师
	育人场所	14. 学校拥有稳定的校内劳动实践教室与实训基地，并且还配备了校外的劳动实践场所
	组织条件	15. 学校制定有家、校、社劳动育人协同总方案与制度（战略目标、渠道与方式、课程设计等） 16. 学校设有家、校、社协同劳动育人的专门性日常管理机构，如家校社协同体
	协同机制	17. 学校建立了大学生劳动教育的长效机制，如劳动教育组织领导制度机制，劳动教育日常管理考核机制与评价督导激励机制 18. 学校为确保家、校、社协同劳动育人的有效实施，特地设立了相应的保障措施

续表

一级指标	二级指标	三级指标（30条）
育人过程实施（20%）	实施方案	19. 学校有劳动教育实施具体方案与劳动教育实践指导手册
	课程体系	20. 学校开设有专门的每周不少于1课时的劳动必修课 21. 学校精心设计了劳动教育课程体系，包括劳动渗透课程和劳动实践课程两部分 22. 课程内容设计具有职业特色，体现体力与脑力结合，让学生体验真实生活与生产情境
	育人空间	23. 学校通过校内空间（校内劳动教育场所）、校外空间（社会企业劳动教育场所）和科创空间（科技带来的教育空间）来营造优化家校社协同育人空间
	育人路径	24. 学校通过课程劳动教育、文化劳动教育、实践劳动教育和技术劳动教育等路径载体来实施家校社协同劳动育人
育人结果效益（20%）	劳动素养提升	25. 通过劳动教育实施，学生劳动意识、态度、价值观有了积极的转变 26. 劳动教育让学生掌握了一定的劳动知识与技能，日常劳动习惯有了一定改变
	社会影响力	27. 学生劳动技能证书通过率、劳动技能竞赛获奖数有了一定的提高 28. 学校劳动教育得到了大部分家长和在校师生的认可 29. 实施劳动教育后，社会、企业对我校毕业生的满意度有了一定提升
	推广价值	30. 学校普职融通，家、校、社协同特色劳动教育模式与路径对其他兄弟学校有一定的借鉴与推广作用

以马克思主义劳动观、习近平总书记劳动观为理论指导，基于家、校、社全方位劳动育人视角，以职业院校劳动素养培养实践为案例，提出了以"目标+育人主体+课程体系+实施体系+保障体系"为核心内容的"三方协同、二维测评：学生劳动素养培育模式"理论框架及质量测评指标体系（四要素劳动素养测评、五要素劳动教育测评），期望能为新时代我国各级各类学校劳动教育质量提升和高素质复合型劳动人才培养提供理论参考与实践借鉴。

参 考 文 献

[1] 米定斯基. 世界教育史 [M]. 叶文雄，译. 北京：生活·读书·新知三联书店，1950.

[2] 凯洛夫，冈查洛夫，叶希波夫，等. 教育学 [M]. 陈侠，朱智贤，邵鹤亭，等译. 北京：人民教育出版社，1957.

[3] 中共中央马克思恩格斯列宁斯大林著作编译局. 马克思恩格斯全集：第23卷 [M]. 北京：人民出版社，1972.

[4] 斯密. 国民财富的性质和原因的研究：上卷 [M]. 北京：商务印书馆，1972.

[5] 卢梭. 爱弥儿：论教育：上卷 [M]. 李平沤，译. 北京：商务印书馆，1978.

[6] 蔡元培. 蔡元培教育文选 [M]. 北京：人民教育出版社，1980.

[7]《中国教育年鉴》编辑部. 中国教育年鉴：1949—1981[M]. 北京：中国大百科全书出版社，1984.

[8] 中央教育科学研究所. 中华人民共和国教育大事记：1949—1982[M]. 北京：教育科学出版社，1984.

[9]《教师百科辞典》编委会. 教师百科辞典 [M]. 北京：社会科学文献出版社，1987.

[10] 高平叔. 蔡元培教育论集 [M]. 长沙：湖南教育出版社，1987.

[11] 颜元. 颜元集 [M]. 北京：中华书局，1987.

[12] 何东昌. 中华人民共和国重要教育文献：1949—1975[M]. 海口：海南出版社，1998.

[13] 肖甦，王义高. 俄罗斯教育变革探讨 [M]. 广州：广东教育出版社，2008.

[14] 教育大辞典编纂委员会. 教育大辞典：第1卷 [M]. 上海：上海教育出版社，1990.

[15] 李明德，金锵. 教育名著评介：外国卷 [M]. 福州：福建教育出版社，1992.

[16] 赵祥麟，李明德，赵荣昌. 外国教育家评传：第三卷 [M]. 上海：上海教育出版社，

1992.

[17] 赵祥麟，王天一，单中惠. 外国教育家评传：第二卷 [M]. 上海：上海教育出版社，1992.

[18] 成有信. 教育学原理 [M]. 郑州：河南教育出版社，1993.

[19] 晏阳初. 晏阳初教育论著选 [M]. 北京：人民教育出版社，1993.

[20] 单中惠. 西方教育思想史 [M]. 太原：山西人民出版社，1996.

[21] 何东昌. 中华人民共和国重要教育文献：1976—1990[M]. 海口：海南出版社，1998.

[22] 辞海编辑委员会. 辞海 [M]. 上海：上海辞书出版社，1999.

[23] 卓晴君，李仲汉. 中小学教育史 [M]. 海口：海南出版社，2000.

[24] 亚平，张国风. 苏联—俄罗斯科技与教育发展 [M]. 北京：人民教育出版社，2003.

[25] 常卫国. 劳动论：《马克思恩格斯全集》探义 [M]. 沈阳：辽宁人民出版社，2005.

[26] 《中国大百科全书》总编委会. 中国大百科全书：第二版 [M]. 北京：中国大百科全书出版社，2009.

[27] 苏霍姆林斯基. 帕夫雷什中学 [M]. 赵玮，王义高，蔡兴文，等译. 北京：教育科学出版社，2009.

[28] 黄炎培. 怎样办职业教育 [M]// 周汉民. 敬业乐群·黄炎培职业教育思想读本：教师篇. 上海：上海科学技术文献出版社，2014.

[29] 姜晓燕，赵伟. 俄罗斯基础教育 [M]. 上海：同济大学出版社，2015.

[30] 王江松. 劳动哲学概论 [M]. 上海：上海交通大学出版社，2015.

[31] 夏禹龙，刘吉，冯之浚，等. 论智力开发 [M]. 北京：光明日报出版社，1988.

[32] 李珂. 嬗变与审视：劳动教育的历史逻辑与现实重构 [M]. 北京：社会科学出版社，2019.

[33] 刘盾，徐岩. 职业能力与体面劳动：理论·测度·实践 [M]. 北京：北京交通大学出版社，2019.

[34] 徐海娇. 危机与重构：劳动教育价值研究 [M]. 北京：中国社会科学出版社，2020.

[35] 中国退役军人就业创业服务促进会，现代职业教育研究院通用职业素质专家委员会. 职业方法能力训练教程 [M]. 北京：人民出版社，2020.

[36] 中国退役军人就业创业服务促进会，现代职业教育研究院通用职业素质专家委员会.职业素质培育教程[M].北京：人民出版社，2020.

[37] 关春霞，陈东东，李淼.劳动教育课程实施与评价[M].北京：知识产权出版社，2020.

[38] 檀传宝.劳动教育论要：现实畸变与起点回归[M].北京：北京师范大学出版社，2020.

[39] 中国退役军人就业创业服务促进会，现代职业教育研究院通用职业素质专家委员会.职业社会能力训练教程[M].北京：人民出版社，2021.

[40] 陶志勇.新时代劳动观[M].北京：中国工人出版社，2021.

[41] 中华人民共和国教育部.义务教育劳动课程标准[M].北京：北京师范大学出版社，2022.

[42] 缪昌武，王士恒.劳动通识教育[M].北京：高等教育出版社，2022.

[43] 黄燕，叶林娟.中国劳动教育回顾与体系建构研究[M].上海：东方出版中心，2022.

[44] 洪丕熙.德可罗利的教育学说及其影响[J].全球教育展望，1983（5）：1-11.

[45] 沈重.日本学校教育法[J].国外法学，1983（3）：73-79.

[46] 陈勇军.马克思主义"教育与生产劳动相结合"生产劳动的涵义[J].南京体育学院学报（社会科学版），1995（4）：43-45.

[47] 卢晓东.本科教育的重要组成部分：伯克利加州大学本科生科研[J].高等理科教育，2000（5）：67-74.

[48] 刘猛.劳动教育：从陶行知到毛泽东[J].江苏教育学院学报（社会科学版），2003（2）：18-21，51.

[49] 谷贤林.美国学校如何开展劳动教育[J].人民教育，2018（21）：77-80.

[50] 徐长发.新时代劳动教育再发展的逻辑[J].教育研究，2018（11）：12-17.

[51] 任平，贺阳.连通学校与现代社会生活的桥梁：德国中小学劳动教育实施路径及启示[J].外国中小学教育，2019（8）：28-36.

[52] 檀传宝.开展劳动教育必须解决好的三大理论问题[J].人民教育，2019（17）：34-35.

[53] 刘向兵，赵明霏.构建新时代高校劳动教育体系的理论逻辑与实践路径：基于知识整体理论的视角[J].中国高教研究，2020（8）：62-66.

[54] 习近平.思政课是落实立德树人根本任务的关键课程[J].求是，2020（17）：4-16.

[55] 赵翼. 基于课程思政的劳动教育：价值、问题与实现路径 [J]. 教育观察，2021（6）：54-58.

[56] 程秀娟，王士恒. 劳动教育融入高职院校思政课的协同育人路径与载体研究 [J]. 创新与创业教育，2023（8）：164-168.

[57] 隋丹.《信息技术》在课程改革中的方向与实践 [D]. 大连：辽宁师范大学，2008.

[58] 陈彤彤. 建国以来劳动教育的历史演变与反思 [D]. 海口：海南师范大学，2015.

[59] 丁文杰. 1949—1989年：劳动教育的演变历程及特征 [D]. 临汾：山西师范大学，2015.

[60] 习近平. 在全国教育大会上强调：坚持中国特色社会主义教育发展道路培养德智体美劳全面发展的社会主义建设者和接班人 [N]. 人民日报，2018-09-11（1）.

[61] 邵献平，徐婧怡. 法国小学劳动教育及其现实启示 [J]. 教育导刊，2023（10）：89-96.

[62] 乔琳. 初中劳动教育实施现状及对策研究 [D]. 河南科技学院，2022.

[63] 黎诗敏，施雨丹. 从历史中走来：芬兰劳动技术课程改革及现实挑战 [J]. 外国教育研究，2021，48（07）：43-57.

[64] 乐书思，陈波涌. 英国如何实施劳动教育——以英国国家课程为例 [J]. 职教通讯，2021（07）：39-45.

[65] 欧柔薛. 俄罗斯劳动教育的发展历程、特色和经验 [J]. 基础教育参考，2023（03）：53-64.

[66] 杨明全. 印度劳动教育的政策演进与实践策略 [J]. 北京教育学院学报，2019，33（01）：23-28.

后　记

本书是我从事职业教育20年来在教学理论与实践方面的一次总结，内在地包含了我对思想政治教育、创新创业教育、生涯发展教育以及职业素养、劳动素养培育过程的思考与沉淀。

"人力是第一资源，科技是第一生产力，创新是第一动力。"作为一名教育工作者，其使命就是"为党育人、为国育才"，培养高素质劳动者。我的工作经历，也证明了学科之间需要而且可能实现融合式发展。我们需要跨界思维、创新思维、系统思维，这种能力的培养需要自觉意识，更需要在真实的生活、学习、工作场景中不断实践、反思、淬炼。

同样，如果教师把劳动对象——学生，看作有个性、有独立人格的人。我们就会在教育教学过程中自然而然地关心学生，留意学生的一言一行，在学生的求学、自我教育过程中，洞察其成长规律，不断验证学生知识、能力、素质的形成规律，灵活运用教育教学规律，实现劳动对象、劳动资料、劳动者的有效衔接，体会教育生产力循序渐进地发展所带来的喜悦。

教育的理念总在与时俱进地更迭，但教师的 "学高为师，身正为范"的自我修养没有变，"爱国、敬业、创新、奉献、协作、奋斗"的教育家精神需要始终坚守。诸如从"就业导向"到"需求导向"、从"知识本位"到"能力本位"、从"有效完成任务"到"适应未来工作"、从"三全育人"到"五育融合"等教育理念不断涌现。但从教师的角度而言，育人的环节、育人的过程才是"教书育人""言传身教""立德树人"的有效载体。教师的课程思政素养，就是融汇了专业学养、教学能力、育人能力、师德践行能力、自我发展能力的自动化系统化表达。评价一门课、一节课是否实现了课程思政，主要不是看在课程教学过程中，设计并运用了多少思政元素及思政资源，而是要看教师的自我修养及其对教育家精神的践行程度。一个富有家国情怀、热爱学生、热爱工作、热爱学习的教育工作者，他的课堂就是课程育人的课堂，他指导的活动就是实践育人的活动。

在我从事职业教育的第一阶段，我主要承担思想政治教育与生涯发展教育工作。那是一个持续学习、自我提高的过程。我首先弥补了在信息素养方面的不足，对办公自动化软件进行了较为系统的学习，同时把从创业培训中借鉴的参与式教学法运用于教学实践。这个阶段的代表性成果就是主持完成教育部人文社会科学研究专项任务项目（高校思想政治理论课）："思想道德修养与法律基础精彩课件（高职）"；作为第一主讲完成了江苏省精品课程建设："思想道德修养与法律基础"。

在第二阶段，我主要承担职业核心能力与通用职业素质的校本化实践探索。起初是在人社部职业技能鉴定中心李怀康研究员、职业核心能力专业委员会童山东主任的引领下，我通过接受培训、教学实践、课题研究，逐渐成长为职业核心能力与通用职业素质培训与指导团队的一员。其间收获最大的是拓展了我的职业教育视野、探索实践了参与式教学方法。这个阶段的代表性成果是进行了职业核心能力培养培训的校本化实践，带领团队自主开发了"职业规划与方法能力""职场礼仪与社会能力"课程，并先后分别入选国家精品在线开放课程和江苏省职业教育在线精品课程。

在第三阶段，我主要承担了劳动教育与思想政治教育的融合实践工作。这个阶段可以看成我从事职业教育的"否定之否定"阶段。一是回归了思想政治教育；二是将以往积累的教改经验，转型运用于劳动教育的课程建设、教学设计，实现了思想政治教育、创新创业教育与劳动素养、职业素养的融合。这个过程的回归正好契合了当前"五育融合""课程思政""三全育人"的教改主张。这个融合阶段还处于现在进行时，我带领团队将职业核心能力培养培训的理念、内容、方法有机融入劳动教育的研究与课程教学实践中，探索形成了"职普融通，多育协同"劳动教育与思政教育协同育人模式，为国内高职院校职业核心能力与劳动素养培育及资源建设提供了校本经验。

近几年来，我主持了江苏省教育科学"十四五"规划重点课题"五育融合、知行合一：新时代高职劳动教育育人体系构建与实践研究"（项目编号：B/2021/03/06），江苏省高校哲学社会科学基金项目"高职学生劳动素养五育融合培育的路径与方法研究"（项目编号：2021SJA1312）；作为主要成员参与了江苏省高等教育教改研究立项重点课题"基于学生获得感的高职思政课程育人效果提升研究与实践"（项目编号：2023JSJG222），"基于PDCA模式的高职院校教师数字化教学能力提升策略研究"（项目编号：2023JSJG233），江苏省社科应用研究精品工程思政专项"三育协同、三元融通：高校课程思政育人体系构建与实践研究"（项目编号：23SZC-019），江苏省高校哲学社会科学基金项目"新时代劳动教育融入高职院校思政课教学研究"（项目编号：2021SJA1307）。本书即是这一系列课题研究的阶段性成果。本书在梳理劳动教育研究的理论基础、研究动态，回顾劳动教育的发展历程、国际镜鉴基础上，以马克思主义劳动观为引领，探讨了劳动教育的逻辑起点、劳动认知与工作世界，阐述了劳动教育的学科价值、学科性质和学科定位，提出劳动素养的基本内涵、核心要素和培育模式，重点探索了劳动教育课程建设，资源开发，教学设计的原则、方法、案例。

在此感谢我的教学团队与科研团队的鼎力支持，感谢我的职业生涯引路人李怀康研究员、童山东教授的悉心指导，感谢我校原党委书记缪昌武研究员（现江苏经贸职业技术学院党委书记），感谢常州工业职业技术学院基础教学部、马克思主义学院领导及老师对我始终如一的支持，感谢杨善江研究员、肖德钧教授对本书框架完善提出的修改建议，感谢东南大学出版社责任编辑及工作人员的大力支持。

感谢我的父母给予我的教诲，那是我取之不尽的动力之源；感谢我的爱人给予我的照顾与支持，她是我的生活依靠与工作战友；感谢一直努力奋进的儿子，他的成长进步常使我感到心灵富足而活力充盈。

受本人理论功底和实践经验所限，新时代劳动素养的理论与实践的把握与总结，还需要继续进一步探讨，尤其是在五育融合、课程思政的融合路径、育人共同体的建立与发展上，需要进一步的实践探索，期待学界专家、学者给予指导。

2024年2月于常州